평범한 사람들의 비범한 영향력, 인플루언서

평범한 사람들의 비범한 영향력, 인플루언서

지은이 이승윤, 안정기
펴낸이 임상진
펴낸곳 (주)넥서스

초판 1쇄 발행 2018년 3월 15일
초판 8쇄 발행 2023년 4월 1일

출판신고 1992년 4월 3일 제311-2002-2호
주소 10880 경기도 파주시 지목로 5
전화 Tel (02)330-5500 Fax (02)330-5555

ISBN 979-11-6165-314-3 03320

저자와 출판사의 허락 없이 내용의 일부를
인용하거나 발췌하는 것을 금합니다.

가격은 뒤표지에 있습니다.
잘못 만들어진 책은 구입처에서 바꾸어 드립니다.

www.nexusbook.com
넥서스BIZ는 (주)넥서스의 경제경영 브랜드입니다.

평범한 사람들의 비범한 영향력, 인플루언서

이승윤·안정기 지음

넥서스BIZ

언제나 묵묵하게 지원해주시고 사랑해주시는
아버지 이준호, 어머니 이해숙 님께
이 책을 바칩니다.

사랑하는 아버지 안병남, 어머니 이광희 님께
그리고 오늘도 치열한 고민 속에서 촬영과 편집으로
새벽을 맞이할 모든 인플루언서에게
이 책을 드립니다.

―― 프롤로그 ――

디지털 트랜스포메이션 시대의 혁명 아이콘,
인플루언서

제프 베조스(Jeff Bezos), 넥스트 스티브 잡스라고 불리는 그가 이끄는 아마존의 혁신의 바람이 거세다. 현재 전 세계에서 가장 혁신적인 기업을 뽑으라면 아마도 많은 사람들이 주저 없이 아마존이라고 말할 것이다. 이런 아마존이 최근 들어 공을 들여 만들어가고 있는 게, 디지털 세상에서 인플루언서들과 협업하는 플랫폼이다. 2017년 초, 아마존은 '인플루언서 프로그램(Influencer Program)'을 비밀스럽게 론칭한다. 아마존은 외부의 인플루언서들을 온라인 판매 제품을 추천하고 홍보하는 주요한 판매 인력 파트너로 여기고, 이들과 함께 효과적으로 일할 전략적인 플랫폼으로 '인플루언서 프로그램'을 만들어나갔다.

2017년 기준으로 브랜드 자체 가치가 100조 원에 이른다고 평가받은 삼성전자에게 가장 악몽 같은 사건은 아마도 2016년 후반기에 있었던 갤럭시노트 7의 연쇄 폭발 사고였을 것이다. 2016년 악몽 같은 후반기를 보낸 삼성이, 2017년 새로운 스마트폰을 내놓으면서 마케팅 캠페인을 만들 때 구원 투수로 등판시킨 사람은, 톰 크루즈(Tom Cruise)나 아이언맨으로 유명한 로버트 다우니 주니어(Robert Downey Jr.)와 같은 유명인이 아니라, 디지털 세상에서 수많은 팬들을 거느린 개인 인플루언서들이었다. 케이시 네이스탯(Casey Neistat)과 같은 유명 인플루언서들과 함께 "삼성은 달라졌고, 앞으로 이렇게 나아간다"라는 메시지를 담은 광고 캠페인을 만들어 2017년 아카데미 영화 시상식에 맞춰 대대적으로 내보낸다.

이러한 사례들은, 혁신을 이끌고 있는 세계적인 기업들이 '인플루언서'라고 불리는 슈퍼 개인들에 얼마만큼 관심을 가지고 있는지 보여준다. 이제 기업의 마케터뿐만 아니라, 기업의 명운을 가를 중요한 전략적인 그림을 그릴 때 반드시 이해해야 할 대상이 인플루언서가 되었다는 말이다.

한 해에 벌어들이는 수익이 100억 원이 넘고, 미국 10대들이 가장 좋아하는 유명인 순위 톱(Top) 10에 뽑힌 20대 청년은 누굴까? 이 질문에 저스틴 비버(Justin Bieber)와 같은 유명 가수나 최근 스파이더맨 역할로 유명해진 톰 홀랜드(Tom Holland) 같은 영화배우를 떠올린다면 시대에 뒤쳐진 사람으로 치부될지 모른다. 바로 한 해 수백억 원을 넘는 수익을 올리는 퓨디파이(PewDiePie)나 스모쉬(Smosh)와 같은 20대 유튜브 크리에이터들이다. 이들은 미국 10대들이 가장 좋아하고, 가장 신뢰할 수 있는 영향력자들 순위에서 전통적인 미디어(영화, TV 등)를 기반으로 성장한 스타들을 제쳤다. 멀리 미국의 사례만 볼 게 아니다. 국내의 경우 매달 수억 원의 광고료로 벌어들이며 유재석 못지않는 수익을 벌어들이고 있는 대도서관과 같은 개인 인플루언서들을 손쉽게 찾아볼 수 있다.

그렇다면 슈퍼 개인으로 불리는 인플루언서들은 우리와 전혀 다른 달나라에서 온 듯한 외모에, 엄청난 재능을 가지고 있는 〈별에서 온 그대〉에 나오는 김수현 같은 존재일까? 71세의 나이에 재미있는 유튜브 콘텐츠를 만들어 세계적인 패션 잡지 《보그》에 나온 평범한 박막례 할머니의 사례를 들어보면 그렇지 않다는 것을 알게 된다. 누구든 자신이 좋아하는 그리고 자신이 잘할 수 있는 것을 콘텐츠화해서 SNS 채널에 올리면 인플루언서가 될 수 있는 시대가 열렸다.

모두가 인플루언서에 대해 이야기하지만, "인플루언서가 뭐예요?"라는 단순한 질문에 제대로 대답할 수 있는 사람은 많지 않다. 그만큼 인플루언서라는 개념은 이제 막 태어나 빠른 속도로 성장하고 있는 개념이라고 할 수 있다. 디지털을 문화심리적으로 접근하려고 노력하는 학자와 인플루언서 분야를 국내에서 처음으로 개척해나간 CJ ENM의 DIA TV에서 오랜 실무 경험을 한 사람이 협력해서 책을 집필한 이유도 이 때문이다. 인플루언서와 관련된 주요한 개념들을 실무적인 관점에서 풀어나가는 것과 동시에 인플루언서라고 불리는 슈퍼 개인이 현

시대에 마케팅 영역에서 중요한 역할을 하는 주체로 성장해나갈 수 있는 근본적인 이유들에 대해 고찰할 필요가 있다고 봤다.

인플루언서는 더 이상 기업과 개인에게 생경한 존재로 인식되어서는 안 된다. 기업은 디지털 트랜스포메이션(Digital Transformation) 시대를 선도하기 위해 이러한 인플루언서들과 어떻게 효과적으로 협력할 것인지 장기적인 전략들을 수립하는 데 많은 고민을 해야 한다. 동시에 개인은 자신이 좋아하는 것을 전략적으로 콘텐츠화하고, 그러한 콘텐츠를 다양한 SNS 플랫폼을 이용해서 타인들과 공유하는, 보다 적극적인 프로슈머(Prosumer, 콘텐츠 소비자이자 생산자)가 되도록 노력해야 하는 시대다.

그런 의미에서 이 책은 크게 4가지 주제로 나뉘어 있다.

첫째 챕터에서는 인플루언서가 누구인지, 왜 지금 인플루언서들이 전통적인 미디어 스타들을 넘어서는 영향력을 가지게 되었는지를 설명한다. 즉, 이 책에서 다루고자 하는 인플루언서에 대한 핵심 개념들을 소개하는 것부터 시작한다.

둘째 챕터에서는 기업은 어떻게 인플루언서들과 효과적으로 협력할 수 있는지에 대한 이야기가 담겨 있다. 인플루언서들의 영향력이 커지면서 이들과 비즈니스적인 관계를 맺고자 하는 기업들이 늘어나고 있다. 세계적인 혁신 기업들이 어떠한 방식으로 인플루언서들과 효과적으로 협업을 하고 있는지 다양한 사례를 소개했다.

셋째 챕터에서는 한 개인이 인플루언서가 되려면 어떻게 해야 할지에 대한 이야기들이 담겨 있다. 이를 위해 먼저 인플루언서의 역사, 창작의 심리, 팬덤의 문화, 별풍선 속의 심리학 및 왜 우리는 인플루언서가 되어야 하는가를 이야기한다. 이후 채널 기획 방법 및 성공적인 콘텐츠 제작 요소, 시청자 이해와 데이터 분석을 통해 인플루언서가 되기 위해 실행 가능한 전략을 집중적으로 들여다볼 것이다. 그리고 마지막으로 다양한 수익 창출 방법과 인플루언서 시장의 이면을 살펴볼 것이다.

지금은 직(職)이 아니라 업(業)을 추구해야 하는 시대다. 직은 특정 조직의 자리를 뜻한다면, 업은 스스로 해낼 수 있는 일의 범위라 하겠다. 4차 산업혁명 시대 이전에는 많은 사람들이 직, 다시 말해 좋은 직장과 그 직장의 높은 위치를 추구하는 시대였다. 60세 전후까지 직의 긴 수명을 보장해주는 직업이 인기가 많았다.

지금은 과학과 의료의 혁신적인 발전에 의해 소위 100세 시대라고 불리는, 우리가 한 번도 살아보지 못한 미지의 세계를 살아가고 있다. 60세에 퇴직을 하더라도 생의 마감을 준비하는 것이 아니라, 또 다른 인생의 여정이 될 40년 정도의 긴 세월을 시작해야 하는 시대다. 앞으로 조직이 보장해주는 자리와 이름, 즉 직의 가치는 갈수록 떨어질 것이다. 반대로, 개인이 스스로 무엇인가를 만들어갈 수 있는 능력인 업의 가치는 끝없이 올라갈 것이다.

이제 중요한 것은 한 개인이 스스로 만들어낼 수 있는 콘텐츠를 얼마나 가졌는지, 그러한 콘텐츠를 남들과 차별화할 수 있는, 소위 브랜딩(Branding)을 할 수 있는 능력이 있느냐 그 여부다. 슈퍼 개인인 유명 인플루언서는 이러한 업의 시대에 우리가 어떠한 삶을 살아야 할지를 모범적으로 보여주는 인물이다.

앞으로 우리는 나이와 세대를 뛰어넘는 수많은 독창적인 슈퍼 개인인 인플루언서를 만나게 될 것이다. 업의 시대에 관망자가 될 것이 아니라, 적극적인 참여자이자 스스로 인플루언서가 되겠다는 자세가 필요하다. 그런 의미에서 이 챕터에서 보여주는 성공한 인플루언서들이 어떻게 콘텐츠를 개발하고 기획하는지에 대한 이야기에는 가치가 있다.

마지막 챕터에서는 인플루언서를 둘러싼 다양한 매개자(Intermediator)들에 대해 살펴볼 것이다. 먼저 인플루언서들의 소속사라 할 수 있는 MCN(Multi Channel Network)을 이야기한다. MCN은 인플루언서들을 조기에 발굴 및 육성하고 이들이 창작에 전념할 수 있도록 각종 사업적 측면을 대행해주는 일을 하고 있다. 특히 인플루언서와 협업을 원하는 기업은 MCN 사업자들이 어떤 역할을 하는지 이해하는 게 필요하다. 인플루언서를 지망하는 개인의 입장에서도, 그들의 매니저 역할을 해주고, 그들을 성공으로 이끌어줄 MCN 회사의 역할과 운영 형태에 대해 이해하는 것은 중요하다. 또한 인플루언서의 놀이터라 할 수 있는 플랫폼들에 대해서도 간략히 다룰 예정이다. 유튜브, 페이스북은 물론 몇 해 전부터 빠르게 성장 중인 스냅챗과 중국의 콰이에 대해 소개했다. 그리고 인플루언서 및 기업들이 주목할 만한 인플루언서와 관련한 새로운 기술들에 대해 이야기한다. 오디오 플랫폼, 인공지능, 블록체인 기술을 활용한 새로운 플랫폼의 등장 그리고 인플루언서 시장을 이끌어갈 수익 모델인 미디어 커머스에 대해서도 소개했다. 이러한 매개자들을 통해 인플루언서들은 개인의 역량을 넘어 기존 미디어를 넘어서는 영향력을 가질 것이다.

이처럼 이 책은 인플루언서라는 중요한 개념을 중심으로, 그들과 긴

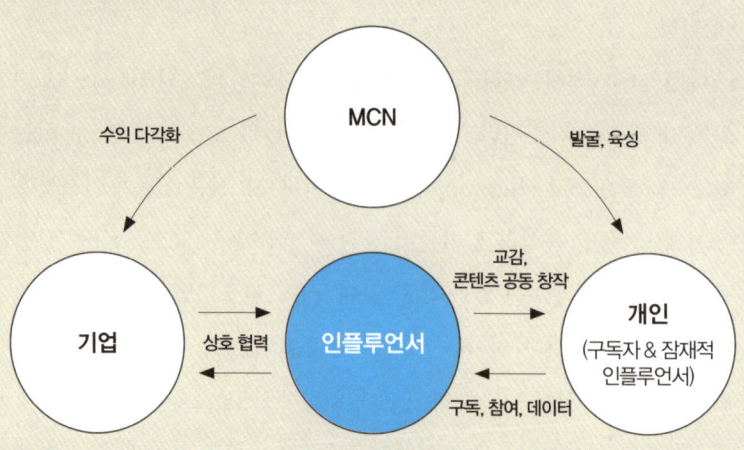

밀하게 협력해야 하는 기업, 인플루언서가 되고 싶어 하는 개인, 그리고 기업과 슈퍼 개인인 인플루언서를 이어주는 다리가 되는 MCN 기업 이 세 가지 축을 중심으로 서술되었다.

이 책을 집필하기까지 도움을 주신 많은 분들에게 감사하다는 말을 전하고 싶다. 특히 이 책은 비영리 학술·연구 단체인 디지털마케팅연구소(www.digitalmarketinglab.co.kr)의 멤버인 최성태, 박중언, 최상호, 방민석, 오진우, 박소현, 송영애 회원들과 함께 진행한 세미나가 없었다면 나올 수 없었을 것이다. 비교적 마케팅 분야에서 생경한 '인플루언서'라는 주제로 그들과 나누었던 이야기들이 이 책에 나온 주요 개념들을 발전시키는 데 큰 도움을 주었다.

책이 나올 때마다 큰 격려와 관심을 보여주는 지인들에게도 이 지면을 빌려 감사한 마음을 전하고 싶다. 추천사를 써준 양형남 회장님, 우승우 님, 김동현(이선 김) 님께도 각별히 감사하다는 말을 전한다. 이 네 분은 필자에게 늘 영감과 자극을 주는 인플루언서들이다. 책의 가치를 더욱 크게 만들어주는 넥서스 출판사 관계자들에게도 감사하다.

마지막으로, 항상 혼자서 책을 쓰다가 처음으로 함께 공동 작업을 한 책이 나왔다. 책을 혼자서 기획하고 마무리하는 것도 그 나름의 기쁨이 있지만, 다른 생각과 다른 배경을 가진 이와 함께 결과물을 만들어가는 재미를 이번 집필을 통해 알게 되었다. 그런 기쁨을 알게 해준 공동 저자인 안정기 님에게 감사의 마음을 전한다.

이 책은 인플루언서들을 가장 가까이에서 보고 수년간 그들과 토론하고 느끼고 조사한 모든 내용을 한 군데 담아, 그간의 경험이 개인 차원에서 머물다 증발하지 않았으면 하는 오랜 바람에서 나왔다. 국내에 인플루언서를 주제로 다룬 책이 많지 않은 상황에서 이 책이 인플루언서 생태계의 발전에 조금이라도 도움이 되었으면 한다.

집필 과정 중 도서관에서 매일 밤 최후의 2인이 되어준 박인영이 없었다면, 숨 가쁜 직장 생활 속에 이 책은 더 오랜 시간이 지난 뒤에야 나왔을 것이다. 더불어 인플루언서들을 위해 24시간 내내 영혼을 다해 일하는 DIA TV의 모든 구성원에게 감사와 경의를 보낸다. 인플루언서들에게 매일 새로운 가치와 기회를 제공하고 이들의 생계를 지원해야 한다는 책임감은 MCN 사업자에게는 피할 수 없는 업보이자 원동력이다. 집필 초기에 함께 모여 스터디를 하면서 매주 탁월한 견해를 보여준 디지털마케팅연구소 멤버들에게도 진심으로 감사드린다.

마지막으로, 이 책은 공동 저자이자 무한히 본받고 싶은 이승윤 교수님이 있어 시작될 수 있었다. 교수님과의 협업을 통해 배운 학문적 틀과 구조적 사고방식은 물론 인자하신 인품을 접할 수 있었던 것은 집필 과정에서 얻은 가장 큰 수확이고 평생 가져가야 할 감사함이다.

이승윤, 안정기

― 차 례 ―

프롤로그 | 디지털 트랜스포메이션 시대의 혁명 아이콘, 인플루언서 · 006

용어 설명 · 022

#1 인플루언서는 누구일까

수십만 명 넘는 팔로어를 만들어낸 루이즈 드라쥐가 전 세계에 던진 반전 메시지	· 027
게임 플레이로 연간 수백억 원을 버는 청년	· 032
평범한 청년이 어떻게 '온라인 세상의 유재석'으로 불리게 되었나	· 037
영상 하나로 인생이 바뀐 사람들	· 041
71세 평범한 할머니는 어떻게 세계적인 잡지의 모델이 될 수 있었나	· 044
개인이 화장만 잘해도 지드래곤만큼의 인기를 얻는 시대	· 049
사람들이 '망원동 베컴'에게 열광하는 이유는?	· 053
인플루언서는 어떻게 정의될 수 있을까	· 056

#2 인플루언서의 탄생

유명 방송사, 유명 PD의 도움 없이 스스로 스타가 될 수 있는 시대	· 061
20대 대학생이 만든 페이스북 페이지는 어떻게 여행 전문 기업을 위협하게 되었나	· 064
뉴욕에 첼시 마켓이 있다면, 한국에는 땡굴 시장이 있다	· 070
Z세대의 셀럽: 인플루언서	· 077
유튜브에서 검색하고, 유튜브에 일기를 쓰는 Z세대	· 081

당신의 모든 결정은 타인에 의해 지배받는다 · 086

#3 인플루언서들은 어떻게 기존의 미디어 스타를 위협하게 되었나

같은 호텔 객실을 썼던 타인이 우리를 더 윤리적으로 만들 수 있다 · 089
내 스타일이 아닌 오빠가 어느 날 잘생겨 보이는 이유: 단순 노출 효과 · 096
TV보다는 모바일 노출이 유리하다 · 100
타인이 선택한 옵션을 정답으로 생각하는 사람들: 사회적 디폴트 효과 · 103
Z세대는 왜 섹시한 '빅토리아 시크릿'이 아닌 평범한 '에어리'에 열광할까 · 106
Z세대에게 어필하고 싶다면, 지나친 세련됨과 과도한 포장을 피하라 · 110
뽀로로의 최대 경쟁자에 도전하는 평범한 사람들 · 116
스타플레이어는 스타 감독이 될 수 없다 · 120
내가 말한 대로 움직여주는 인플루언서들: 공감 효과 · 123
스타 파워를 뛰어넘는 평범한 사람들의 특별한 능력 · 128

PART 2
기업은 어떻게 인플루언서를 전략적으로 활용할까

#1 디지털 시대, 인플루언서들과의 협업은 선택이 아니라 필수다

세계 최대의 유통 공룡, 아마존은 왜 인플루언서 프로그램을 론칭했을까 · 135
우리의 제품을 판매하는 내부 판매 파트너로 인플루언서를 이용하라 · 141
위기에 빠진 중소기업을 돕는 쇼핑 업계 어벤G스 · 145

#2 어떠한 전략으로 인플루언서를
판매 파트너로 만들 수 있을까

장기적인 협력 플랫폼 채널을 만들어라 · 149
쇼 호스트로 인플루언서를 이용하라 · 152
나이키에 마이클 조던이 있다면, 서울 스토어에는 '언니들'이 있다 · 156

#3 브랜디드 콘텐츠의 시대,
기업의 커뮤니케이터로 인플루언서를 활용하라

플랫폼을 지배하는 자가 콘텐츠를 지배하는 시대는 지났다 · 165
장난감 회사 레고가 영화 산업에 진출한 이유 · 167
브랜디드 콘텐츠의 시대 · 173
브랜디드 콘텐츠 시대의 대표 주자, 인플루언서 · 178
60억 원 가까이 지불한 톱스타보다
항공권 하나 지불한 인플루언서의 광고 효과가 더 크다고? · 182
갤럭시 노트 폭발 사건 이후, 삼성은 왜 인플루언서를 선택했나 · 186

#4 인플루언서에 기반을 둔
비즈니스 생태계를 만들어라

천덕꾸러기 입양아 유튜브를 효자로 키운 구글 · 193
인플루언서들이 좋은 콘텐츠를 끊임없이 만들어내도록 동기부여하라 · 196
별풍선을 모아서 슈퍼카를 사는 인플루언서 · 201
평범한 음료가 인터넷에서 가장 트렌디한 콘텐츠가 되는 과정 · 204
시청자들이 인플루언서들과 교감하고 있다고 느낄 수 있도록 해주어라 · 206

#5 기업의 인플루언서 활용 백서

인플루언서와 어떻게 협력할까 · 213
인플루언서 마케팅 로드맵을 이해하라 · 216
인플루언서의 3가지 핵심 세분화 기준은? · 231
인플루언서 타입들은 뭘까 · 234
마이크로 인플루언서란 무얼까 · 241

PART 3
그들은 어떻게 인플루언서가 되었을까

#1 왜 인플루언서가 되어야 할까

인플루언서의 심리와 팬덤 문화는 무얼까	· 249
창작의 욕구는 인플루언서의 본능이다	· 250
인플루언서의 역사: 영향력의 대중화	· 252
별풍선 속 심리학: 자기주장과 인정 욕구를 말하다	· 256
인플루언서가 만든 팬덤 현상	· 261
공감과 재미가 열광을 만들어낸다	· 265
빗나간 욕망과 콘텐츠의 부작용	· 268
우리는 왜 인플루언서가 되어야 할까	· 270
Z세대, 주목과 선망이 '좋아요'	· 272
왜 우리 시대에 인플루언서가 중요할까	· 280
카테고리에 속하지 않는 다양성과 개성의 등장	· 282
침묵을 깬 고백, '#ME TOO'	· 289
세상을 바꾸는 영향력: 개개인이 모여 대통령을 바꾸다	· 292
밀레니얼 세대와 Z세대의 차이를 알아야 성공한다	· 293

#2 성공적인 인플루언서는 어떻게 될 수 있을까

성공적인 콘텐츠 전략이란?	· 299
나만의 주제와 콘셉트가 곧 전략이다	· 301
성공적인 콘텐츠 제작을 위한 채널 기획	· 303
성공적인 콘텐츠 제작 요소들은?	· 311
시청자 이해하기와 데이터 분석하기	· 339

#3 인플루언서는 어떻게 수익을 창출할까

전 국민 크리에이터 시대?	· 347
인플루언서가 수익을 창출하는 다양한 방법들	· 349
전통적인 인플루언서(연예인들)에서 디지털 세상의 인플루언서로 잘 정착한 사람들	· 358
연예인과 디지털 인플루언서 사이	· 362
인플루언서에서 방송인으로	· 365
1인 미디어 창작의 어두운 측면은?	· 370
콘텐츠 절도: 돈이 되는 불법 콘텐츠 시장	· 371
편향성의 문제: 누가 우리에게 영향을 미치는가	· 374
선전성의 문제: 미국 유튜브 스타 로건 폴은 왜 남성 주검을 촬영했을까	· 377

PART 4
비즈니스 매개자들은 인플루언서들과 어떻게 협업할까

#1 인플루언서 생태계의 중심은 MCN이다

MCN이란 무엇일까	· 383
MCN이 매력적인 이유	· 390
MCN의 수익 모델은 뭘까	· 393
버즈피드로부터 배우는 수익 다각화 전략	· 402
MCN의 미래는?	· 406

#2 인플루언서의 놀이터, 플랫폼을 이해하라

콘텐츠 산업을 이끌어가는 플랫폼들	· 411

#3 새롭게 주목해야 할 기술은 무엇일까

오디오 플랫폼	· 425
인공지능 플랫폼	· 428
블록체인	· 430
유튜브를 대체할 수 있는 새로운 블록체인 플랫폼, 디튜브	· 434
블록체인 기반의 새로운 수익형 블로그 플랫폼, 스팀잇	· 436
인플루언서 마케팅의 미래, '미디어 커머스'	· 439

에필로그 | 혁명을 목격한 자는 혁명을 주도한 자다 · 442

용어 설명

1인 미디어를 지칭하는 용어는 시장에서 혼재되어 사용 중이다. 예를 들어 1인 미디어의 대표주자인 대도서관은 신문 기사에 따라 BJ, 크리에이터, 인플루언서 등 다양한 용어로 지칭되고 있다. 이들 용어는 조금씩 미묘한 차이를 지니고 있는데, 창작자가 활동하는 플랫폼, 콘텐츠, 추구하는 철학에 따라 용어의 사용을 정리해볼 수 있을 것 같다.

BJ

아프리카TV 인터넷 방송 진행자를 뜻하는 Broadcasting Jockey의 약자로 한국에서만 사용되는 용어다. 외국에서는 흔히 스트리머(Streamer)로 불린다. 원래는 아프리카TV 서비스 초기에 '방장'을 줄여 BJ라 부르던 것에서 용어가 유래되었다는 말이 있다. 이들에 의해 국내 1인 미디어 시장이 시작되고 성장했다. 대도서관, 양띵, 김이브 등 1인 미디어 대표 주자 대부분이 BJ 출신이다.

한 해 동안 방송을 시도하는 BJ는 약 150만 명 정도 된다. BJ 중 70%는 게이머이고, '보이는 라디오' 혹은 '여캠' BJ가 그다음으로 높은 10% 정도다. 게임과 보이는 라디오의 비중이 높은 이유는, 소재 자체가 콘텐츠로 만들기 쉽고 10~20대 남성들에게 접근성이 좋기 때문일 것이다. 아프리카TV 시청층의 75%는 남성이다. BJ의 주 수입원은 팬덤에 기반을 둔 기부 아이템인 '별풍선'이다. 그러다보니 사람들의 주목을 받기 위해 여러 퍼포먼스를 해야 한다. 이러한 이유로 여러 부작용이 많아 BJ 하면 대중에게는 B급이나 선정적이라는 이미지가 강하다. 그리고 아프리카TV에 한정된 이미지가 강하여 브랜드 광고 시장에서도 좋지 않은 취급을 당할 수 있다. 그래서 어느 정도 성장한 BJ들(아프리카TV 이외의 플랫폼으로 확장이 성공한 경우)은 고정된 이미지에서 탈피하고자 한다. 최근 탈 아프리카TV 사건 이후에 이러한 경향은 더욱 심해질 것으로 보인다. 국내의 비슷한 플랫폼인 TV팟에서는 PD, 팝콘TV에서는 동일하게 BJ라는 용어를 사용한다.

크리에이터

세계 최대의 동영상 플랫폼인 유튜브에서 1인 창작자를 지칭하는 공식 명칭은 크리에이터(Creator)다. 유튜브의 사명은 평범한 사람들이 자신의 목소리를 낼 수 있게 돕고, 더 큰 세상과 만나게 하는 것이다. 또한 모든 사람이 마땅히 자신의 목소리를 낼 수 있어야 하고, 서로의 이야기에 귀를 기울이며 의견을 나누고 커뮤니티를 형성할 때 세상이 더 나아진다고 믿는다.

인플루언서

영향력 있는 개인이라는 의미의 인플루언서(Influencer)는 연예인, 셀럽, 소셜 스타 등을 포괄한다. SNS를 통하여 누구나 소비자인 동시에 생산자(프로슈머)가 되며 이를 쉽게 공유할 수 있는 환경에서 이들은 타인에 대한 영향력을 가지게 된다. 크리에이터, 블로거, BJ 등을 포괄적으로 지칭할 수 있다.
이들의 공통적인 특징은 다음과 같다.

1. 디지털 소비자가 선호하는 창의적인 콘텐츠 제작자
2. 디지털 네이티브 소비자가 지지하는 셀럽
3. 유튜브, 페이스북 등 다양한 구독자를 보유한 (스스로가) 플랫폼

즉, 인플루언서란 '디지털에서 잘 소비되는 콘텐츠 제작자이자 충성도 높은 팔로워를 보유한 셀럽이며, 이들이 보유한 플랫폼(채널)을 통해 자신의 메시지를 직접 유통하는' 이들을 말한다.

"계모임 화장법은 이것만 기억해. 첫 번째는 찐하게 하라. 두 번째는 거기다 더 찐하게 하라."
요즘 가장 핫한 72세 인플루언서 박막례 할머니가 선보인 '20년은 젊어 보이는 화장법' 노하우다. 할머니가 만든 콘텐츠의 내용이나 퀄리티가 특별히 전문적이거나 세련된 것은 아니다. 그럼에도 할머니의 유튜브 채널 구독자는 35만 명을 넘기며 많은 이들의 사랑을 받고 있다. 손주뻘인 10대들에게 이런 사랑을 받는 이유는 무엇일까? 박막례 할머니는 찰진 욕으로, 때로는 소녀 같은 모습으로 팬들에게 많은 웃음과 감동을 주기 때문이다.

username

인플루언서는
누구일까

#1

1536 likes
username #photo #followme #bestchoice

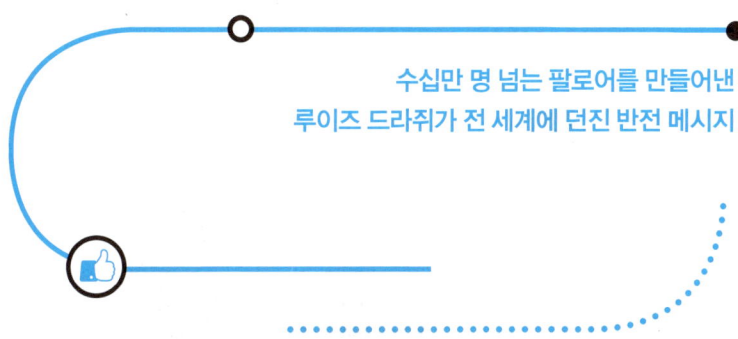

수십만 명 넘는 팔로어를 만들어낸
루이즈 드라쥐가 전 세계에 던진 반전 메시지

루이즈 드라쥐(Louise Delage)는 25살의 파리지앵(Parisian, 파리에 살고 있는 사람)이다. 2016년, 그녀는 SNS에서 가장 핫한 '셀럽(Celeb)' 중 한 명이었다. 그해 8월에 인스타그램을 시작했는데 불과 한 달 만에 7만 명에 달하는 팔로어를 만들어내며 빠른 속도로 유명 인사가 된 것이다. 업로드가 된 150여 장의 사진 속에서 그녀는 대개 비키니 차림으로 요트나 아름다운 비치, 호텔에서 와인잔이나 맥주잔을 들고 있거나 친구들과 함께 파티를 즐기는 모습이었다.

  사람들은 이 매력적인 여성의 삶에 매료되었다. 하루에도 수백 명 이상이 그녀를 팔로잉했고, 사진을 보고 '좋아요(Like)'를 눌렀다. 수만 명의 사람들이 그녀의 삶을 부러워하고 열광하며 하루하루를 모니터한 것이다. 자유로운 여행, 요트에서의 파티, 루프탑(rooftop)에서의 모습 등 화려하고 멋진 일상을 공유하면서 반년 만에 수십만 명의 팔로어를 만들어낸 그녀. 하지만 그녀의 마지막 포스트는 엄청난 충격을

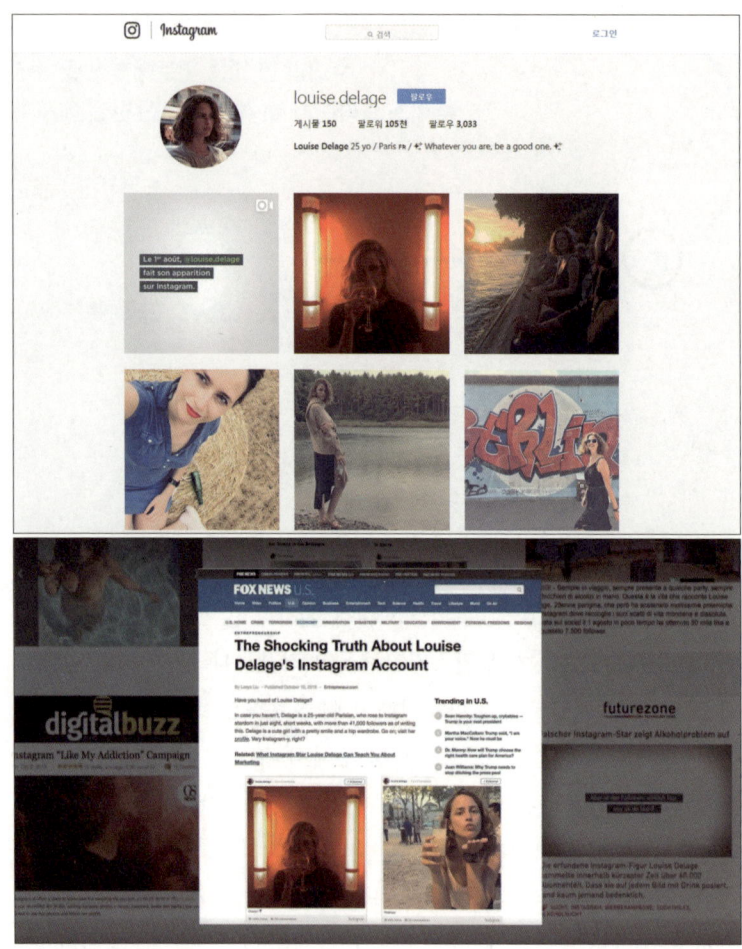

인터넷 뉴스에 뜬 '루이즈 드라쥐' 공익 광고 캠페인

안겨주는 '반전'이었고, 전 세계 미디어의 주목을 받았다.

마지막 포스트에서, 루이즈 드라쥐라는 이름의 여성은 알코올, 담배, 마약에 대한 중독 문제를 돕는 프랑스 사회단체 '애딕트 에이드(Addict Aide)'가 만든 가짜 인물이며, 인스타그램 계정 또한 가짜라고 밝힌 것이다.

애딕트 에이드는 우리에게 이렇게 질문한다. "당신이 열광하던, 루이즈 드라쥐의 사진을 다시 한 번 자세하게 들여다보라"고 말이다. 그리고 그녀가 그동안 인스타그램에 올린 사진을 모아서 영상으로 보여주었다. 그제야 우리는 알게 되었다. 공유된 모든 사진 속에서 그녀가 언제나 술을 마시고 있다는 걸 말이다. 이 단체는 "우리는 때때로 가까운 사람의 알코올 중독을 쉽게 알아차리지 못한다"라는 걸 알리며, 일상생활에서 주변 사람들의 알코올 중독에 대해 관심을 가지고, 이들을 도와야 한다는 메시지를 전했다. 즉, 루이즈 드라쥐는 '알코올 중독 예방'을 위해 만든 공익 광고 캠페인이었다.

이 광고를 향한 사람들의 반응은 폭발적이었다. 수많은 미디어에서 우리가 얼마나 주변 사람들의 알코올 중독에 무관심한지에 대해 논의하기 시작했고, 수천만 명이 넘는 사람들이 이 공익 광고 캠페인을 찾아보고 공유했다. 에딕트 에이트의 웹사이트는 트랙픽 폭주로 마비가 될 지경이었다. 그리고 이 광고 캠페인은 2017년, 세계적인 크리에이티브 광고 페이스벌인 칸 국제 광고제 주요 5개 부문에서 수상하기에 이른다.

캠페인의 성공은 여러 가지 의미를 가진다. 과거와는 달리 연예인이나 유명한 운동선수도 아닌 한 일반인 여성의 인스타그램 계정이 단시간에 폭발적인 바이럴 효과를 만들어낼 수 있다는 사실이다. 에딕트

에이드와 함께 캠페인을 함께 만든 광고 에이전시 BETC Paris는 "이 캠페인 성공의 가장 중요한 전제는 반드시 루이즈 드라쥐를 소셜 미디어 세상의 스타로 만들어야 한다는 점"이었다고 광고 전문지《애드위크(Adweek)》와의 인터뷰에서 밝혔다. 그녀가 올린 포스트에 사람들이 열광하지 않고, 그녀가 유명인이 되지 못했다면 마지막 반전 메시지가 갖는 효과는 크게 반감되었을 것이기 때문이다.

광고 에이전시는 이 평범한 개인을 스타로 만들기 위해 치밀하게 접근했다. KOL(Key Opinion Leader) 전략을 이용한 것이다. 먼저, 2만에서 10만 명 사이의 팔로어를 가지고 있고 십대들에게 인기 있는 인플루언서들과 관계를 맺기 위해 노력했으며, 포스팅 시점에 가장 핫한 트렌드 이슈를 나타내는 해시태그를 사용하는 등 철저한 사전 작업을 통해 루이즈 드라쥐를 단시간에 스타로 만들었다. 그리고 효율적으로 추려낸 3,000명가량의 사람들과 친구 맺기를 한 것만으로도, 약 2만 명의 팔로어들을 만들어냈다.

좋은 콘텐츠와 전략적인 접근법이 있다면, 한 개인이 단시간에 엄청난 영향을 끼칠 수 있는 소셜 미디어의 '셀럽'이 될 수 있음을 보여준 것이다. 그리고 일반인 '셀럽'이 특정 메시지를 전달할 때 그것이 폭발적으로 뻗어나갈 수 있다는 것도 보여주었다.

이 루이즈 드라쥐라는 가짜 인물로 이뤄낸 성공적인 마케팅 캠페인은, 현재 우리가 '인플루언서' 시대를 살아가고 있다는 것을 단적으로 보여주는 사례다. 루이즈 드라쥐는 실제로 존재하지 않는 인물이지만, 오늘날은 실제 존재하는 일반 개인들이 본인의 힘으로 스타가 되어 엄청난 영향력을 발휘하는 시대다. 어떤 사람들이 어떠한 전략을 통해 소셜 미디어 안팎으로 막강한 영향을 발휘하고 있는지 더 살펴보자.

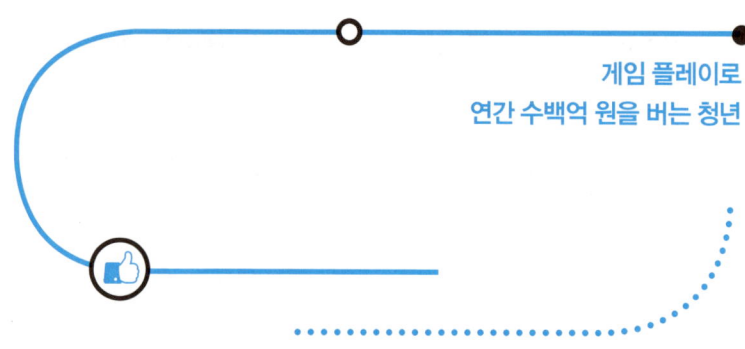

게임 플레이로 연간 수백억 원을 버는 청년

 국적을 불문하고 신세대와 구세대를 구별할 수 있는 질문이 있다. "퓨디파이(PewDiePie) 아시나요?"라는 질문이다. 디지털에서 생산된 콘텐츠를 잘 소비하지 않는 세대들은 '퓨디파이? 새로 나온 파이 과자인가?'라고 생각할 수도 있다.

 '퓨디파이'는 스웨덴 청년(본명 펠릭스 셀버그)이 유튜브에 콘텐츠를 만들어 올릴 때 사용하는 닉네임이다. 사실, 퓨디파이는 인터넷 콘텐츠 세대에게는 전 미국 대통령 버락 오바마보다 더 잘 알려진 인물이다. 다소 이상한 이름의 이 유튜브 크리에이터(YouTube Creator)를 모른다면, 시대에 뒤떨어진 사람 취급을 받을지도 모른다. 그는 주로 다양한 게임 플레이 영상을 올려 인기를 얻었다. 현재 구독자 수는 6,100만에 이르고 누적 조회 수 170억이라는 기록을 가지고 있다. 본인이나 남들이 플레이를 하는 영상을 보면서 웹캠을 통해 실시간 해설하는 것으로 유명한데, 방송 내내 쉴 새 없이 떠들며 재미있는 상황극을 만든다. 유튜브에 가서 그의 이름으로 검색하고 그가 올린 영상을 처음 본 사람들은 다소 충격을 받을 수도 있다. 20대 청년이 끊임없이 소리를 지르고 박수를 치며 게임을 하고 있는 영상이 거의 전부이기 때문이다. 이런 영상을 만드는 것이 돈이 되냐고? 된다. 그것도 당신이 생각할 수 없을 정도로 엄청나게 말이다.

미국 유명 경제지 《포브스(Forbes)》에 따르면 퓨디파이가 2016년에 벌어들인 돈만 1,200만 달러, 우리나라 돈으로 150억 원 가까이 된다. 2017년에는 110억 정도로 줄어들었지만, 이 청년의 엄청난 수익은 전통적인 오프라인 마케팅의 쇠락과 디지털 마케팅의 급격한 성장을 상징적으로 보여준다.

유튜브를 통해 한 해 100억 원 이상을 벌어들이는 퓨디파이의 성공 요인은 무엇일까? 그가 세계적인 경제 신문 《월스트리트저널(The

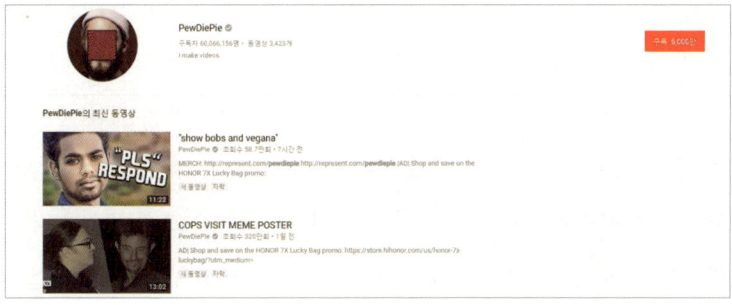

Wall Street Journal)》과 진행한 인터뷰에서 힌트를 얻을 수 있다. 그는 "전문적인(전통적인 TV 방송처럼 전문 PD에 의해 제작되는) 콘텐츠 제작 방식과는 달리, 구독자들과 훨씬 더 가까운 관계를 형성해왔다고 본다. 시청자와 나의 방송 사이의 벽을 허물면서 말이다. 나와 같은 유튜버들의 제작 방식은 기존의 방식과 매우 다르다. 마치 친한 친구가 게임하는 모습을 지켜보는 느낌을 준다"라고 말했다.

인터뷰 내용을 분석해보면, 전통적인 미디어 스타들과 새롭게 등장한 개인 인터넷 스타들의 차별점을 읽어낼 수 있다. 첫째, 개인 인터넷 스타는 콘텐츠 제작에서 구독자의 참여를 중요하게 생각한다. 과거의 미디어 콘텐츠에서는 제작된 콘텐츠의 질이 가장 중요한 핵심 요소이기에, 콘텐츠의 질을 높이기 위해 검증된(대부분의 경우 오랜 경력을 가진 능력 있는 방송 PD) 전문가가 콘텐츠의 내용을 독점적으로 결정짓는다. 콘텐츠의 내용, 방향 같은 요소는 철저히 콘텐츠 생산자의 입장에서 요리된다는 말이다.

퓨디파이는 콘텐츠의 질도 중요하지만, 콘텐츠를 소비하는 사람들의 참여가 훨씬 더 중요하다고 봤다. 인터넷 세상에서 소비자들은 콘텐츠를 일방적으로 받아들이는 수동적인 개체로 머무는 것을 좋아하지 않는다. 퓨디파이는 재미있는 콘텐츠를 만드는 것도 중요하지만, 때로는 소비자들이 원하는 콘텐츠를 선정하고 콘텐츠를 만들어가는 방향도 함께 정하는 스타일로 구독자들과 벽을 허물어나갔다.

둘째, 친밀한 관계 형성을 위해 노력한다. 퓨디파이는 구독자들을 'Bro(친근하게 부를 때 쓰는 호칭)'라고 부르면서 본인을 편하게, 진짜 친구처럼 느끼기를 바랐다. 구독자들이 그의 방송을 볼 때 친한 친구가 방에서 게임하는 걸 지켜보는 듯한 느낌을 받길 원한 것이다. 그리고 이를 위한 그의 노력은 성공을 거두었다. '유튜버스(YouTubers)' 네트워크를 창업한 비고르 소르만은 《월스트리트저널》에서 "퓨디파이는 멋진 친구다. 그의 방송을 구독하는 것은 마치 그와 스카이프로 대화를 나누는 것 같다. 그 때문에 구독자들이 그의 광팬이 되었다"라고 분석했다.

셋째, 기존 미디어가 다루지 않았던 영역을 파고 들었다. 퓨디파이는 잘 알려지지 않은 각종 인디 인터넷 게임이나 공포물 게임 방송을 했는데, 이는 기존의 게임 미디어에서 다루지 못했던 부분이다. 이렇듯 퓨디파이는 사람들이 평소에 관심이 있지만, 이전에는 접하기 어려웠던 부분을 발견했고, 이러한 차별성으로 여느 게임 방송 회사보다 강력한 영향력을 가지게 되었다.

퓨디파이는 좌충우돌하고 파격적인 콘텐츠를 만들다 보니, 때로는 선을 넘은 부적절한 발언을 해서 도덕적·윤리적인 논란에 휩싸여 비난 받기도 했다. 하지만 애플이 〈Think Different〉 광고에서 세상을 변화시켜 나가는 급진적인 천재들에 대해 은유적 표현을 한 것처럼, 퓨디파이 또한 그러한 천재들 중 하나일지 모른다. 우리는 그가 하는 행동에 동의하지 않거나 비난할 수도 있다.

중요한 점은 이제 그의 영향력을 무시할 수 있는 사람은 없다는 것이다. 그는 그 누구의 도움 없이, 인터넷이라는 미디어를 이용해 독자적인 힘으로, 거대 방송사 이상의 영향력을 행사할 수 있는 전 세계 수천만 명의 독자와 직접 소통하는 슈퍼 영향력자가 되었다. 게다가 퓨디파이와 같은 사람들은 외국에만 존재하지 않는다.

평범한 청년이 어떻게
'온라인 세상의 유재석'으로 불리게 되었나

어려운 집안 사정 때문에 대학 진학을 포기한 젊은이가 있다. 고졸이라는 한계 때문에 직장 생활이 쉽지 않았던 그는, 인터넷 방송에서 평소 관심이 많았던 게임 플레이에 대한 이야기를 하기 시작한다. 재치 있는 입담 덕분에 그의 방송은 금세 인기를 끌었다. 신한카드, 기네스, 나이키 등 전 세계 유수한 기업이 앞다퉈 그와 광고 계약을 했고, 그가 한 번 광고를 찍을 때 버는 수익은 대기업 직원의 연봉을 넘는다. 이 이야기는 유명 연예인의 성공 스토리가 아니다. 대한민국에서 가장 유명한 1인 콘텐츠 창작자이자 온라인 세상에서 가장 잘 알려진 인플루언서, '대도서관(본명 나동현)'의 이야기다.

대도서관의 유튜브 채널 구독자 수는 170만 명이 훌쩍 넘고, 매일 밤 그가 진행하는 라이브 방송에는 수만 명의 사람들이 몰려든다. 유튜브 동영상 콘텐츠의 누적 조회 수가 9억 5,000만이 넘을 정도이기에 온라인상에서 그가 벌어들이는 액수는 한 달에 억대에 달한다. 보기에는 쉬워 보일지라도, 그의 성공에는 독창적인 콘텐츠를 만들어내고자 하는 그의 끊임없는 노력이 뒷받침되어 있다. 《월간조선》과의 인터뷰에서 대도서관은 "처음 인터넷 방송에 뛰어들기로 결정했을 때, 기존의 다른 인터넷 방송들을 모니터링하면서 그와 차별화된 콘텐츠를 만들기 위해 노력했다"고 말했다. 예를 들어, 2010년 다음팟에서 처음 인터넷 방송을 할 때, 당시 대부분의 인터넷 방송 콘텐츠가 '선정성', '폭력성'이라는 특성에 치우쳐 있다는 것을 파악하고, 역발상으로 '욕설 없는', '매너 있는' 그러나 재미있는 콘텐츠로 차별화하겠다는 전략을 내세웠다. 그의 이러한 전략은 정확하게 맞아떨어졌다. 욕설 없이 방송을 하면서, 잘 하는 게임과 처음 해보는 게임의 서툰 플레이도 그대로 보여주었다. 거친 언어를 쓰지 않으면서도 재치 있는 입담으로 방송을 진행하자 시간이 흐를수록 사람들이 모이기 시작했다. 특히 선정성, 폭력성에 민감한 여성 게임 유저들이 몰려들기 시작했고, 그의 인터넷 게임 방송은 '청정(清淨) 방송, 유교 방송'이라는 별칭까지 얻게 된다. 이처럼 그는 본인의 콘텐츠를 만들 때 철저하게 전략적으로 접근했다.

또한 콘텐츠도 중요하지만 콘텐츠를 제공하는 플랫폼에 대한 연구도 게을리하지 않았다. 다음팟에서 게임 방송을 시작할 때 폭발적인 인기를 얻었지만 실제 수익은 거의 없다시피 했다. 그래서 다른 플랫폼으로 빠르게 옮겨갔다. 바로 아프리카TV였다. 아프리카TV 방송에서는 시청자가 만족스럽게 본 콘텐츠의 BJ에게 일종의 사이버 머니인

'별풍선'을 선물할 수 있다. 그는 사람들이 마치 시청료처럼 주는 별풍선으로 수익을 낼 수 있다고 본 것이다. (별풍선 1개당 100원의 가치를 지니며, 현금으로 전환이 가능하다.) 이후 그는 아프리카TV에서 어느 정도의 수익을 거둘 수 있었다. 하지만 그 단계에서 멈추었다면 아마 지금의 대도서관은 없었을 것이다. 별풍선 수익은 어떤 시청자가 들어오느냐에 따라 천차만별로 달라진다는 것을 알고, 좀 더 안정적인 수익을 가져다줄 수 있는 플랫폼을 찾기 시작한다. 그래서 그가 찾아낸 것이 '유튜브 플랫폼'이다. 그가 유튜브에 관심을 가졌을 당시만 해도, 국내에서 이 플랫폼에 대해 제대로 이해하고 있는 유명 개인 크리에이터들이 많지 않은 시기였다. 유튜브 플랫폼이 국내에서 막 자리를 잡아가는 시점부터 그는 유튜브를 연구하기 시작했다. 그리고 마침내 그곳에서 대박을 터뜨렸다. 아프리카TV에서 매달 벌었던 수익의 10배 이상을 벌어들였고, 한 케이블 방송에 나와서 "유튜브 광고 수익이 월 3,000만 원 이상이다"라는 이야기를 하기도 했다.

그는 스스로를 BJ(방송인)가 아닌 CC 즉, 콘텐츠 크리에이터(Contents Creator)라고 정의하고 싶어 했다. 즉, 단순하게 본인이 좋아하는 콘텐츠를 만들어서 방송을 하는 것만으로는 디지털 세상에서의 인플루언서가 될 수 없다고 생각한 것이다. 내가 하고자 하는 일의 그림을 크게 그리고, 타깃 오디언스(Target Audience, 세분화된 잠재 고객)를 분석하고, 그에 맞는 콘텐츠 개발, 콘텐츠 차별화를 위한 경쟁자 분석, 그리고 플랫폼 연구를 하면서 A부터 Z까지 종합적인 콘텐츠 전략을 짤 수 있는 사람만이 인플루언서 시장에서 살아남을 수 있다고 봤다. 퓨디파이와 대도서관의 사례를 보면, 콘텐츠를 쉽게 제작해서 재미만을 강조할 것 같았던 디지털 세상의 인플루언서들이 얼마나 전략적으로 콘텐츠를 만들어나가고 있는지 잘 알 수 있다. 이어서 디지털 세상의 인플루언서에 대해 좀 더 자세하게 알아볼 것이다.

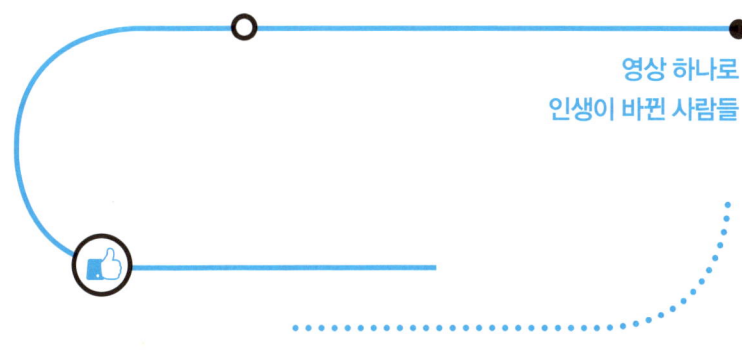

영상 하나로 인생이 바뀐 사람들

"계모임 화장법은 이것만 기억해. 첫 번째는 찐하게 하라. 두 번째는 거기다 더 찐하게 하라." 요즘 가장 핫한 72세 인플루언서 박막례 할머니가 선보인 '20년은 젊어 보이는 화장법' 노하우다. 할머니가 만든 콘텐츠의 내용이나 퀄리티가 특별히 전문적이거나 세련된 것은 아니다. 그럼에도 할머니의 유튜브 채널 구독자는 35만 명(2018. 2월 기준)을 넘기며 많은 이들의 사랑을 받고 있다. 손주뻘인 10대들에게 이런 사랑을 받는 이유는 무엇일까? 박막례 할머니는 찰진 욕으로, 때로는 소녀 같은 모습으로 팬들에게 많은 웃음과 감동을 주기 때문이다.

그리고 또 한 명의 인플루언서가 있다. 메이크업으로 누구나 아름다워질 수 있다는 신념을 가지고 고등학생 시절부터 싸이월드에 사진을 올리기 시작했고, 지금은 총 팔로어 1,200만 명을 가진 전 세계가 열광하는 뷰티의 여신 '포니'다. 한국 팬보다는 중국 팬이 많다는 그녀는 자신의 이름을 딴 메이크업 브랜드를 론칭하기도 했다. 우리도 이처럼 내가 가진 재능으로 누군가에게 영향을 줄 수 있는 온라인상의 영향력자가 될 수 있을까? 사람들은 왜 이에 열광하는 것일까?

거침없지만, 감성적인 면을 간직하고 자신의 솔직한 모습을 보여주는 박막례 할머니. 평생을 파출부, 식당 일을 하며 고생했던 할머니는 이제 유튜브 구독자 수 35만을 보유한 인기 유튜버다. 손녀가 유튜브에 올린 동영상이 시발점이 되어 수백 명의 유튜버 팬들이 몰리는 페스티벌에도 참가하고, 보그지 촬영도 하는 유명인이 되었다.

그리고 메이크업 연습을 하던 소녀는 이제 중국이 열광하는 아시아의 뷰티 여제가 되어 전 세계 뷰티 브랜드들의 러브콜을 받고 있다. 바로 유튜브 '포니신드롬'을 운영하는 '포니'가 그 주인공이다. 또한 취미로 하던 축구에 대한 콘텐츠를 만들기 시작해서, 직업으로서 아마추어 축구의 새로운 지평을 연 '고알레'도 있다.

지금 이 순간에도, 사람들은 자신이 노래하는 모습이나 운동하는 모습, 게임하는 장면을 찍어서 인터넷에 올리고 있으며 이를 보는 많은 사람이 좋아요와 공유를 누름으로써 콘텐츠가 퍼져나가고 있다. 이처럼 우리는 내가 가진 재능을 통해 사람들을 변화시키는 누군가가 될 수 있는 시대에 살고 있다. 때로는 '쓸모없다'라는 소리를 듣기도 했던 재능은, 진정성 있는 콘텐츠로 다시 태어나 우리 주변을 바꿀 힘을 갖게 된 것이다.

한 개인이 이렇게 큰 영향력을 가졌던 시대가 있을까. 우리가 가진 조금의 잉여력(재미)과 조금의 재미, 미디어의 확산력이 결합되었을 때 평범한 사람도 세상을 바꿀 수 있는 슈퍼 개인, 인플루언서가 될 수 있지 않지 않았을까.

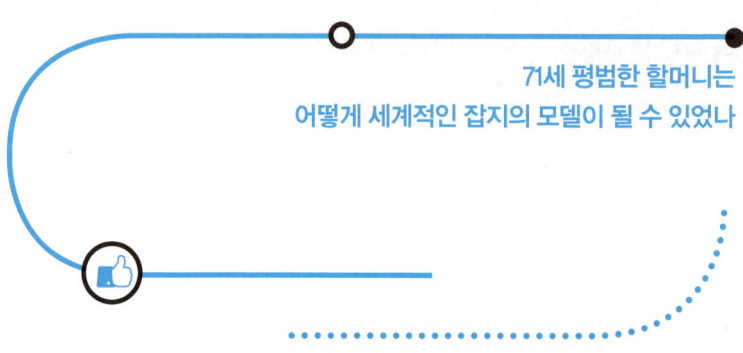

71세 평범한 할머니는
어떻게 세계적인 잡지의 모델이 될 수 있었나

박막례 할머니의 인생은 유튜브 활동 이후 부침개 뒤집히듯 완전히 바뀌었다. 할머니는 평생을 어렵게 살았다. 남편 없이 삼남매를 키우며 안 해본 일이 없다. 차비라도 아껴 아이들에게 용돈을 주려고 매일 반포동에서 사당동까지 걸어서 일을 나갔다. 식당을 처음 열었을 때는 난방도 안 되는 식당 옆 창고에서 잠을 자야 했을 정도로 그녀의 살림은 넉넉지 못했다. 그러다 시간이 흘러 자리를 잡고 집을 얻어 손주와 행복하게 지내게 되었다. 하지만 여전히 할머니의 인생은 집과 식당 일 뿐이었다.

그러던 어느 날, 할머니는 병원에 다녀온 후 치매에 걸릴까 무섭다는 생각을 하게 된다. 그 말을 들은 손녀는 할머니와의 호주 여행을 기획하게 된다. 직장에서 휴가 신청이 받아들여지지 않자 아예 그만두고 떠났다. 그렇게 할머니는 손녀와 함께 인생 처음으로 멋진 경험을 하게 된다. 손녀는 추억을 남기기 위해 스노클링, 헬멧다이빙, 호주 음식 체험 등의 모습을 촬영했고, 여행이 끝난 후 유튜브에 올렸다. 그런데 영상이 업로드되자마자 할머니와 손주의 순수하고 솔직한 모습에 사람들은 열광하며 이들의 도전을 열렬히 응원하기 시작했다. '눈물이 난다', '할머니 오래오래 사세요', '할머니 꽃길만 걸으세요' 등 진심 어린 댓글이 수백 개 달린 것이다. 손주가 할머니에게 "할머니, 사람들이 호주 여행 영상을 너무 좋아해"라고 하자 처음에는 "남의 사진을 뭣 하러 봐? 그리고 왜 그걸 좋아한대?"라며 이해하지 못했다. 하지만 팬들이 남긴 댓글을 읽고 난 뒤, 할머니는 그제서야 사람들이 자신을 진심으로 좋아한다는 걸 알았고 동시에 이 새로운 세계를 조금씩 이해할 수 있었다.

사실 이러한 노인과 젊은 사람이 함께 여행을 떠나 새로운 경험을 한다는 콘셉트는 〈꽃보다 청춘〉과 같은 방송에서 이미 다뤘던 포맷이다. 하지만 기승전결을 보여주고 결정적인 순간에 극적인 해프닝을 강조하는 방송과는 달리, 영상 속 할머니는 우리 가까이에 있는 '할머니' 그 자체였다. 사람들은 꾸밈없는 할머니와 손녀의 모습을 보며 실제 자신의 할머니처럼 느꼈고, 공감하고 기뻐했다. 이처럼 TV 방송에서는 보기 힘들었던 일반인의 소소한 일상이 유튜브라는 공간을 통해 팬들에게 직접 전달되면서, 세대를 불문하고 공감을 일으킨 것이다.

'박막례 할머니' 채널의 급격한 성장은 아홉 번째로 업로드된 영상 '치과 들렀다 시장 갈 때 메이크업' 덕분이라고 할 수 있다. 이 영상은 조회 수가 2백만이 넘었고, 댓글은 6천 개가 넘게 달려 있다. 이 영상으로 인해 초기 1천 8백 명이던 구독자는 일주일 사이에 13만 명으로 늘어났다. 더욱 놀라운 것은 다른 콘텐츠에 비해 돈이 많이 들어간 영상이 아니라는 점이다. 벽에는 전지를 붙이고, 삼각대로 카메라를 하나 고정시켜 메이크업하는 장면을 찍었다. 기획, 촬영, 편집은 모두 손녀가 혼자 했다. 이 영상이 유튜브뿐만 아니라 각종 커뮤니티의 누리꾼들 사이에서 히트를 치며 '박막례 할머니'의 유튜브 세계에서의 활동이 본격적으로 시작되었다.

뷰티, 먹방, 여행 등 할머니의 새로운 도전이 계속 이어졌지만 사실 이런 내용은 이전에 다른 크리에이터들도 많이 시도했던 형태의 콘텐츠라고 할 수 있다. 그럼에도 불구하고, 할머니만의 인생 노하우가 담긴 '치과 들렀다 시장 갈 때 메이크업', '파스타를 처음 먹어 봤어요'는 새롭고 독특하다. 70대 할머니가 단독 주인공인 채널이 어디 있겠는가. 또한 우리 이웃집에 살고 있을 것 같은 할머니의 소녀 같은 웃음과 찰진 욕은 시청자들에게 친근하고 재미있게 다가간다. 얼굴이 작아 보이게 하는 화장법을 알려주다가 갑자기 "다시 태어나야 해!"라고 말하는 할머니의 핵사이다 발언에도, 우리 모두 공감한다. 영상을 본 뒤 친할머니와 파스타를 처음 먹으러 갔다는 사람, 오랜만에 부모님께 전화하다 눈물을 흘렸다는 사람 등이 있을 정도로, 할머니의 영상은 많은 이들에게 자신의 삶 또한 돌아보게 해주었다. 이러한 폭발적인 반응에 힘입어 할머니는 최근 이탈리아 크루즈, 크린토피아 등 다양한 브랜드와 콜라보레이션을 하며 활동의 폭을 넓혀가고 있다.

할머니는 인스타그램도 직접 운영하고 있는데, 게시물을 보다 보면 마치 목소리가 들리는 듯한 생생함을 주는 것도 팬들의 마음을 움직이는 요소다. 한글을 제대로 배우지 못했기 때문에 철자나 맞춤법 대신 소리 나는 대로 적어 올린다. 하지만 이런 숨김없는 인스타 포스팅에 팬들은 더욱 열렬히 열광하고, 할머니는 팬들을 '편들'이라고 부르며 소통하고 있다. 한글이 서툰 할머니의 온갖 육두문자와 띄어쓰기 없는 포스팅은 어느새 500개가 넘었고, 팔로어는 15만을 훌쩍 넘기면서 계속 증가 중이다.

할머니는 유튜브를 시작한 이후 꿈이 하나 생겼다. 바로 세계 일주이다. 그리고 유튜브를 시작한 해 여름에 할머니는 프랑스 파리에 다녀오게 되었다. 패션 잡지 《보그(Vogue)》의 초대를 받았기 때문이다. 그곳에서 할머니는 유명 사진작가들과 사진 촬영을 했다. 71세 할머니에게 꿈은 이렇게 찾아왔다. 최근에는 《코스모폴리탄》과도 화보 촬영을 했다. 할머니 채널의 부제는 '인생은 아름다워'이다. 그리고 손녀는 말한다. 할아버지, 할머니 치매 예방에 유튜브와 인스타그램이 효과적이라고 말이다.

할머니의 손녀는 얼마 전 29초 영화제 수장작 콘텐츠를 유튜브에 올렸는데, 다음과 같은 글이 함께 게시되었다.

"남편 없이 홀로 애 셋을 키우며 한평생 식당 일만 해온 박막례라는 여자의 삶. 71세가 되고서는 병원에서 치매를 조심해야 한다는 말을 듣게 되었어요. 저는 박막례라는 사람의 인생이 참 비극적이라고 생각했어요. 더 이상 가만히 있을 수 없더라고요. 왜냐면 꼭 나중의 내 모습일 것 같기도 해서요. 그래서 그녀의 치매 예방으로 시작한 이 유튜브 채널, 카메라 안으로 할머니를 끌고 들어오게 되었고, 그렇게 유튜브는 박막례 인생의 첫 취미가 되었습니다. 그녀에게 새로운 삶을 선물해준 이 채널과 늘 함께 해주시는 구독자 여러분들 항상 감사합니다."

박막례 할머니의 도전은 지금도 진행형이다.

개인이 화장만 잘해도
지드래곤만큼의 인기를 얻는 시대

포니는 '박혜민' 씨의 애칭이다. 싸이월드 때부터 뷰티 콘텐츠를 제작해온 그녀는 셀럽의 메이크업을 담당하는 아티스트가 아니라, 자신이 곧 셀럽인 메이크업 아티스트다. 그녀의 유튜브 채널 '포니 신드롬'의 구독자는 320만 명, 인스타그램 '포니스메이크업(ponysmakeup)'의 팔로어는 430만 명, 중국 웨이보의 팔로어는 500만 명에 달한다. 1,200만 명 이상의 팔로어를 보유한 연예인은 국내에서 지드래곤 정도이다. 팔로어 수만큼이나 국내는 물론이고 중국과 동남아시아를 비롯한 해외에서 웬만한 연예인보다도 더 유명한 그녀이다. 전 세계의 팬들이 포니 메이크업을 따라 하고, 그녀가 사용한 제품을 갖고 싶어 한다.

포니는 싸이월드 미니홈피 얼짱 시절부터 블로그, 메이크업 북을 거쳐 영상에 시대에 이르기까지 성공적인 흐름을 타왔다. 싸이월드 전성기이던 2000년 중후반, 끼 많은 고등학생이었던 그녀는 미니홈피에 자신의 메이크업 사진을 올리며 입소문을 타기 시작했다. 네티즌의 반응은 폭발적이었다. 그녀의 미모도 관심을 끌었지만 무엇보다 화장을 한 모습이 이전과 같은 사람이라고는 믿기지 않을 정도였고, 다양한 이미지를 연출해내는 출중한 메이크업 실력이 사람들의 이목을 끌었다. 이후 2000년 후반 블로그 시장이 성장하는 것을 보고, 블로그로 옮겨가 본격적으로 메이크업 노하우가 담긴 화장법을 포스팅했다. 그녀는 누구나 쉽게 따라 할 수 있고 눈에 쏙쏙 들어오는 메이크업 강좌로 젊은 여성 팬들을 확실히 사로잡게 되었다. 블로그 강좌는 매회 몇십만의 조회 수를 올리며 화장에 관심 있는 사람들 사이에서는 모르는 사람이 없을 정도였다. 당시《포니의 시크릿 메이크업 북》을 펴내며 전문가로서 입지를 다질 수 있었고, 3권의 책을 추가로 출간하기도 했다. 이러한 활발한 활동과 탁월한 메이크업 실력을 인정받아 2011년에는〈메이크업 아티스트〉상을 받은 바 있다.

이후 그녀는 CJ ENM 온라인채널 insiteTV와 손잡고 '포니의 뷰티 다이어리'를 론칭했다. 이것이 그녀가 유튜브를 시작하게 된 계기이다. 사람들은 사진이 아닌 영상으로 포니의 메이크업 과정을 보며, 전보다 쉽고 편하게 따라 할 수 있었다. 영상 형태의 뷰티 콘텐츠에 목말라하던 사람들은 그녀의 채널로 몰려들었다. 유튜브 활동은 그녀 인생의 터닝포인트가 되었다. 전 세계인들이 포니의 콘텐츠를 보게 되었고, 본격적으로 수익을 낼 수 있었기 때문이다.

그녀는 유튜브를 통해 유명세를 넓혀가던 중 독립을 선언했고, 포토

그래퍼 출신인 남자친구와 함께 채널 '포니 신드롬'을 직접 운영해나갔다. 2015년에는 씨엘의 메이크업 아티스트로 활동했다. 그녀의 유튜브 채널은 2016년에는 유튜브가 선정한 '그해 가장 빠르게 성장한 채널' 11위에 뽑힐 만큼 빠르게 성장했다. 이후에는 인스타그램, 웨이보 등을 통해 더욱 다양한 전 세계 시청자들과 소통하며 K-뷰티를 전파하고 있다.

그녀는 이처럼 겁 없이 실험하며 정체성을 쌓아왔고, 변화와 트렌드에 앞서 나가며 지금의 자신이 되었다. 그녀는 화장을 따로 배운 적도 없다. 세 살 때부터 그림을 배웠는데 이때의 경험이 메이크업 기술에 도움이 되었다고 한다. 그녀가 메이크업에 소질이 있다는 건 고등학생 때 엄마 화장품으로 몰래 화장을 하고 사진을 찍었다가 깨달았다. 자신도 놀랄 정도로 화장이 잘 되었던 것이다. 대학에서는 시각디자인을 전공했고, 이를 바탕으로 색조 사용의 스펙트럼이 넓어진 그녀는 매번 감각적인 색조 메이크업을 선보이고 있다. 메이크업을 즐기는 일반 여성의 눈높이에 맞추어 기본적인 테크닉부터 숨겨두었던 노하우까지 아낌없이 보여주며 정성스러운 콘텐츠를 만들어낸다.

　포니는 인터넷에서 인플루언서가 되고 싶은 사람들에게 다음과 같이 조언했다. "자신만의 독특한 무언가가 있어야 한다"고 말이다. 모든 이들이 개성을 가진 시대에서 한 겹 더 깊이 자신을 보여줄 수 있는, 강렬한 한 가지가 있어야 한다는 것이다. 그녀는 이제 유튜브 스타를 넘어 다른 분야에서도 떠올릴 수 있는 사람이 되고 싶다고 한다. 그리고 언젠가는 자신의 이름을 딴 아카데미를 여는 것이 목표다.

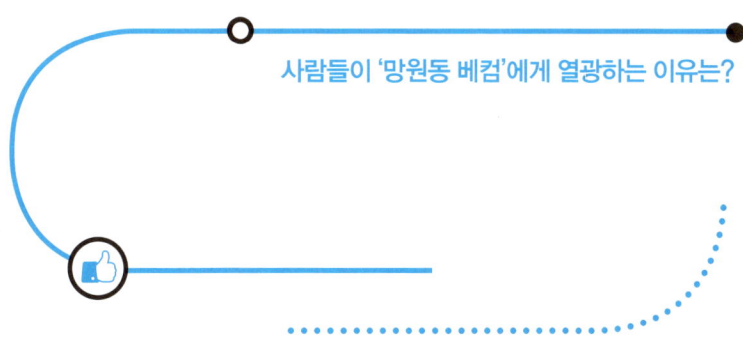

사람들이 '망원동 베컴'에게 열광하는 이유는?

2015년 초, 아마추어 축구광이었던 윤현중 씨는 자신이 그토록 좋아하던 축구를 더 이상 할 수 없다는 진단을 받았다. 친구들과 축구를 하던 중 십자인대가 끊어졌기 때문이다. 그동안의 인생 슛, 인생 패스, 인생 경기는 기억 속에만 남게 되었다는 사실을 아쉬워하던 그는 '내 축구 경기를 찍어주는 서비스가 있으면 좋겠다'는 생각을 한다. 이참에 다니던 회사를 그만두고 축구로 먹고살 수 있는 일을 하겠다고 마음먹었다. 그렇게 시작된 것이 바로 아마추어 축구 동영상을 찍어주는 회사 '고알레'다. 그해 겨울, 다른 사람이 축구하는 장면을 촬영해서 먹고살겠다는 이 무모한 아이디어에 고등학교, 대학교 친구가 합류했다. 고알레의 영상 편집 담당이 된 이병묵 씨와 촬영 및 홍보 담당인 박진형 씨다.

고알레는 공중을 날아다니며 넓은 시야로 찍을 수 있는 드론을 이용하여 축구 경기를 촬영한다. 그리고 촬영한 아마추어 축구 경기 풀 영상과 하이라이트 영상을 제공한다. 처음에 이들은 드론을 다룰 줄도 몰랐다. 하지만 6개월간 계속 조종 연습을 하고 축구 경기 촬영 시의 카메라 앵글을 연구하며 노하우를 쌓았다. 안전한 운행을 위해 항공법 시행 규칙 중 초경량 비행장치 조종자의 준수사항을 숙지하였고, 경기 중에는 절대 선수들 머리 위로 드론을 날리지 않았다. 시청자들의 반응은 생각보다 빨리 왔다. 2016년 3월 아저씨들의 조기 축구 경기를 촬영해 페이스북에 올렸는데, 조회 수가 50만이 넘을 정도로 반응이 좋았다. 바로 '아재 축구, 그 아름다운 예' 영상이다. 이를 계기로 고알레는 축구를 좋아하는 사람들이 구독하는 대표 채널로 자리를 매김 하기 시작했다.

이들은 드론으로 촬영한다는 특색도 있지만, 편집에 많은 공을 들이는 것이 강점이다. 이들은 영상에 나오는 사람들에게 '망원동 베컴' '도곡동 반 페르시' 등 각자 동경하는 축구선수의 이름을 딴 별명을 붙이며, 참가자들의 특징이 살아나는 플레이 포인트를 잡아준다. 아마추어들의 경기라 할지라도, 축구 경기 중 나오는 장면 하나하나를 소중히 여기고 이들을 돋보이끔 편집에 공을 들인다. 한 장면도 다양한 포지션으로 촬영하고, 슬로우모션을 적절히 활용하여 한 사람 한 사람이 돋보이는, 평생 간직하고 싶게 만드는 영상을 만들었다.

또한 이들은 촬영 및 편집뿐만 아니라 '트레인 위드 알레(train with Ale)와 같은 축구 트레이닝 프로그램을 만들었고, 경기장을 대여해 함께 축구할 사람을 모집하는 '게릴라 풋볼'도 운영하고 있다. 트레인 위드 알레의 참가비는 1인당 25만 원으로 한 달에 4번 4시간씩 진행된

다. 이 트레이닝을 마친 후에는 그간 촬영한 동영상을 편집해서 제공한다. 이들이 촬영, 광고 그리고 트레이닝 프로그램으로 버는 매출은 17년 월 기준, 5천만 원이다. 하지만 사업의 성장을 위해 대부분 수익을 재투자에 쓰고 있다. 이들은 이제 스스로를 축구 촬영 업체가 아닌 콘텐츠 제작사로 정의한다. 그리고 자신들의 콘텐츠를 통해 누구나 공감할 수 있는 재밌는 축구 문화를 만들고 싶다고 말했다. 그리고 더 나아가 해외에서도 공감할 수 있는 콘텐츠 발굴하기 위해 다른 나라의 문을 두드리고 있는 중이다.

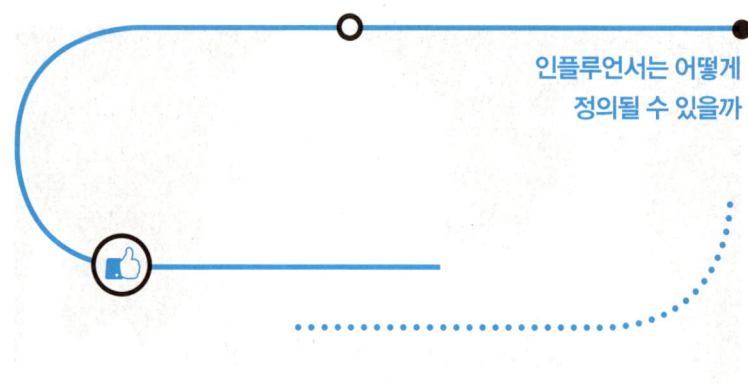

인플루언서는 어떻게 정의될 수 있을까

박막례 할머니와 포니 그리고 고알레의 사례에서 볼 수 있듯이, 인터넷과 SNS가 발달하면서 누구나 자신의 콘텐츠를 남들과 쉽게 공유할 수 있게 되었다. 그리고 기존 방송이 아직 만들지 못한 솔직하고 재미있는 콘텐츠를 만들기 시작했다. 인터넷 공간이 주는 자유로움과 실시간성은 이들의 새로운 시도를 가능하게 만들었고, 팬들은 이에 열광한다. 남녀노소 불문하고, 자신만의 독특한 개성이 있고 인터넷을 통해 팬들과 만나 지속적으로 커뮤니케이션하는 성실함이 있다면 누구나 인플루언서(슈퍼 개인)가 될 수 있는 시대가 열린 것이다. 앞서 나온 사례들은 현재 인터넷상에서 인기 있는 인플루언서들의 이야기다. 그렇다면, 언론에서 흔히 언급되는 인플루언서는 어떻게 정의해볼 수 있을까?

인플루언서는 맥락에 따라 다양하게 정의될 수 있지만, 이 책에서 언급하는 '영향력 있는 개인'이라는 의미의 인플루언서(Influencer)는 연예인, 셀럽, 소셜 미디어 스타 등을 포괄한다. SNS를 통해 누구나 소비자인 동시에 생산자(prosumer: 공급자인 Producer와 소비자인 Consumer를 합성한 개념)가 되며 이를 쉽게 공유할 수 있는 환경에서 이들은 타인에 대한 영향력을 가지게 된다.

이 책에서 소개하는 인플루언서들은 다음과 같은 공통적인 특징들을 가지고 있다.

1. 디지털 소비자가 선호하는 창의적인 콘텐츠 제작자
2. 디지털 네이티브 소비자가 지지하는 셀럽(유명인)
3. 유튜브, 페이스북 등 다양한 구독자를 보유한(스스로가) 플랫폼

즉, 인플루언서란 디지털에서 잘 소비되는 콘텐츠 제작자이자 충성도 높은 팔로어를 보유한 셀럽이며, 이들이 보유한 플랫폼(채널)을 통해 자신의 메시지를 직접 유통하는 이들을 말한다. 이런 관점에서 연예인 '공유'는 인플루언서라고 하기 힘들지만, 같은 연예인이면서도 SNS상에서 매일 이슈를 만드는 '설리'는 인플루언서라고 할 수 있다. 연예인이 아니지만 SNS상에서 그만큼의 인기를 누리고 있는 슈퍼 개인, 대도서관이나 포니 같은 사람들은 전형적인 인플루언서라고 할 수 있다.

세상에 쓸모없는 재능은 없다. 평범한 사람도 자신만의 아이디어로 메시지를 지속적으로 알리고 공유한다면 세상을 바꿀 수도 있다. 이

러한 인플루언서를 중심으로 공감대를 형성한 하나의 공동체가 탄생하게 된다. 이들의 콘텐츠를 즐겨보고 응원을 보내는 사람들인 '팬'이다. CJ ENM 기획 조사에 따르면, 인터넷 개인 방송/UCC를 주 3회 이상 보는 비율이 50%에 달하며, KT 그룹 계열의 나스미디어가 발표한 '2017 인터넷 이용자 조사 보고서'에 따르면 국내 인터넷 이용자 중 69.7%가 인터넷 방송을 시청했다고 한다. 이러한 인터넷상의 구독자 공동체, 팬은 앞으로도 늘어날 것이고 이들을 중심으로 새로운 기회가 생겨날 것이다.

지금 이 순간에도 인플루언서가 되기를 원하는 사람들은 증가하고 있다. 어쩌면 '영향력의 대중화'의 시대가 열린 것인지도 모르겠다. 유튜브의 경우 구글 계정만 만들면, 동영상을 업로드할 수 있는 '내 채널'이 생성된다. 특히 요즘은 스마트폰 하나만으로도 촬영 및 편집, 업로드까지 가능하다. 요즘 초등학생들의 장래희망 1위가 크리에이터라고 하니, 그 열풍이 짐작된다. 누구나 방송을 시작할 수 있고 새로운 사람들을 만날 수 있는 기술, 그리고 이것으로 먹고 살 수 있는 수익 모델들. 이들에게 열광하는 새로운 세대의 출현 등 나의 이야기를 하고 싶고, 세상을 변화시키고 싶은 우리의 '영향력' 본능이 전환점을 맞이한 것이다.

인플루언서의 탄생

#2

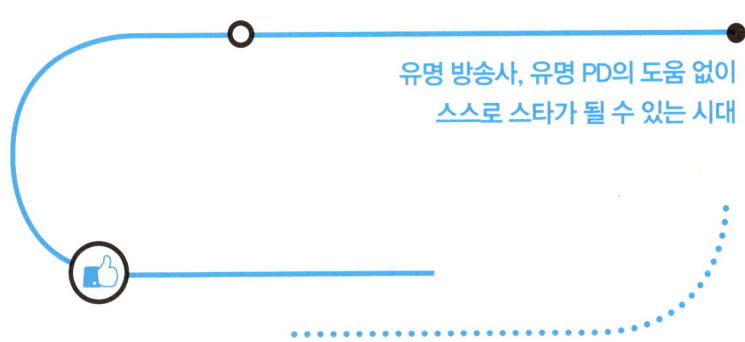
**유명 방송사, 유명 PD의 도움 없이
스스로 스타가 될 수 있는 시대**

"스타는 팬이 만든다." 반은 맞는 말이고 반은 틀린 말이다. 스타는 방송사에서 기획해서 만들어질 수 있기 때문이다. 인터넷 시대 이전에, 스타라는 존재는 공중파 방송 혹은 PD가 만들어내는 프로그램을 통해 만들어지는 경우가 많았다. 다른 말로 하자면, 아무리 본인의 능력이 뛰어나더라도, 거대 자본이 들어가는 기획된 시스템에 의한 서포트 없이 스타가 되기 힘들다는 말이다.

나영석 PD는 2000년대 들어오면서 시대의 흐름을 읽어내는 탁월한 감각으로 수많은 스타를 탄생시켜왔다. 이순재, 신구, 박근형, 백일섭의 평균 나이가 60세가 넘는데, 10~20대에게 귀요미(구요미) 신구, 푸우 일섭이라는 애칭으로 불리게 된 것은 tvN이란 방송사와 나 PD의 예능 프로그램을 만들어내는 탁월한 감각 덕분이었다. 스타 PD가 지휘하는 공중파 방송의 예능 프로그램이 아니었다면, 이들은 아마 젊은 대중에게 관심을 받지 못한 채 잊혀져 갔을 것이다. 이처럼 과거의 시스템에서는 스타 본인의 재능이나 능력도 중요하지만 이를 알아보고 지원해주는 거대 방송 시스템의 뒷받침이 필수적이었다. 하루아침에 스타가 되고 싶다면, 나영석 PD의 프로그램이나, 또 다른 스타 PD인 김태호가 10년 넘게 지휘 중인 〈무한도전〉에 출연하면 된다는 말이 그냥 나온 것이 아니다.

디지털 세상은 이렇게 절대적으로 보이던 게임의 룰을 완전히 바꿔나가고 있다. 이제는 거대 방송 시스템의 지원이 없더라도, 본인 스스로의 능력과 재능이 있다면 스타가 될 수 있는 시대가 되었다. 앞에서 살펴본 퓨디파이와 대도서관의 성공이 그 대표적인 사례다. 본인의 콘텐츠를 가지고 있다면 누구나 디지털 세상에서 인플루언서가 될 수 있고, 능력을 펼칠 수 있는 무한한 플랫폼이 인터넷이다.

글을 잘 쓴다면, 브런치(Brunch)에 작가 신청을 하거나 네이버 블로그 계정부터 만들면 된다. 사진을 통해 자신을 표현해내는 재주가 있다면 필요한 것은 개인 인스타그램 계정이며, 대도서관처럼 동영상 형태의 콘텐츠를 만들어내는 재주가 있다면 아프리카TV나 유튜브 채널 하나면 충분하다. 보통 사람들이 스타가 될 수 있는 무한한 가능성이 열려 있는 시대, 그것이 바로 디지털 인플루언서의 시대라고 하겠다.

디지털 세상에서 인플루언서들은 크게 두 가지 형태로 본인들의 영향력을 발휘하고 있다. 첫째는, 본인이 잘할 수 있는 분야의 콘텐츠를 끊임없이 생산해내고, 콘텐츠를 추종하는 팬들을 만들어내서 이를 바탕으로 인터넷 세상에서 커뮤니케이터로서 영향력을 발휘하는 부류다. 앞서 소개한 퓨디파이와 대도서관, 박막례 할머니, 포니 같은 개인 인플루언서들이 이에 해당된다. 이들은 자신이 만들어낸 콘텐츠로 세상과 소통하고, 때로는 브랜드와 소비자들을 연결해주는 커뮤니케이터로서 활동하기도 한다. 둘째 부류는 커뮤니케이터의 역할을 넘어 본인이 만든 콘텐츠를 사업으로 연결시키는 경우다. 평범한 개인이 인터넷 기반의 플랫폼을 이용하여 콘텐츠를 만들어내고, 그 콘텐츠 자체를 사업 아이템으로 삼아 기존의 기업들을 위협하는 수준에까지 성장하게 된 경우다. 취업 준비 중이던 20대 대학생 조준기 대표가 국내 최대 여행 전문 커뮤니티를 만들어낸 과정이 그렇다.

**20대 대학생이 만든 페이스북 페이지는
어떻게 여행 전문 기업을 위협하게 되었나**

'여행에 미치다'. 여행을 좋아하는 사람이라면 한번쯤 들어본 적이 있는 이름일 것이다. 여행 전문 회사들의 타깃 계층인 20~30대가 여행의 바이블로 여기는 페이스북 여행 콘텐츠 페이지다. 2018년 2월 기준으로 약 180만 명의 팔로어를 보유 중이고, 국내 최대의 여행사인 하나투어(약 27만 명), 모두투어 (약 10만 명)의 페이스북 팔로어 숫자를 압도하고 있다. 이렇게 여행에 관심 있는 이들이 모여들다 보니, 여행 관련 기업 및 기관의 광고 러브콜이 끊이지 않고 있다. 2017년 전반기까지 약 120여 개의 회사나 정부 기관과 160개 이상의 광고 콘텐츠 제휴를 만들어냈다. 순수하게 콘텐츠 제휴를 통해서만 벌어들인 수익이 5억이 넘는다.

여행에 미치다를 만든 조준기 대표는 2014년 3월 21일, 페이스북 페이지를 열었을 때만 해도 이와 같은 기업 형태로 성장하리라 상상하지 못했다. 시작은 단순했다. 취업 준비를 하던 중 뭔가 색다른 일을 해보고 싶다는 생각에 본인의 여행 기록들을 정리했고, 페이스북 페이지를 만들어 콘텐츠를 올리게 된 것이 시초였다. 평범한 대학생 청년이 만든 페이스북 페이지가 이처럼 선풍적인 인기를 끌게 된 비결은 무엇일까?

여행에 미치다의 성장 스토리를 보면, 어떻게 한 명의 개인이 좋은 기획 콘텐츠를 만들어서 한 분야의 인플루언서로 성장해나가고, 이를 통해 비즈니스 모델을 구축했는지 알 수 있다. 이 콘텐츠 페이지의 출발은 일반 대학생들이 흔히 느낄 수 있는 갈증에서 시작되었다.

대학 졸업을 앞둔 조준기 씨는, 취업 대비용 스펙으로 본인의 여행 경험을 정리하게 된다. 그 과정에서 본인처럼 취업 준비나 다른 여러

가지 바쁜 일상 때문에 여행을 떠나고 싶어도 당장 떠날 수 없는 사람들이 많다는 사실을 깨달았다. 그런 생각을 하다가 문득, 여행 콘텐츠를 보고 읽는 것만으로도 실제 여행을 다녀온 것 같은 느낌을 줄 수 있는 여행 사이트를 만들어보자는 생각을 하게 된다. 일반 대학생인 조씨가 가장 쉽게 접근할 수 있는 플랫폼인 페이스북에 10대, 20대들을 위한 여행 콘텐츠를 올리는 것으로 '여행에 미치다'는 시작되었다. 여기까지는 여행을 좋아하는 누구나 생각해내고 접근할 수 있는 단계라고 할 수 있겠다. 그렇다면 여행에 미치다의 성공에는 어떤 비밀이 숨어 있을까?

첫째, 판매나 마케팅에 목적을 둔 듯한 정보 중심의 콘텐츠가 아니라 '감성'적인 콘텐츠를 통해 차별화 포인트를 만들어냈다. '기존의 여행 커뮤니티들이 놓치고 있는 것이 무엇인가?'에 대해 철저하게 분석하고, 차별화된 콘텐츠를 성공적으로 제공한 것이다. '여행에 미치다'가 만들어졌던 시기에 이미 비슷한 형태의 수많은 인터넷 여행 카페들이 존재하고 있었다. 이러한 인터넷 여행 카페들을 살펴보면, 대부분 정보 중심적인 콘텐츠가 주를 이루고 있다. 즉, 일본 도쿄 여행을 준비하는 사람들은 흔히 '네일동' 같은 일본 여행 카페에 가입하고, 도쿄에서 가볼 만한 곳들이나 음식점과 호텔의 추천과 같은 여행과 관련된 정보를 검색하기 마련이다. 이렇게 대부분 여행 카페들은 '여행을 떠나는 사람들'의 니즈(Needs)에 가장 적합한 형태로 만들어져 있다. 일반적으로 여행을 떠나는 사람들은 구체적으로 원하는 정보들이 있다. 따라서 여행 카페들은 해당 니즈를 파악하고, 충족시켜주는 정보들을 제공하는 식으로 운영되었다. 도쿄에 어떤 호텔이 '가성비'가 좋은지, 도쿄 신주쿠 주변에 사는 사람들이 많이 가는 음식점은 어디인지 같은 자세한 정보들이 텍스트로 나열되어 있는 경우가 많다. 만약 여행에 미치다가 다른 인터넷 커뮤니티처럼 여행을 가고자 하는 사람들을 타깃으로 해서, 정보 전달 중심의 콘텐츠를 만들었다면 아마 실패했을 것이다. 이미 그러한 콘텐츠 제공 시스템을 구축한 커뮤니티가 너무나 많기 때문이다. 여행에 미치다는 여행을 떠나는 사람에게 집중하는 것이 아니라 '여행을 떠나고 싶어 하는 사람'에게 집중했다. 여행을 떠나는 사람들은 여행 목적지가 정해져 있기에 그에 맞는 맞춤형 정보를 찾는 경향이 있다. 하지만 여행을 떠나고 싶어 하는 사람들에게 정보 전달 형태의 콘텐츠는 본인과 관련이 없는, 읽기 귀찮은 긴 텍스트일 뿐이다. 여행에 미치다는 이러한 점에 주목했다. 일상생활에서 여행 이미지를 보면서 힐링을 원하는 사람들에게 적합한 여행 콘텐츠를 만들어냈다. 정보 전달적인 측면은 가능한 한 줄이고, 영상이나 감각적인 이미지 중심의 콘텐츠를 중심으로 커뮤니티를 채워나갔다.

둘째, 일반인들이 자신의 여행 기록을 뽐내고 자랑할 수 있는 커뮤니티 장을 만들어주었다. 인터넷에서 가장 많이 올라오는 콘텐츠 중 하나가 여행 기록들이다. 예전만 해도 자신의 여행을 기록하는 행위는 추억을 간직하려고 했던 측면이 컸다. 하지만 지금의 여행 콘텐츠는 추억을 저장하는 차원을 넘어서서, 본인의 여행에 대한 기록들을 남들에게 보여주고 자랑하고 싶어 하는 심리가 포함되어 있다. 그리고 이는 여행 콘텐츠를 만들어내는 주요 원인이 되었다. 포르투갈의 이

국적인 골목 안, 파두(fado, 포르투갈의 전통 음악)가 흘러 나오는 카페에서 사진을 찍고 SNS에 올리는 행위는 추억을 저장하고자 하는 심리보다, 내가 지금 느끼고 있는 기분을 남들과 공유하고, 자랑하고 싶어 하는 심리가 더 강하다는 말이다. '여행에 미치다'는 이 점을 알고, 자신만의 끼와 재치를 뽐내는 동시에 본인의 여행 기록을 남들에게 보여줄 수 있는 '여행 콘텐츠 공유 플랫폼'을 만들어나갔다. 그리고 이 플랫폼을 누구나 여행 글을 올려서 스타가 되고, 인터넷 인플루언서가 될 수 있는 장이 될 수 있도록 했다. 여행에 미치다에서는 참신한 여행 콘텐츠를 올려서 인기를 얻는 '또 다른 조준기 대표'인 여행 인플루언서들이 지금도 끊임없이 탄생하고 있다. 나만의 여행기를 올려서 사람들에게 보이고, 주목을 받고 싶다면 여행에 미치다에서 활동하면 되는 것이다.

 셋째, 콘텐츠의 높은 질을 보장해주고, 커뮤니티를 지속적으로 뒷받침해줄 수 있는 적극적 콘텐츠 생산자 집단을 관리하였다. 디지털 마케팅 전문가인 야코브 닐센(Jakob Nielsen)은 인터넷 사용자들의 1%가 창의적인 콘텐츠를 적극적으로 만들어내는 집단들(Heavy Contributors)이며, 이들 1%가 나머지 90%의 콘텐츠를 수동적으로 관망하는 사람들(Lurkers)과 9%의 단순 확대 재생산 집단(Intermittent Contributors)을 이끈다고 정의했다. SNS를 기반으로 비즈니스를 하는 기업은 이 1%의 집단을 만들어내고, 관리하고 이들이 해당 기업의 브랜드의 토대가 되는 문화를 만들도록 장려해야 한다. 여행에 미치다는 페이스북 페이지를 시작한 시점부터 이러한 적극적 재생산 집단을 계속해서 만들어나갔다. 헤비 유저들을 위한 비공개 커뮤니티를 운영하고, 오프라인 소모임 및 이벤트와 같은 과정을 통해서 그들이 스스로 플랫폼 문화를 만들고 확장해나가는 것을 도왔다. 이 덕분에 헤비 유저들은 자연스럽게 '여행에 미치다'라는 브랜드의 선두에 섰고, 중요한 역할을 충실하게 해오고 있다.

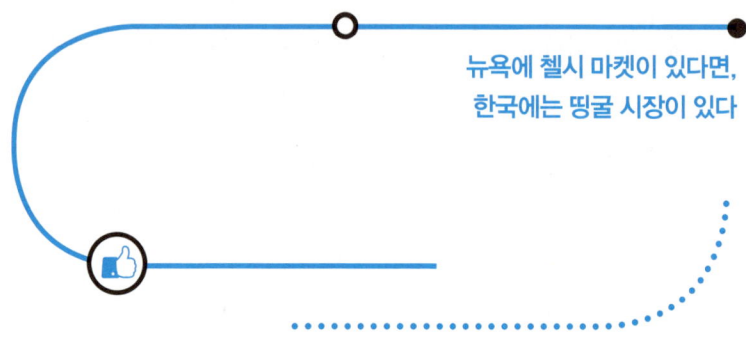

뉴욕에 첼시 마켓이 있다면, 한국에는 띵굴 시장이 있다

뉴욕을 여행해본 사람이라면 한번쯤 들어봤을 법한 '첼시 마켓(Chelsea Market)'. 지금은 다양한 음식과 소소한 제품을 구매할 수 있는 유명한 마켓이지만, 사실 이곳은 유명 쿠키 브랜드 '오레오'를 만든 나비스코(The National Biscuit Company)가 1900년경에 세운 공장이었다. 폐허가 되어 사라질 위기에 놓였을 때, 다양한 식료품 업체들이 입점하기 시작했고, 사람들 사이에서 '맛집'과 '볼거리가 가득한 장소'라는 입소문이 나게 되어 이후 뉴욕을 방문하는 이라면 반드시 가봐야 할 관광지이자 마켓이 되었다. 그리고 한국에도 '한국의 첼시 마켓'이라 불리는 유명한 마켓이 존재한다. 바로 '띵굴 시장' 이야기다. 살림하는 사람, 일명 '프로 살림러'들 사이에서는 띵굴 시장을 모르는 사람이 없다는 말이 나올 정도다. 띵굴 시장은 처음 오픈한 이후, 2017년까지 오프라인 프리 마켓을 약 10여 차례 정도 열었으며 200명 정도의 셀러가 참가하는 전국 최대 규모의 프리 마켓으로 성장했다. 압구정 로데오 거리 같은 서울 쇼핑의 중심지부터, 대구 엑스코까지 전국으로 장소를 옮겨가며 진행한다. 참가자 숫자도 나날이 늘어나고 있다. 압구정 로데오 거리에서 열린 마켓은, 관련 동영상이 업데이트되자마자 하루도 지나지 않아 조회 수가 4만 회를 넘어설 만큼 반응이 폭발적이었다. 대구 엑스코에서 열렸을 때는 몰려든 사람들로 인해 주차장이 순식간에 만차가 되어서, 기다리는 차량의 행렬로 주변이 마비될 지경이었다. 인터넷에 '땡굴 시장 방문'이라는 키워드를 검색만 해봐도 몰려든 인파 사진들을 쉽게 볼 수 있으며, 그 인기 또한 느낄 수 있다.

놀라운 사실은 전국에서 가장 유명한 이 프리 마켓이 유명 대기업이나 지방자치단체가 아니라 한 명의 파워블로거로부터 시작되었다는 것이다. 땡굴시장은 한국의 마샤 스튜어트로 불리는 블로거 이혜선 씨

가 2015년 9월에 25명의 판매 셀러들과 함께 시작했다. 스스로를 떵굴 마님으로 지칭하는 이혜선 씨는 자기 일을 하다가 가족을 위해 전업주부가 된 평범한 스토리의 주인공이다. 하지만 주부 블로거가 된 그녀는 완전히 달라졌다. 이혜선 씨가 언론에서 밝힌 블로그 시작 계기는 단순하다. 본래 살림에 관심이 많았고, 집안 인테리어를 스스로 꾸미는 데 남다른 재주가 있던 이혜선 씨는 인터넷 커뮤니티에서 인테리어 정보를 얻다가, 본인의 집안 인테리어 사진과 설명을 개인 블로그에 올리면 재밌겠다는 생각을 하게 된다. 그렇게 그녀는 '그곳에 그 집'이라는 살림 관련 블로그를 만든다. 초반에는 일일 방문객이 10명 내외였는데, 유용한 살림 정보가 많은 곳으로 온라인상에서 입소문이 난 뒤 1,000여 명으로 늘어났다. 이혜선 씨 블로그가 살림을 하는 사람이라면 참고해야 할 바이블과 같은 곳이 된 것이다. 2018년 현재 그녀의 블로그의 팔로어 수는 12만 명이 넘고, 총 방문자 숫자는 우리나라 인구의 절반인 2,500만이 넘었으니, 얼마나 많은 이들이 이 개인 블로그를 사랑하는지 알 수 있다. 블로그 인기가 오르면서 사람들이 가장 궁금해한 것은 '이혜선 씨가 살림에 사용하는 물건들을 어디에서 구매할 수 있느냐?'였다. 이혜선 씨는 수많은 주부들의 댓글에 답변을 달아주면서, 차라리 이들이 구매하기를 원하는 물건을 오프라인에서 직접 보여주는 게 좋을 것 같다는 생각을 하게 된다. 이 생각이 바로, 2015년 9월에 문을 연 떵굴시장의 시초다.

그렇다면, 왜 사람들은 한 명의 파워블로그가 만들어낸 이 프리 마켓에 열광하는 걸까? 대기업이 전문적으로 운영하는 마켓들이 즐비

한 환경에서 땡굴시장 약진의 비밀은 많은 사람들이 궁금해하는 바다. 그 성공의 중요한 비밀은 생각보다 간단하다. 바로 '진정성'이다. 이혜선 씨는 블로그를 처음 운영할 때부터 고집스럽게 지켜온 하나의 신념이 있다. 협찬을 받지 않고, 본인이 직접 사용해보거나, 집에서 직접 보관 중인 제품들만 다른 사람들에게 소개한다는 원칙이다. 사실 지키기 어려운 원칙이다. 블로그가 점점 흥할수록 수많은 곳에서 그녀에게 협찬 제의를 해왔지만, 그때마다 그녀는 모든 협찬 제의를 거절했다. 초반에는 많은 방문객들이 그녀가 소개하는 물건이 협찬받은 제품이라는 의심을 했지만, 그녀의 진정성 있는 모습이 알려지고 나서는 더 많은 사람들이 몰려들기 시작했다. 그녀와 비슷한 형태의 블로그를 운영하던 유명 블로거들이 협찬 광고의 유혹에 넘어가면서 사람들의 신뢰를 잃어갔던 것과 다르게 그녀는 인기가 높아질수록 더욱 조심스럽게,

직접 사용해보고 신뢰하는 제품만 블로그에 올렸다. 그녀가 만든 땡굴시장이 성공하게 된 첫째 비밀은 바로 이 '진정성'에 있다고 하겠다.

둘째 성공 요인은, 제품에 담긴 '철학'을 스토리에 담아서 전달하려고 노력한 점이다. 일반적인 오프라인 마켓은 특정 장소에 가서 제품에 관련된 정보를 접하는 경우가 많다. 때로는 프리 마켓 특성상 너무나 많은 제품이 소개되고 나열되어 있기에, 보는 재미는 있을지 몰라도 제품 하나하나에 담긴 이야기를 놓치기 쉽다. 이혜선 씨는 땡굴시장이 오픈된 시점부터, 판매되는 제품 하나하나가 왜 땡굴시장에서 소개되어야 할 정도로 좋은 제품인지, 이 제품이 어떤 '철학'을 가진 사람들에 의해서 만들어진 것인지 스토리화해서 소비자들에게 전달하는 것이 중요하다고 여겼다. 이 때문에 땡굴시장은 오프라인 마켓을 시작하기에 앞서 온라인을 통해 제품의 스토리를 전달하는 일에 많은 노력을 기울인다.

실제 오프라인 마켓이 열리기 전 땡굴시장의 인스타그램을 비롯한 다양한 SNS 채널에 가보면, 참여하는 셀러들의 제품 사진과 해당 제품이 만들어지는 과정을 담은 영상, 셀러들이 어떠한 철학을 가지고 본 제품들을 만들어가고 있는지와 같은 정보들을 자세히게 접힐 수 있다. 동시에 온라인 사이트를 통해 셀러들에게 제품 관련 문의를 할 수 있게 함으로써 셀러와 소비자들이 자연스럽게 소통할 수 있게 했다. 이러한 과정을 통해 소비자들은 '땡굴시장이 해당 제품을 왜 선택했는지'를 알고, 더욱 신뢰하게 되며 다양한 온라인 정보를 접한 후 오프라인 매장에 방문하고 싶은 생각이 들게 되었다.

땅굴시장은 항상 수익의 일부분을 '홀트아동복지회'와 같은 기관에 기부한다. 매회 마켓이 끝나고 난 후, 행사에 참여한 모든 셀러들이 모여서 이혜선 씨를 비롯한 운영진과 함께 사진을 찍고 마무리하는 등, 대기업이 운영하는 방식보다 좀 더 친근하고 배려하는 문화를 보여주는 것도 일반 소비자들이 땅굴 시장을 좋아하는 이유 중 하나일 것이다. 이제는 전국에서 가장 큰 프리 마켓으로 성장했으며, 이혜선 씨가 개인 블로그를 운영할 때의 소박함과 신뢰를 주는 문화를 유지함으로써 차별화에 성공했다고 할 수 있다.

'여행에 미치다'와 '땅굴시장'의 케이스에서 볼 수 있듯이, 1명의 개인 인플루언서가 좋은 전략을 가지고 효과적으로 인터넷 플랫폼을 만들어내면 그 영향력이 기업의 영향력을 넘어설 수 있다. 온라인 소비자는 기존의 전통적인 방식으로 접근해서는 파악하기 힘들다. 그들이 좋아하는 온라인 문화의 흐름을 읽어내고, 그들과 소통하는 형태의 콘텐츠를 만들 때 효과를 볼 수 있다.

전통적으로 마케팅을 잘하는 기업들이 온라인 세상의 개인 인플루언서들에게 밀리는 이유는, 기존 방식의 틀에서 흐름을 읽어내려고 하기 때문이다. 내부분 개인 인플루언서들은 인터넷에서 활동하는 것이 편한 젊은 사람들이 많고, 인터넷 세상의 트렌드를 잘 읽어낸다. 그들이 철저하게 고객을 분석하고, 전략을 갖추고 사업을 시작할 경우 큰 성과를 낼 가능성이 아주 높다.

지금까지 여러 사례를 통해, 평범한 개인들이 자신만의 콘텐츠를 가지고 인터넷 세상에서 강력한 영향력을 발휘하는 권력자로 성장해나가는 모습을 소개했다. 이러한 인플루언서들이 인터넷 세상에서 사람들에게 미치는 영향에 대해 좀 더 세밀하게 파고들어 볼 것이다.

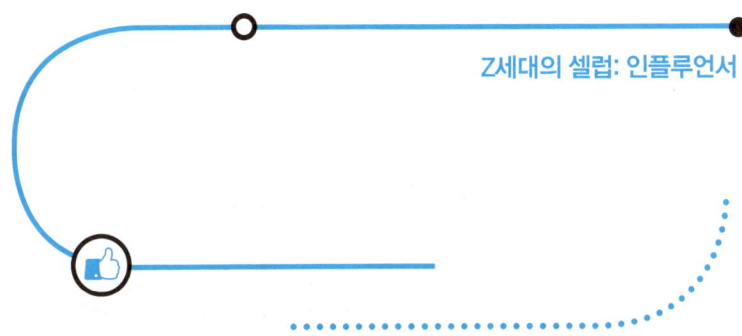

Z세대의 셀럽: 인플루언서

 대기업에서 대도서관과 같은 1인 미디어 스타들과 다양한 형태의 마케팅 협업을 하는 이유는, 그들의 영향력이 소위 지상파 TV에 나오는 유명 연예인 못지않다고 여기기 때문이다. 디지털 마케팅 전문가들은 이미 온라인 세상에서의 1인 미디어 스타들의 영향력이 유명 연예인의 영향을 넘어섰다고 본다.
 2014년 미국의 대표적 대중 잡지인 《버라이어티(Variety)》가 미국 10대를 대상으로 "본인이 물건을 살 때 가장 영향력을 미치는 유명인들을 뽑아달라"는 설문 조사를 실시했다. 결과는 놀라웠다. 일반적으로는 TV나 영화에 자주 등장하는 가수나 영화배우가 강력한 영향을 줄 것이라 생각된다. 하지만 10대들은 그들이 물건을 구매할 때 영향을 주는 사람들로 유명 스타가 아닌, 개인 유튜브 크리에이터들을 뽑았다. 조사 결과에 따르면 미국 10대에게 가장 강력한 영향력을 끼치는 상위 20명 가운데 10명이 크리에이터라고 불리는 유튜브 1인 미디

어 스타였다. 심지어 최상위 5명 중에 전통적인 스타라고 불리는 사람들은 한 명도 없었다. 1위는 스모쉬(Smosh)라는 온라인 코미디 팀이 선정되었고 그 뒤를 파인 브라더스(Fine Brothers), 퓨디파이가 차지했다. 유튜브 스타가 아닌 할리우드 스타 중에는 당시 극장에서 히트 중이었던 영화 〈패스트 앤 퓨리어스(Fast and Furious)〉의 히로인 폴 워크(Paul Walker)가 6위로 가장 높은 순위에 랭크되었다.

그렇다면, 10대들은 왜 할리우드 스타들보다 개인 유튜브 스타들을 더 신뢰하고 좋아하게 되었을까? 설문 조사 내용을 보면, 전통적인 스타들은 엔터테인먼트 비즈니스 속에서 기획사의 각본에 따르고, 전략적으로 행동하여 거리감이 있고 친숙함을 느끼기 어렵다고 했다. 반면 그들이 매일 방문하는 유튜브에서 만나는 개인 유튜브 크리에이터들은 훨씬 편안하게 느껴지고, 구독자의 사소한 이야기에 좀 더 귀를 기울여주는 것 같다고 말했다. 즉 전통적인 할리우드 스타들은 능력도 있고 신뢰가 가지만, 호감도나 친숙함 측면에서는 유튜브 스타들이 더욱 매력적이라는 것이다. 이제 10대들이 중요하게 여기는 건 그들과 함께 콘텐츠를 만들어가고, 그들의 이야기에 귀를 더 기울여주는 행위라는 걸 알 수 있다. 앞으로 미래 사회를 만들어갈 소위 Z세대는 누군가 만든 콘텐츠를 일방적으로 소비하는 자리에 머물고 싶어 하지 않는다. 그들은 어려서부터 다양한 디지털 기기들을 다루는 데 능숙하고, 디지털 기기를 바탕으로 자신의 취향을 반영한 콘텐츠를 만드는 것을 즐긴다. 그들에게 진짜 영향을 주는 영향력자는 스크린 너머로 동경하는 박제화된 스타가 아니라, 방에서 함께 놀고 즐기는 느낌을 주는 인터넷 세상의 1인 인플루언서들이다. 이러한 현상으로 보아 인플루언서에 대한 중요성이 갈수록 증대될 것이라고 예측한다.

《포브스》는 '인플루언서 마케팅(Influencer Marketing)'이 더 큰 화두가 될 것이라는 내용의 기사를 내놓았다. 인플루언서 마케팅의 시대가 도래한다는 예상에 따른 많은 근거 자료들도 소개되어 있었다. 이마케터(eMarketer)가 실시한 조사에 따르면, 84% 이상의 마케터들이 향후 1년 안에 적어도 한 번 이상 인플루언서들과의 협업을 통한 디지털 마케팅 캠페인을 벌일 것이라고 대답했다. 기업이 인플루언서를 통해 마케팅을 하는 경우가 더욱 빈번해진다는 뜻이기도 하다. 그 이유는 당연하게도, 인플루언서들이 일반 대중에게 미치는 영향이 날로 커지고 있기 때문이다. 컨설팅 기관인 브라이트로컬(BrightLocal)의 조사에 따르면, 온라인 소비자들의 88%가 팔로잉한 개인 인플루언서의 제품 리뷰를 친한 친구만큼이나 신뢰한다고 대답했다. 트위터 사용자들의 40% 가까이 되는 사람들이, 자신이 중요하게 생각하는 인플루언서가 추천해주는 제품을 구매한 적이 있다고 응답했으며, 유튜브를 이용하는 10대들 중 70% 이상이, 자신이 구독하는 유튜브 개인 크리에이터들이 할리우드 스타들보다 더 큰 영향을 준다고 대답했다.

▶ 인플루언서 영향력

소비자는 인플루언서에게 연예인보다 높은 친밀감/호감도를 가지며, 관심 분야에 대한 공감대 및 신뢰도 형성으로 인플루언서의 행동/정보 따라 하기, 영상 공유 등 행동에 큰 영향력을 받는 것으로 나타남

95% 인플루언서가 전달하는 정보는 신뢰가 간다

92% 인플루언서와는 내 관심 분야에 대해 공감대가 형성된다

88% 인플루언서의 (해당 분야) 행동을 따라 해보았다/하고 싶다

86% 인플루언서들은 일반 연예인보다 가깝게 느껴진다

69% 인플루언서의 영상을 지인에게 공유하거나 추천한 적 있다

Q. 인플루언서 영상 시청 이유(소비자 Focus Group Interview 중)

"인플루언서를 좋아하는 건 연예인 좋아하는 거랑 비슷한 것 같아요. 평범한 사람이 가감 없이 하는 방송이지만 시청자가 다가갈 수 있다는 게 좋아요."

"즉각적으로 커뮤니케이션이 되고 바로 반응이 오는 것이 1인 방송의 매력이에요."

"푸드/먹방 인플루언서의 경우 저 대신 비싼 음식을 먹어줄 수도 있고, 다이어트를 하고 있어서 많이 못 먹을 때 영상을 통해 대리만족을 느껴요."

*자료원: DIA TV influencer 구독자 대상 서베이, 온라인 조사, 조사 기간 2015년 3월~12월 상시 진행, 조사 규모 1만 2,774명
*소비자 Focus Group Interview, 디지털 콘텐츠 소비 행태 FGI, 2015년 7월, TNS코리아

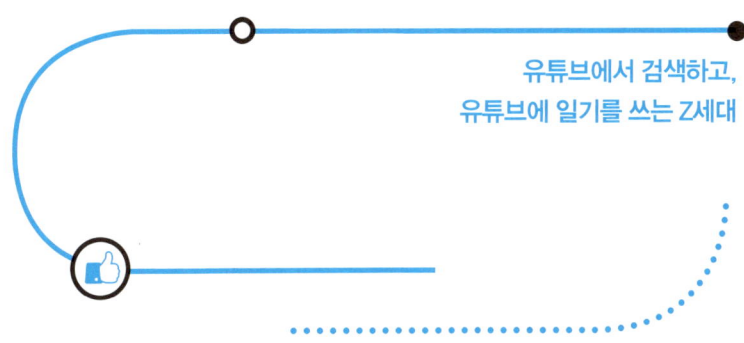

유튜브에서 검색하고, 유튜브에 일기를 쓰는 Z세대

Z세대들의 라이프 스타일을 분석한 여러 자료를 보면, 인플루언서들의 영향력이 더욱 늘어나리라는 것을 알 수 있다. 30대 이상의 세대에게 '자신의 일상을 기록'하는 일이란, 보통 일기장 같은 수첩에 쓰거나 개인적으로 운영하는 블로그에 글을 올리는 형태일 것이다. 반면 더 젊은 세대는 매우 다른 패턴을 보여주고 있다. 최근 들어서 10~20대 사이에서 가장 핫한 놀이 중 하나는 자신의 일상을 한 편의 영상으로 제작해 올리는 일이다. 이러한 형태의 행위를 '브이로그(Vlog)'라고 한다. 비디오(Video)와 블로그(Blog)가 합쳐진 신조어라고 할 수 있다. 이러한 '브이로그'는 다양한 형태로 나타난다. 옷을 좋아하는 이들은 그날그날 자신이 옷을 고르는 모습을 본인의 스마트폰으로 찍고, 간단한 코멘트와 함께 기록을 남긴다. 운동을 열심히 하는 남학생들은 자신이 운동하는 모습을 매일 기록하는 영상을 찍는다. 실제로 고등학

교 교실에 가보면 서로의 브이로그를 찍어주는 여학생들을 쉽게 발견할 수 있다. 이렇게 만든 영상은 본인이 운영 중인 블로그나 유튜브 계정에 올린다. 영상의 퀄리티를 좀 더 신경 써서 공유하기를 원하는 친구들은, 인터넷에서 구하기 쉽고 조작도 간편한 영상 편집 프로그램을 사용해 배경 음악을 깔거나 재미있는 애니메이션 기법을 적용하고 자막을 넣기도 한다. 과거에는 텍스트나 사진 위주의 간단한 일기장 형태로 자신의 일상을 공유한 일이, 이제는 타인과의 공감과 소통을 더 이끌어낼 콘텐츠로 변화하고 있는 것이다. 이러한 변화는 중요하다. 한마디로 지금 10~20대는 본인의 색깔을 드러낼 수 있는 콘텐츠 크리에이터로서의 역량을 어린 나이부터 길러오고 있다는 말이다. 이 때문에 앞으로 더 많은 일반인 인플루언서가 생겨날 가능성 역시 높다.

'궁금한 것이 생기면 어떻게 검색을 하나?' 단순한 이 질문에 어떻게 대답하느냐에 따라, 세대가 구분될 수 있다. 아마 30~40대 이상의 사람들은 자연스럽게 네이버를 떠올릴 것이다. 홈페이지에 들어가서 검색 창에 본인이 궁금한 내용을 상징하는 키워드를 타이핑해보는 게 가장 일반적이다. 데이터 분석 기업 와이즈앱이 2만 3,000명의 스마트폰 사용자를 대상으로 한 '2017년 11월 앱(App) 사용 관련 실태 조사'에서 30대가 가장 많이 사용하는 SNS 채널은 카카오톡과 네이버가 1, 2위를 다투었다. 30대 이상의 소비자들은 본인이 궁금해하는 정보를 네이버 검색을 통하거나, 카카오톡으로 주변 사람들에게 물어서 얻는다고 볼 수 있다. 이러한 경향은 10~20대로 가면 정반대 양상을 보인다. 그들이 가장 많은 시간을 보내는 채널 1위는 유튜브였다. 궁금한 것이 생기면 유튜브에서 관련 영상을 찾아본다. 10대들의 경우, 유튜브 앱 사용 시간이 무려 1억 2,900만 시간으로, 페이스북(3,300만), 카카오톡(4,300만), 네이버 관련 앱(2,300만)의 전체 사용 시간을 합한 것보다 훨씬 길었다. 그만큼 유튜브에서 더 많은 정보를 얻고 있다고 봐도 무방하다.

지금의 10대들은 화장 잘하는 법을 네이버 검색으로 찾는 게 아니라, 유튜브에서 유명한 메이크업 크리에이터의 영상을 찾아보는 것에 더 익숙하다. 공부법을 찾는 과정도 비슷하다. 30대 이상의 세대들은

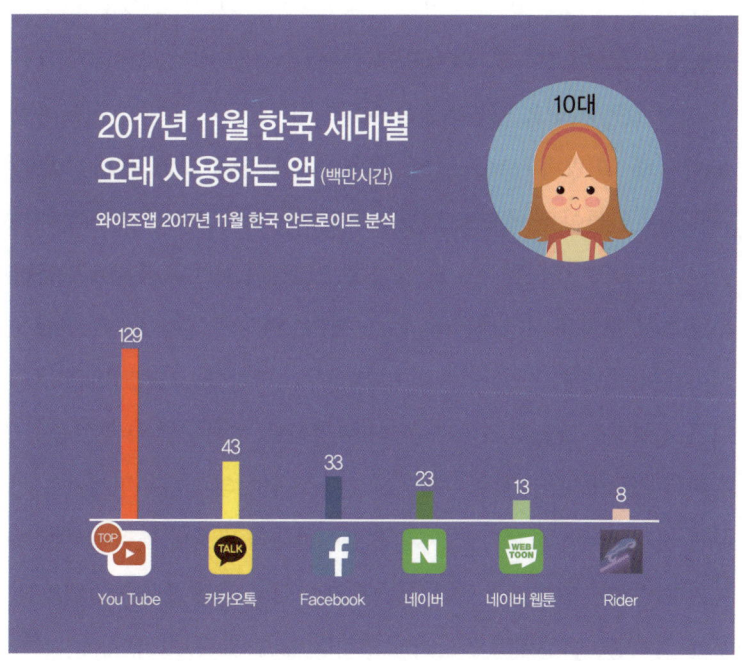

커뮤니티를 찾아가거나 해당 내용을 미리 공부한 사람들의 글을 찾아보는 데 익숙한 반면, 10~20대는 그 내용을 배울 수 있고 해당 분야의 전문적인 내용도 담긴 동영상을 검색해서 보는 것이 더 익숙하다. 구글이 2015년에 발표한 데이터에 따르면, 미국의 경우 "어떻게 배울 수 있는가(How-to)"와 관련된 영상을 유튜브로 검색하는 양이 매년 70% 성장하고 있다고 한다. '변기 빨리 뚫는 법', '영어 단어 빨리 외우는 법' 등 일상생활에서 우리가 흔히 찾아보는 모든 질문과 연관된 영상들이 유튜브에 존재하고, 그러한 영상 콘텐츠를 소비하는 시간이 기하급수적으로 늘어나고 있다는 말이다.

특히 주목할 점은 이러한 영상 콘텐츠를 만들어내는 다양한 일반인 인플루언서들이 계속해서 나타난다는 점이다. 한 예로 자동차와 관련된 깊이 있는 지식을 가진 A라는 일반인이 재미로 '차 키를 잃어버렸을 때 문을 열 방법', '추운 날씨, 앞 유리에 낀 얼음 빨리 녹이는 법'과 같은 일반인들이 관심 있을 법한 내용을 계속해서 영상 콘텐츠화해서 올린다. 그러면 비슷한 취향을 가진 일반인들이 검색을 통해 A가 올려둔 유튜브 영상을 시청하게 된다. 흥미로운 영상이 쌓이고 A의 영상을 지속해서 시청하는 구독자들이 생겨나기 시작한다. 그리고 많은 구독자가 동영상을 올리는 A와 좀 더 다른 형태로(유튜브 라이브 방송 등) 교류하다가 끝내 팬이 된다. 이게 바로 자동차 분야의 인플루언서가 탄생하는 과정이라고 하겠다. 이러한 인플루언서의 탄생이 여러 분야에서 매일 빈번하게 일어나고 있다. 텍스트가 아니라 영상 콘텐츠 형태의 정보를 선호하는 Z세대가 만들어낸 결과라 할 수 있다. 이러한 데이터는 인플루언서들의 미래에 대한 하나의 지표라고 할 수 있다. 앞으로 우리 일상생활의 모든 분야에서 더 많은 인플루언서가 등장하게 될 것이다.

왜 대중은 디지털 인플루언서들에게 열광하게 되었을까? 인터넷이 존재하지 않던 시대에도 '영향력자'라고 불리는 개인들이 존재했다. 따라서, 디지털 세상 속 인플루언서의 영향력 확대는 인터넷이 개인의 힘을 어떻게 키워주었는지를 살펴봐야 더 확실히 알 수 있다. 앞서 나온 디지털 인플루언서인 퓨디파이, 대도서관, 여행에 미치다, 떵굴 시장의 성공 케이스를 보면, 그들이 만든 콘텐츠에 대중이 열광하는 공통분모가 존재한다. 그들은 '소통'이라는 것에 방점을 찍고 콘텐츠를 만들어냈다. 콘텐츠라는 건 일방적으로 본인이 좋아하는 것을 이야기하는 게 아니라, 대중이 듣고 싶어 하는 것을 콘텐츠화하는 것이다. 그러한 과정에서 대중들은 좀 더 높은 참여도(Engagement)와 높은 친숙감(Similarity)를 느꼈다. 전통적인 미디어 스타들과 다른 인터넷 인플루언서들이 갖는 장점들이 존재한다. 이러한 장점들에 대해서 하나하나 살펴보도록 하겠다.

**당신의 모든 결정은
타인에 의해 지배받는다**

지난 대선 때 당신은 왜 ○○당에 투표했는가? 최근 구매한 청바지는 왜 선택했는가? 당신이 내렸던 중요한 결정들에 대해 누군가 이러한 질문을 한다면, 대부분 사람들은 "내가 좋아해서", "내가 그 제품의 어떤 면을 중요하게 생각해서"라고 대답할 것이다. 즉 '나'라는 존재가 해당 결정의 중심에 있으며, 나의 사고와 견해에 따라서 결정이 이루어졌다고 할 수 있다.

하지만 사회심리학자들은 당신의 그러한 생각에 동의하지 않을지도 모른다. 우리는 때때로 평소 좋아하는 정치 평론가가 특정 후보자에게 투표를 할 것이라는 것을 알고 난 후, 정치 평론가가 지지하는 후보자를 선호하는 방향으로 마음을 움직이기도 한다. 〈썰전〉 같은 정치 평론 프로그램을 보다가, 평론가 유시민이 특정 후보를 선호한다는 이유만으로 지지하지 않던 후보에게 마음이 가기도 한다는 말이다. 물건을 구매하는 상황에서도 비슷한 상황은 일어날 수 있다. 온라인상에서 팔로잉한 패션 분야 파워 블로거가 특정 청바지를 구매해서 입고 나온 모습을 보고, 충동적으로 제품을 구매하기도 한다. 제품이 나한테 어울리느냐 아니냐, 필요하냐 아니냐를 떠나서, 단지 내가 평소에 좋아하는 사람이 입고 나온 옷, 사용하는 제품들에 호감을 느끼고 충동 구매를 하는 것이다.

앞서 나온 사례들은 우리가 매일 맞닥뜨리는 수많은 결정의 순간, 보이지 않는 손이 우리의 삶에 침투한다는 것을 말해준다. 우리가 의식하든 하지 않든 간에 우리의 의사 결정은 타인들로부터 엄청난 영향을 받는다. 그리고 인터넷의 발달은 이러한 타인들의 영향력을 극대화시키는 결과를 가져왔다. 최근 들어 이러한 인플루언서들의 영향력에 대한 중요성이 커지면서, 타인들이 어떻게 우리의 행동들에 영향을 줄 수 있는지에 대한 다양한 사회심리학적 연구들이 진행 중에 있다. 이러한 연구들의 결과를 면밀하게 살펴보면, 디지털 시대의 인플루언서들의 영향력이 커지는 이유를 알 수 있다.

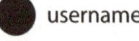

인플루언서들은
어떻게 기존의
미디어 스타를
위협하게 되었나

#3

1536 likes

username #photo #followme #bestchoice

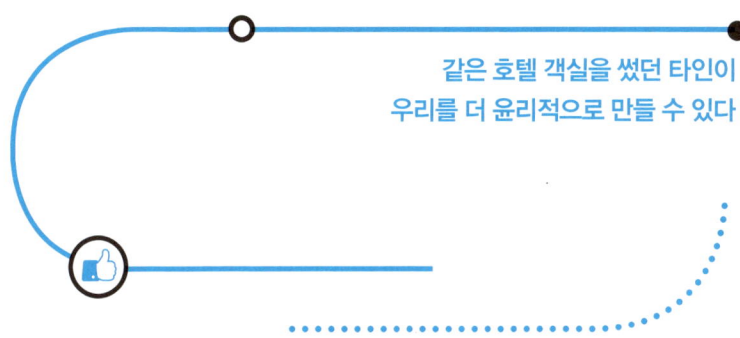

같은 호텔 객실을 썼던 타인이 우리를 더 윤리적으로 만들 수 있다

"환경을 위해서 가능한 한 침대보와 타월을 재사용해주세요."

여행을 할 때 호텔에 묵어본 사람이라면 들어봤을 법한, '침대보와 타월 재사용' 캠페인 메시지다. 호텔 입장에서 매우 큰 비용을 들이는 것이 날마다 침대보와 타월을 세탁하는 일이다. 우리는 일반적으로 호텔에 묵게 될 때, 불필요하게 많은 타월을 사용하거나 매일 갈지 않아도 되는 침대보를 갈아달라고 요청한다. 우리 집이 아니기에 쉽게 사용하는 것이다. 이때 문제는 세탁 시에 사용되는 엄청난 양의 물 사용이다. 숙박객들의 침대보나 타월 사용을 조금이라도 자제시킬 수 있다면 세탁에 들어가는 불필요한 물 사용을 줄일 수 있게 되고, 이는 생각보다 큰 친환경적인 효과를 불러온다. 따라서 전 세계의 정부기관과 호텔 사업을 하는 기업들이 가장 공들여서 하는 일 중 하나가 숙박객들에게 다양한 형태의 친환경 메시지를 통해 '침대보 혹은 타월 재사용 캠페인'에 참여시키는 것이다. 하지만 그러한 노력에 비해 결과는 신통치 않았다.

"당신이 흥청망청 쓰는 물, 그 물이 없어서 죽어가는 아프리카 사람들이 있다. 물 사용을 줄이는 캠페인에 동참해달라"라는 읍소에 가까운 멘트부터 "당신은 지성인, 불필요한 타월과 침대보 사용을 줄여서 환경 운동에 동참해주세요"라는 호소까지 다양한 메시지가 사용되었

호텔의 환경보호 캠페인 팻말

지만 효과는 미비했다. 그런 메시지를 호텔 방에서 노출시키더라도, 사람들은 여전히 '비싼 돈을 내고 호텔에 왔으니 최대한 서비스를 이용해야지'라는 생각으로 침대보를 새로 갈아달라고 요청하고, 한 번에 2~3장의 타월을 사용한다.

이러한 문제를 해결하기 위해 심리학자들이 나서기 시작했다. 어떻게 하면 효과적으로 투숙객들에게 친환경적인 캠페인에 참여시킬 수 있는 메시지를 만들지 고민하기 시작했다. 다양한 메시지들이 테스트되었고 그 결과, 가장 효과적으로 투숙객들의 참여를 이끌어낸 메시지가 개발되었다. 놀라운 점은 우리의 참여를 이끌어내는 가장 효과적인 메시지를 만드는 비밀이 '우리'라는 메시지에 있는 것이 아니라 우리와 관계없는 '타인'에 대한 정보의 유무에 있었다는 것이다.

시카고 경영대 교수인 골드스테인 교수와 동료들은 미국에 있는 한 호텔 룸에서 실제로 '타월 재사용 환경 캠페인' 메시지들의 효과를 테스트해보았다. 몇 달에 걸쳐서 투숙객이 머무는 방에 다양한 환경 보호 메시지를 자연스럽게 비치하였고, 각각의 메시지가 호텔 타월 재사용 참여율을 성공적으로 이끌었는지 체크해보았다. 예를 들어, 다음과 같은 3가지 형태의 친환경 메시지들이었다.

A: "환경을 보호하는 데 도움을 주세요. 당신이 호텔에 머무는 동안 타월을 재사용하는 것만으로도 환경을 보호할 수 있습니다."

B: "환경을 보호하는 데 도움을 주고 있는 사람들에게 동참해주세

요. 호텔 타월 재사용에 호텔 투숙객들의 75%가 참여해주었습니다. 호텔에 머무는 동안 타월을 재사용하는 것만으로도 환경을 보호할 수 있습니다."

C: "환경을 보호하는 데 도움을 주고 있는 사람들에게 동참해주세요. 호텔 타월 재사용에 이 방(룸 102호)에 머문 투숙객들의 75%가 참여해주었습니다. 호텔에 머무는 동안 타월을 재사용하는 것만으로 환경을 보호할 수 있습니다."

A 타입은 '투숙객'에 초점을 맞춘 전형적인 호텔 타월 재사용 메시지다. '당신'을 강조하면서 투숙객에게 타월 재사용을 독려하는 형태로 만들어셨다. B와 C는 전혀 다른 타입의 메시지다. '투숙객'보다는, 투숙객이 전혀 만난 적도 없는 '타인'들이 어떻게 행동했는지에 대한 정보를 주고 호텔 타월 재사용 메시지를 구성하였다. 결과는 놀라웠다. A 타입의 메시지보다 '타인'의 참여율을 보여준 B와 C 타입의 메시지를 보여주었을 때 투숙객들의 타월 재사용률이 압도적으로 높았다. 특히 가장 효과적인 메시지는 C 타입의 메시지였다.

리서치 결과가 놀라웠던 이유는, 우리 개개인의 의사 결정이 타인들의 결정에 영향을 받고 있다는 것을 가장 직접적으로 보여주었기 때문이다. 만약 우리가 의사 결정을 할 때 주체적으로 움직인다면 타월 재사용을 할지 안 할지는 '나'의 의사가 가장 중요하다. 이 경우 '당신'이라는 당사자에게 어필을 하는 형태의 친환경 메시지가 가장 효과적이어야만 한다. 하지만 신은 인간이 그렇게 이성적으로만 행동하도록 만들지 않았다. 우리는 때로 우리가 만난 적 없는 '타인들'이 어떤 행동을 했는지에 대해 많은 영향을 받는다. 그 '타인들'과 '나' 사이에 '유사성(Similarity)'이 있다면 더욱 그렇다. 결국 단순하게 다른 투숙객만 강조한 B 타입보다, 같은 방을 공유한 공통 경험을 한 타인들의 참여율을 강조한 C 타입의 메시지가 가장 효과적으로 작용한 것이다.

  이 리서치의 결과는 타인으로부터 받는 영향에 대한 것이다. 특히 우리가 가지고 있는 면을 타인에게서 발견하는 것, 즉 친근감을 느끼면 더 큰 영향을 받는다는 사실은 이제 분명하다. 이는 우리가 인터넷 세상의 인플루언서들에게 영향받는 이유를 설명해준다. 때로는 내가 좋아하는 김연아가 특정 회사의 핸드폰 광고에 등장했다는 것만으로,

해당 회사의 핸드폰에 대해 긍정적인 감정이 생기기도 한다. 내가 자주 방문하는 블로그 운영자가 특정 레스토랑에 대한 긍정적인 리뷰를 쓰면, 그곳에 방문하고 싶은 마음이 들기도 한다. 즉 전통적인 미디어 스타든 인터넷의 개인 인플루언서든 우리는 그들의 의견에 영향을 받는다. 앞서 나온 예에서 보듯, 우리가 디지털 세상에서 개인 인플루언서들의 의견에 더 큰 영향을 받는 비밀 또한 '유사성(Similarity)'에 있다. 디지털 인플루언서들은 때로 우리 옆집에서 만날 수 있는 평범한 사람처럼 보인다.

반면, 광고상에서 보이는 이정재 같은 연예인과 본인 사이에 유사성을 느끼는 사람이 얼마나 되겠는가? 디지털 인플루언서들은 내가 '댓글'로 남기는 이야기들에 대해 실시간으로 응답해주기도 하고, 내가 하는 이야기를 콘텐츠로 만들어주기도 한다. '나와 비슷하다는 느낌'은 해당 대상과 얼마나 자주 만나느냐에 따라 달라진다. 즉 자주 만나게 되면 그만큼 친숙해지고, 내가 그 사람과 비슷하다는 생각까지 들기 마련이다. 전통적인 미디어 스타들을 만나기 위해서는 그 스타가 나오는 방송 프로그램을 찾아봐야 했다. 특별하게 인기가 많은 스타가 아니라면 일주일에 한두 번 정도 TV를 통해 볼 수 있다. 하지만 인터넷에서 만나는 인플루언서들은 하루에도 여러 번 다양하고 기발한 콘텐츠를 가지고 우리를 기다리고 있다. 대도서관과 같은 인기 크리에이터들은 바빠도 하루에 한 번씩은 본인의 콘텐츠를 다양한 SNS 플랫폼에 올린다. 그리고 스마트폰을 통해 언제 어디서나 그들의 콘텐츠를 소비할 수 있다. 개인 미디어 크리에이터들은 특정 미디어에 종속되어 있지 않기 때문에, 그들의 콘텐츠를 소비하는 사람들의 입장을 고려한 형태로 콘텐츠를 노출시킨다. 이러한 이유로 우리는 인플루언서들에게 더 큰 친숙함을 느끼고, 그 친숙함은 우리의 선택에 결정적인 역할을 한다. 특히, 인플루언서들은 전통적인 미디어 스타들보다, 노출도 측면에서 유리한 점을 가지고 있다. 자주 노출된다는 것은 친숙함과 유사성의 감정을 강화시켜주는 것을 넘어서 호감도(Liking)을 향상시키는 효과를 줄 수 있다. 빈번한 노출이 어떻게 호감도를 높여줄 수 있는지 살펴보자.

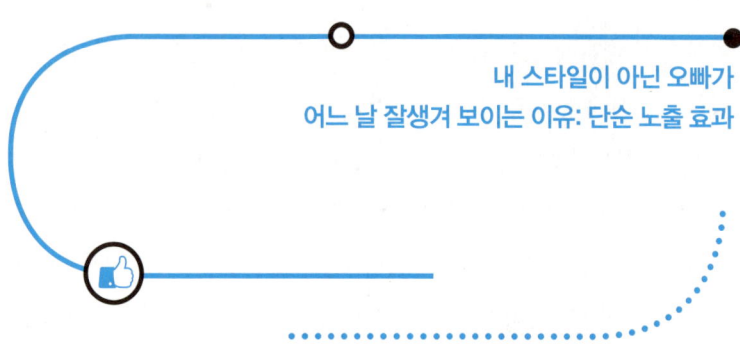

내 스타일이 아닌 오빠가
어느 날 잘생겨 보이는 이유: 단순 노출 효과

인간은 자주 마주치는 존재에게 친근감(Familiarity)을 느끼고, 이어서 유사성(Similarity)과 호감(Liking)을 느끼게 된다. 즉 반복적으로 특정한 물체나 사람에게 노출되면 대상에 대해 친근감이 생기게 되고, 이런 친근감이 호감(Liking)을 이끌어내는 현상이다. 이것을 단순 노출 효과(Mere Exposure Effect)라고 한다. 예를 들어 대학교를 다녔던 시절을 떠올리면 된다. '훈남', '훈녀'를 만날 것으로 꿈꾸고 설레는 마음으로 동아리에 가입했는데, 막상 가보니 내 스타일의 사람은 눈 씻고 찾아봐도 없는 상황을 많이 겪어봤을 것이다. 근데 이상하게도 한 학기만 지나고 나면 동아리 내에서 커플들이 생기기 시작한다. 왜 그럴까? 외모적으로 내 스타일이 아닌 동아리 오빠였는데, 여러 번 마주치다 보면 왠지 친숙해지고, 어느덧 시간이 지나 잘생겨 보이기까지 하는 현상이 바로 단순 노출 효과다. 단순 노출 효과(Mere Exposure

Effect)는 자주 노출되어서 익숙해진 존재에 대해 호감을 느끼는 현상을 말한다.

미국의 유명 심리학자 로버트 자이언스를 비롯해 수많은 사회 심리학자들이 다양한 형태로 단순 노출 효과를 증명했다. 여러 가지 상황에서 사람들이 단순 노출 정도에 어떻게 영향을 받는지 살펴보았다. 대표적인 실험이 유명한 중국 한자 실험이다. 대학생들을 두 집단으로 나누고 몇 주 동안 같은 반에서 수업을 한다.

A 집단에서는 수업을 듣는 학생들 몰래 칠판 모퉁이에 중국 한자를 써둔다. 예를 들어 칠판 제일 상단 귀퉁이에 '李' 자를 써둔다. B 집단이 수업을 들을 때는 칠판 모퉁이에 써둔 중국 한자를 지워둔다. 두 집단 내에서 수업을 듣는 대학생들은 중국어를 배운 적이 없는 미국 학생들이다. 따라서 실험에 참여한 모든 학생들에게 중국 한자는 의미 없는 하나의 기호일 뿐이다. 다만 A 집단에 속한 학생들은 자신도 모르게 자연스럽게 '李' 자에 지속적으로 노출되었고, B 집단에 속한 학생들은 같은 기간에 해당 한자에 전혀 노출되지 않았다.

몇 주의 시간이 흐른 후, 두 집단 학생들에게 다양한 중국 한자를 보여주면서 해당 한자들 중 가장 마음에 드는 한자 하나를 골라보라고 한다. '李' 자에 노출된 적이 없는 학생들은 특별히 이 한자에 대한 호감도를 보이지 않았다. 하지만 '李' 자에 일정 기간 노출이 된 A 집단 학생들의 대다수는 한자 '李'가 가장 마음에 든다고 대답했다. 왜 좋아하는가에 대한 질문에는 "나도 잘 모르겠다. 하지만 이상하게 이 글자에 끌린다"라고 답했다. 논리적으로 대답하지 못하지만, 그냥 이상하게 해당 한자가 끌린다고 답하는 학생들이 대부분이었다. 즉 단순히 특정 대상에 노출된 것만으로도 해당 대상에 대한 호감도가 생긴 것이다.

이와 비슷한 실험도 있었다. 대학생들을 모이게 해 정면 사진을 찍고 난 후, 실제 자신의 사진과 좌우대칭을 바꾼 사진을 보여주고 어떤 이미지가 더 마음에 드는지 물어봤다. 이때 대학생들은 실제 자신의 이미지(Actual Self-Image)보다 좌우가 바뀐 이미지를 더 많이 선택했다. 왜 그런 걸까? 그 비밀은 '거울'에 숨어 있다. 우리 중 스스로의 모습을 직접 본 사람은 없다. 나의 몸을 떠나서 제3자의 시각으로 내 모습을 볼 수 없기 때문이다. 나의 모습이라고 여기는 건 거울에 비친 이미지(Mirror Self-Image)다. 이는 좌우가 뒤바뀐 이미지이지만, 우리는 실제 이미지보다 거울 이미지에 더 빈번하게 노출되어 친숙하기 때문에 좌우가 바뀐 모습에 더 호감을 느끼게 된 것이다. 이외에도 대학생들에게 12장의 얼굴 사진을 무작위로 여러 번 보여주고 해당 사진에 나온 사람들에 대한 호감도를 측정했다. 사진에 노출되는 횟수를 0회에서 25회까지 다양하게 조절했을 때, 노출된 횟수가 높을수록 해당 사진에 나온 사람에 대해 높은 선호도를 보이는 것을 발견했다.

연예인들이 방송에 자주 노출되기 위해 엄청난 노력을 하는 것도 같은 이유로 설명할 수 있다. 브라운관에 한 번이라도 더 노출되는 것이 곧 대중에게 본인의 모습을 보여줄 수 있는 기회이고, 이는 친숙감으로 연결되어 호감이라는 긍정적인 감정으로 이어질 수 있기 때문이다. 유느님으로 불리는 국민 MC 유재석이 대표적이다. 사실 무명 시절의 유재석은 잘생긴 훈남 이미지와는 거리가 있었다. 최정상에 서 있는 지금도 패션에 신경을 많이 쓰는 타입이 아니기에 옛날과 비교해서 외모가 많이 달라졌거나, 스타일이 크게 바뀐 것도 아니다. 하지만 지금 유재석은 훈남이다. 그의 바른 인성이 훈남 이미지에 큰 기여를 한 것도 사실이지만, 그의 인기가 많아지고 브라운관에 가장 자주 등장하는 연예인이 되었기 때문이다. 그만큼 우리는 그에게 익숙해졌고, 그러한 익숙함이 외모적인 호감도에도 긍정적인 영향을 미쳤다.

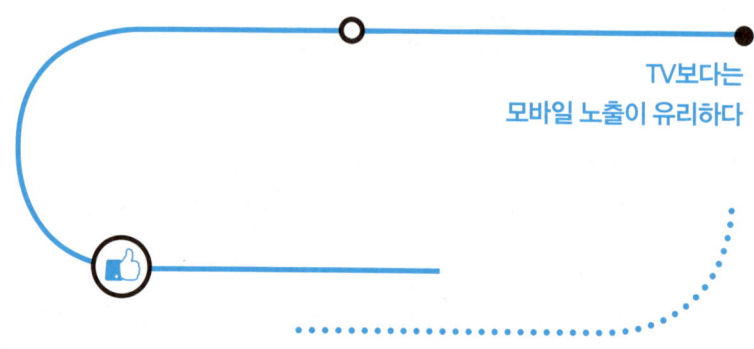

TV보다는 모바일 노출이 유리하다

기존의 전통적인 미디어 방송을 통해서 개인의 노출도를 극대화시키는 데에는 한계가 있다. 왜냐하면 첫째, 일단 TV와 라디오 같은 오프라인 형태의 미디어 방송 채널은 그 숫자가 적다. 한국의 지상파 TV 방송 숫자는 EBS를 포함해서 고작 몇 개에 지나지 않는다. 물론 최근 들어 다양한 케이블 채널이 생겨나서 개인이 노출되는 기회가 늘어나고 있지만 여전히 범위가 좁다. 둘째, 전통적인 미디어 방송은 사용자 중심으로 콘텐츠가 배열되는 것이 아니라 정보 제공자 중심으로 콘텐츠가 배열되는 방식이다. 토요일에 〈무한도전〉을 보려면 저녁 6시 30분에는 반드시 TV 앞에 있어야만 한다는 말이다. 오프라인 미디어 콘텐츠는 개개인의 사용자가 원하는 장소에서 원하는 시간에 볼 수 있는 사용자 중심의 콘텐츠를 제공해주지 않기 때문에, 특정 개인이 방송에 등장하는 타이밍을 놓치기 쉽다. 전통적인 미디어에서는 사람들이 보고 싶어 할 때 보여주는 시스템이 아니라, 미디어 중심으로 노출된다. 그렇다면, 인터넷 미디어는 어떠한가? 인터넷 미디어는 노출 극대화 측면에서 유리한 구조를 가지고 있다.

    인플루언서들이 그들의 팬과 소통하는 플랫폼은 전통적인 미디어가 아니다. 페이스북, 인스타그램과 같은 디지털 SNS 플랫폼이다. SNS 플랫폼은 노출 극대화적인 측면에서 전통적인 미디어에 비해 유리한 점을 많이 가지고 있다. 유저가 필요할 때, 언제든지 좋아하는 인플루언서의 콘텐츠를 볼 수 있다. 스마트폰만 있다면 클릭 한 번으로 인스타그램에 들어가 손가락으로 가볍게 드래그 다운하면서 본인이 팔로잉한 여러 인플루언서들이 올려둔 콘텐츠를 볼 수 있다.

    SNS 전문 조사 기관인 엠디지애드버타이징(MDGadvertising)에 따르면 인스타그램의 경우 2017년 총 사용자가 5억 명이 돌파했고, 이 중의 절반 가까이의 유저들이 매일 인스타그램을 체크한다고 한다. 인스타그램에서 유명 인플루언서가 된다면 나를 팔로잉 하는 팬에게 사실상 하루에도 여러 번 노출될 수 있다는 말이다. 인스타그램에서 패션에 관심이 있는 사람들은 흔히 옷을 잘 입는 인플루언서들을 팔로잉 한다. 매일 인스타그램에 들어갈 때마다 내가 팔로잉하는 사람들이 올린 게시물들이 큐레이션 시스템에 의해 나에게 보인다. 즉, 특정 분야에서 어느 정도 영향력 있는 개인이 되면, 이제 나를 팔로잉 하는 사람들에게 나를 하루에 몇 번씩 노출시킬 수 있는 기회를 가진다. 내가 올린 콘텐츠에 사람들이 자주 노출될수록 그 사람이 나에게 호감을 느낄 수 있는 정도가 늘어날 것이다. 그것이 바로 만난 적 없는 인터넷 인플루언서들에게 사람들이 친숙감을 느끼게 되는 이유다.

대도서관이 2011년 10월부터 유튜브에 업로드한 동영상 수는 6,100개다. 하루도 빠짐없이 매일 3개씩은 업로드해야 가능한 숫자다. 이는 비슷한 시기에 유튜브를 시작한 양띵도 마찬가지다. (업로드 된 동영상 수 5,400개, 서브 채널인 '양띵의 사생활', 'TToy' 등을 합한다면 6,000개가 넘어간다.) 국내 1위 키덜트 채널인 '건담홀릭'의 경우는 장르적 한계에도 불구하고 지금까지 5,000개의 콘텐츠를 올렸다. 이런 측면에서 인플루언서가 되는 데에는 매우 큰 성실성이 요구된다.

노출을 극대화시킬 수 있는 여지가 높다는 점 외에도 디지털 세상 속 인플루언서들의 영향력이 커지는 또 다른 이유가 있다. 인터넷이라는 공간은 너무나도 많은 정보가 쏟아지는 복잡함을 가지고 있다. 인간은 수많은 정보에 둘러싸여 있을 때, 상대적으로 타인의 영향력에 크게 의지한다. 이러한 이유로 인터넷 공간에서 의사 결정은 우리가 친숙하게 여기는 타인, 인플루언서에 의해 큰 영향을 받는 것이다.

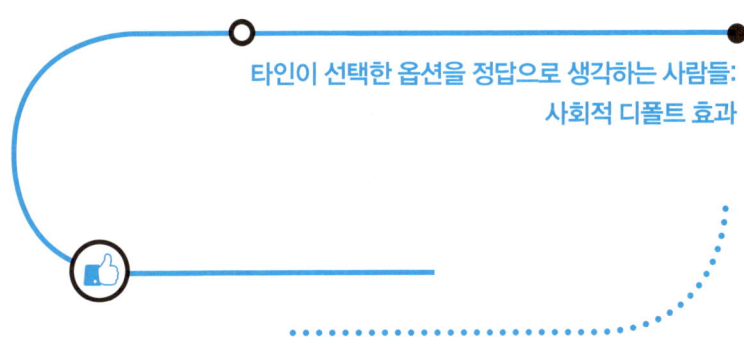

타인이 선택한 옵션을 정답으로 생각하는 사람들: 사회적 디폴트 효과

홍콩과기대, 틸버그 대학 그리고 보스턴 대학 공동 연구진들은 '잘 알지 못하는 분야의 물건을 구매하는 상황에서 타인의 의견에 어떻게 영향을 받게 되는지'에 대한 연구를 실행했다. 그리고 인간은 특정 카테고리 내 다양한 선택지에 대한 선호도가 없는 상황에서, 타인들에 의해 선택된 옵션을 중요한 '디폴트 옵션(Default Option, 특별한 요건이 없다면 자동으로 선택되는 옵션)'으로 생각한다는 것을 실험 연구를 통해 증명하였다. 한국어를 전혀 모르는 사람들이 피험자로 모집되었고, 두 가지 한국 차 브랜드 중에 하나를 선택하라는 실험 과제를 부여받았다. 피험자들은 A, B 두 그룹으로 나누어졌다. A 집단에 속한 피험자에게는 차 브랜드를 선정하는 미션을 부여하기 전에, 자연스럽게 한 비동양계 사람이 두 차 브랜드 중 한 브랜드를 선택하고 리서치 룸을 떠나가는 과정에 노출시켰다. B 집단에 속한 피험자들은 이러한 과정 없이 두 한국 브랜드를 보여주고 하나를 선택하게 하였다. 그 결과, A 집단에 속한 피험자들은 앞서 본인이 본 비동양계 사람이 선택한 동일한 차를 선택하는 비율이 월등히 높았다. 반면에 B 집단의 경우, 그러한 편향성을 보이지 않았다.

자신이 잘 알지 못하는 카테고리의 제품을 선택할 때, 사람들은 타인이 선택하는 제품을 따라서 선택하는 경향이 높다는 결과를 확인한 것이다. 연구자들은 이러한 경향을 '사회적 디폴트 효과(Social Default Effect)'라고 명명했다. 연구자들은 일련의 실험을 통해, 누군가 무엇을 선택해야 할 때, 강하고 확실한 의견을 가지고 있지 않다면 그들을 둘러싸고 있는 사람들의 행위를 따라 선택을 한다는 것을 보여주었다. 제품에 대해서 질문을 던지거나 제품에 대한 새로운 정보들에 대해 배우는 데 시간을 보내는 것이 아닌, 자동적으로 '사회적 디폴트 옵션'인 타인들이 무슨 선택을 하는지 보고 따른다는 것이다. 심지어 명백하게 좋아 보이지 않는 옵션의 경우에도 단지 타인이 선택했다는 이유만으로 피험자들의 선택을 받았다. 연구자들은 타인이 우리에게 미치는 영향이 우리가 이전에 생각했던 것보다 훨씬 더 강력하고, 자동화된 과정이라는 것을 증명하였다.

앞의 연구 결과는 현대 사회에 이르러, 오프라인 세상보다 인터넷 세상에서 타인의 의견에 크게 영향을 받는다는 사실을 뒷받침해준다. 과거와는 달리 우리가 하루에 처리해야 하는 정보의 양이 엄청나게 늘어났다. 매일 온라인에서 쏟아지는 콘텐츠 양이 DVD로 따지만 1억 7,000매 정도이며, 메일로 환산하면 약 3,000억 통이 된다고 한다. 쏟아지는 정보가 많아질수록, 우리가 따져봐야 할 경우의 수는 늘어난다. 보통 인간이 합리적이고 논리적으로만 행동한다면 이러한 상황에서 보다 복잡하고 면밀한 학습 과정을 통해 제품을 선택하거나, 콘텐츠를 소비할 것이다. 하지만 현실은 그렇지 않다. 수많은 제품과 정보가 제공되는 상황에서는 오히려 쉬운 길로 가려는 경향이 커진다. 즉, 디폴트로 설정된 옵션을 선택하고자 하는 유혹에 더 쉽게 빠진다는 말이다. 이러한 디폴트 옵션을 선정해주는 역할을 하는 것이 바로 SNS에서 만나고 있는 수많은 인플루언서들이다. 앞서 이야기한 것처럼, 인플루언서들은 나와 관심사가 비슷하여 주변에서 흔히 볼 수 있는 사람으로 느껴지고, 그들이 만든 콘텐츠에 자주 노출되기 때문에, 우리는 높은 친밀감과 유사성까지 느끼게 된다. 이러한 연구 결과는 최근의 마케팅 상황에서 인플루언서들의 영향력이 얼마나 커지고 있는지를 알 수 있게 하는 중요한 근거가 된다. 앞으로 기업들은 인간이 어떤 상황에서 더 강력하게 타인의 선택과 의견에 영향을 받는지 이해하고, 그 이면에 놓인 심리적인 메커니즘을 이해할 때 인플루언서들을 더 효과적으로 사용할 수 있을 것이다. 이처럼, 디지털 세상에서 평범한 1인 인플루언서들이 개개인에게 강력한 영향을 미칠 수 있는 요인들은 다양하다. 다른 중요한 요인을 덧붙이자면, 자연스러움이 가져다주는 진정성(Autenticity)의 강력한 효과를 꼽을 수 있다.

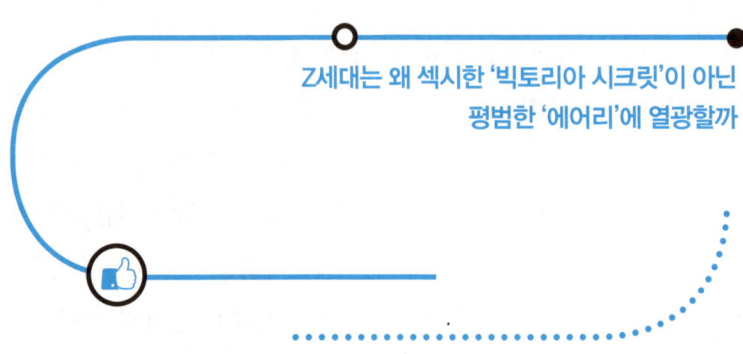

Z세대는 왜 섹시한 '빅토리아 시크릿'이 아닌 평범한 '에어리'에 열광할까

미국에 사는 10대가 열광적으로 지지하는 속옷 브랜드가 하나 있다. 바로 에어리(Aerie) 이야기다. 에어리의 성공 스토리를 들어보면, Z세대가 좋아하는 하나의 문화적 코드를 읽어낼 수 있다. 10년 전, 속옷 브랜드라고 하면 아마 섹시한 모델들을 전면에 내세운 빅토리아 시크릿(Victoria's Secret)이 가장 먼저 생각났을 것이다. 이런 빅토리아 시크릿이 최근 들어 판매 부진을 면하지 못하고 있다. 2016년을 기점으로 마이너스 성장세를 이어가고 있으며, 2017년에 들어와서는 전년도 같은 기간 대비 마이너스 10% 이상의 역성장세를 보이고 있다. 이에 많은 전문가들이 여성 속옷 분야에서 독보적인 아성을 보이던 빅토리아 시크릿의 시대가 저물어가고 있다는 전망을 내놓고 있다. 빅트리아 시크릿의 판매 부진에는 여러 가지 원인 분석이 가능하지만, 가장 큰 원인 중 하나는 '더 이상 소비자들이 빅토리아 시크릿의 브랜드 이미지에 매혹을 느끼지 못한다'는 데 있다. 특히 디지털 시대를 주도하는 Z세대 중심의 젊은 여성들이, 빅토리아 시크릿이 지금껏 유지해온 섹시한 몸매에 대한 광고 이미지에 큰 저항감을 보이고 있다. 새로운 세대가 등장했고 더 이상 기존의 빅토리아 시크릿 이미지를 좋아하지 않는데, 이러한 분위기를 빠르게 인지하지 못하고 있는 것이 빅토리아 시크릿의 가장 큰 문제라고 많은 전문가들이 지적한다. 빅토리아 시크릿이 지금까지 일관성 있게 유지해온 브랜드 스토리 전략은 하나로 수렴된다. '과장된 섹시함'이다. 빅토리아 시크릿은 판매하는 옷에 '섹시', '유혹'이라는 브랜드 아이덴티티를 입혀왔다. 지금도 빅토리아 시크릿 하면 대중들이 떠올리는 이미지가 있다. 2014년에 'The Perfect Body' 캠페인에서 보여준, 지나치게 마르고 늘씬한 모델들이 섹시한 속옷을 입고 메인 포토라인에 나란히 서 있는 모습이다. 빅토리아 시크릿은 슈퍼 모델들에게 그들이 판매하는 속옷을 입히고, 매년 최고의 가수와 합동 공연을 펼치는 것으로 유명하다. 굉장히 요란한 패션쇼이기도 하다. 유명 가수가 노래하고 있을 때, 깡마른 슈퍼모델들이 자신감 넘치는 모습으로 워킹을 하는 장면이 빅토리아 시크릿의 또 다른 이미지다.

지금의 10~20대는 빅토리아 시크릿이 구축한 이미지에 진정성이 떨어지고 지나치게 이상화되었다고 여기며 불편하게 받아들인다. 빅토리아 시크릿과 정확하게 반대되는 브랜드 이미지를 구축하면서, 승승장구하고 있는 것이 '미국 10대들의 속옷 브랜드'라고 불리는 에어리(Aerie)다. 에어리는 설립된 지 10년이 조금 넘은 브랜드다. 설립 초반인 2006년도에는 시장에서 주목을 받는 데 실패했다. 2011년까지만 해도 미국 전체 여성 속옷 시장에 2%만을 차지했을 뿐이었다. 이런 에어리가 Z세대의 열광을 받게 된 건, 2014년에 진행된 일명 '에어리의 진짜 모습(Aeriereal)'이라는 온라인 마케팅 캠페인 때문이다. 에어리는 디지털 세상을 주도하는 10대와 20대의 취향이 변화하고 있다는 것을 감지한다. Z세대에 해당하는 소비자들은, 지나치게 '젠체(있어 보이는 체)'하고 가식으로 보이는 이미지에 대해 반감을 보이며, 동시에 '진정성' 있는 모습의 브랜드는 다소 아마추어 같아도 긍정적으로 받아들인다.

이러한 시점에서 에어리는 속옷 브랜드를 '진정성'과 '자연스러움'이 강조되는 형태로 리브랜딩(Re-branding)하기 시작한다. 디지털을 적극적으로 사용하는 10~20대에 초점을 맞추고, 그들이 많이 사용하는 인스타그램 등의 SNS 채널에 광고 커뮤니케이션 전략을 집중적으로 사용한다. '에어리의 진짜 모습' 캠페인은 이렇게 탄생한다. 업계의 리더와 같은 빅토리아 시크릿과 대비되는 두 가지 원칙을 세우고 완전히 정반대의 브랜딩 전략을 세운다.

첫째는 광고 사진에 포토샵 작업 같은 이미지 변형, 과정을 거치지 않는다는 것이다. 찍은 그대로를 보여준다는 게 원칙이었다. 둘째는 보통의 여성들과 거리가 있는 마르고 날씬한 모델을 캠페인에 쓰지 않는다는 것이다. 이러한 두 가지 원칙을 세우고 페이스북, 인스타그램 등에 광고 사진을 게시하기 시작한다. 노출시킨 이미지에는 광고 브랜드 콘셉트의 의미를 담은 해시태그 #Aeriereal을 달았다. 반응은 폭발

적이었다. 수많은 10~20대가 이 캠페인에 긍정적으로 반응했고, 수많은 소비자들이 에어리 속옷을 입은 모습을 #Aeriereal 해시태그를 달아서 SNS 채널에 올리기 시작했다.

2018년 1월 현재 이 해시태그로 인스타그램에 올라온 게시물 숫자만 해도 9만 건에 가깝다. 대부분의 게시물이 소비자가 일상생활에서 에어리 옷을 입고 찍은 모습이다.

**Z세대에게 어필하고 싶다면,
지나친 세련됨과 과도한 포장을 피하라**

빅토리아 시크릿류의 브랜드들이 고전을 면하지 못하는 분위기다. 뉴스 웹사이트〈비즈니스인사이더(Business Insider)〉는 2016년, "어떻게 Z세대가 갭(Gap), 아베크롬비(Abercrombie) 그리고 제이크루(J. Crew)와 같은 브랜드를 죽이고 있는가"라는 기사를 통해, 지금 디지털을 주도하고 있는 Z세대들은 기존 세대들과 다른 10대라는 것을 강조한다. 그들은 단순하게 물건을 구매하는 것이 아니라, 그들의 문화를 이해하고 그들이 원하는 경험, 즉 해당 제품과 그들이 연결되어 있다는 브랜드 경험을 전달해주는 것을 좋아한다고 이야기한다. 영국 신문《가디언(The Guardian)》역시, "왜 10대들은 아베크롬비앤피치(Abercrombie&Fitch)와 웨트실(Wet Seal)을 구매하는 걸 멈췄는가?"에서 비슷한 의견을 이야기한다. 소셜 미디어에서 10대들과 소통하며 성공하고 있는 브랜드도 있지만, 지나치게 이상화된 이미지를 강조하는 브랜드는 몰락하고 있다고 평가한다.

수많은 언론에서 빅토리아 시크릿만큼 언급되고 있는 브랜드가, 한때 '미국 10대들의 교복'으로 지칭되며 미국 시장을 제패했던 '아베크롬비앤피치'다. 이 브랜드는 창업한 지 무려 120년이 된 브랜드다. 아베크롬비앤피치도 빅토리아 시크릿과 비슷한 이미지를 구축한 바 있다.

1992년 마이클 제프리스(Mike Jeffries)가 사장에 취임한 이후, 섹시 마케팅이란 이름 아래 역삼각형 어깨와 조각상에서 볼 법한 복근을 가진 모델을 이용한 캠페인에 열을 올렸다. 심지어 마이클 제프리스는 언론에서 '뚱뚱한 사람들이 우리 옷을 사지 않았으면 좋겠다'와 같은 망언을 하기도 했다. 그즈음 아베크롬비앤피치는 10대들로부터 멀어지기 시작한다. 몇 년째 매출이 곤두박질치고, 2017년에 들어서는 회사를 매각하려고 했지만 사려는 사람이 없어서 매각 방침도 철회될 정도였다.

그렇다면, 디지털을 이끄는 Z세대가 좋아하는 대상이 되려면 어떻게 해야 할까? 경영 전문지 《안트러프러너(Entrepreneur)》의 2017년 9월 기사 "어떤 전략적 과정이 당신의 브랜드를 Z세대가 선호하는 방향으로 만들어갈 수 있나?(What Steps Can You Take to Make Your Brand More Gen Z Friendly)"에 어쩌면 그 해답이 있다. 여러 가지 조언이 있지만, 축약해보면 다음과 같다.

일단 Z세대가 이전의 세대들과 같은 10대라는 생각을 버려야 한다. 그들은 심지어 비슷해 보이는 밀레니엄 세대(1980년대 이후에 태어난 세

대. 20대 중후반이 주축)와도 다른 성향을 가졌다. 그만큼 그들이 좋아하는 문화를 깊게 이해할 필요가 있다는 말이다.

또한 그들이 좋아하는 곳에서 마케팅 활동을 하라고 강조한다. 한마디로 디지털 채널을 이용한 Z세대들과의 소통에 노력하라는 것이다. 하지만 무엇보다 중요한 건, 지나치게 이상화된 삶(Idealizing Life)을 강조하는 콘텐츠를 만들지 않는 것이다. Z세대들은 콘텐츠를 스스로 만드는 것을 좋아하고, 비슷한 또래가 만든 콘텐츠들을 소비하면서 자라온 세대들이다. 따라서 그들은 뭐가 진짜 콘텐츠이고 어떤 콘텐츠가 기업이 만든 것인지 한눈에 알아차릴 수 있기에, 인위적인 콘텐츠에 대해 반감을 가진다. 자신들의 삶 자체를 반영하는 해당 제품을 사용할 때 제품과 연결된 느낌을 경험하게 해주는 브랜드를 사랑한다. 한마디로 제품을 넘어서 그들이 선호하는 경험을 팔아야 한다는 의미다. 작위적이고 자연스럽지 못한 콘텐츠는 진정성 없고 삶과 괴리된 것이라 판단하고 외면하기 때문이다.

여기에서 우리는 '왜 Z세대가 인플루언서가 만든 콘텐츠들에 열광하는지'에 대한 하나의 해답을 찾을 수 있다. 사실, 인플루언서가 만든 콘텐츠는 아마추어스러운 점이 있다. 대부분 인플루언서는 아주 유명해지기 전까지는, 스마트폰으로 그들의 모습을 직접 찍어 콘텐츠화해서 디지털 채널에 올린 뒤 팬들과 소통한다. 전문가의 느낌과는 멀고, 투박해 보이는 경우가 많다.

하지만 Z세대는 오히려 그러한 모습을 자연스럽게 받아들인다. 콘텐츠 자체에 가치(Value)가 있다면, 투박해 보여도 아마추어리즘이 더 낫다고 생각한다. 그들과 비슷해 보이는 사람들이 만든 콘텐츠, 좋아하고 소통할 수 있는 코드에 열광한다. 이러한 면이 꾸미지 않은 '진짜'라고 여기는 것이다.

앞서 언급한 연수익이 150억가량 되는 퓨디파이도 본인의 성공 요인 중 하나를 '자연스러움'으로 꼽았다. 본인의 콘텐츠를 볼 때, 방안에서 친한 친구가 하는 게임을 지켜보는 듯한 느낌을 주려고 노력했고, 이는 작위적이지 않은 콘텐츠를 만들려고 했다는 뜻과 같다.

'여행의 미치다' 역시 마찬가지다. 조준기 대표가 강조하는 게 바로 '여미(여행에 미치다 줄임말)스러움'이다. 즉, 평범한 대학생들이 자신들의 여행기를 있는 그대로 전달하는 모습을 지키기 위해 노력한다고 말한다. 그래서 '여미스럽지' 않은 콘텐츠 제작을 요구하는 경우, 대기업이 아무리 큰돈을 제시해도 같이 일하지 않는다고 말한다.

명굴시장도 이와 같다. 전국구 규모의 오프라인 마켓으로 성장했지만, 진정성을 가진 한 명의 '프로 살림꾼'이 본인이 직접 사용해보고 느낀 것을 주변 사람들에게 진심 어린 마음으로 설명해주는 형태로 콘텐츠를 만들어나간다.

기업이 주도하는 형태의 콘텐츠는 자본이 많이 들어가기 때문에 세련될 수는 있다. 세련된 것이 나쁘다는 말은 아니다. 하지만 어려서부터 스스로 콘텐츠를 만들어 올리고, 주변의 일반인들이 만든 콘텐츠를 소비하면서 커온 지금의 Z세대들은 작위적인 세련미보다는 진정성이 느껴지는 콘텐츠를 더 선호한다. 그러한 꾸밈 없는 진정성을 잘 전달할 수 있다는 것이 인플루언서가 만든 콘텐츠의 '힘'이라고 일컬을 수 있다.

《뉴욕 타임스》의 칼럼 "디지털과의 밀애는 이제 끝나가는가?"는 이러한 현상에 대해 다음과 같이 설명한다. 디지털을 최전선에서 이끄는 새로운 세대들은 기업이 만들어낸 완벽히 편집된 디지털 이미지에 지쳐갔다. 그리고 '가짜 삶', '가짜 이미지'에 적극적으로 반항하기 시작했다.

지금 디지털을 이끄는 새로운 세대들은 모두에게 어필하기 위해 만들어진 CG 투성이의 할리우드 블록버스터가 아니라, 자신들의 취향에 딱 맞는 독립영화 골라보기의 재미를 아는 세대라고 하겠다. 소수 팬의 취향을 저격하는, 저예산이지만 땀 흘려서 만든 진정성 있는 콘텐츠를 만드는 사람들이 '디지털 세상의 개인 인플루언서'다.

마지막으로 다른 요인을 덧붙이자면, 직접적인 교감인 인터랙션(Interaction)이 가져다주는 강력한 효과를 언급할 수 있다.

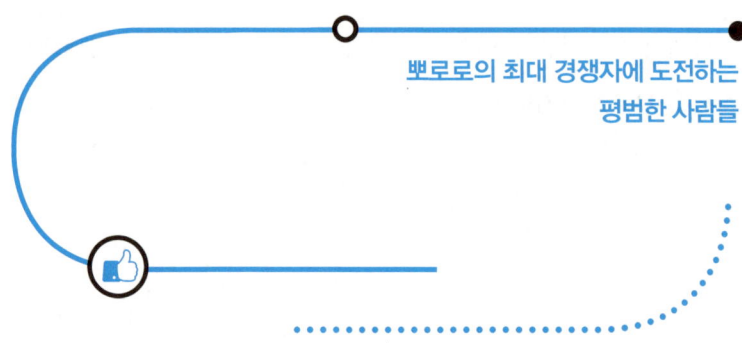

뽀로로의 최대 경쟁자에 도전하는 평범한 사람들

아이를 키워보지 않았더라도, 주변의 어린아이나 미디어를 통해 '뽀통령'이라는 말을 들어봤을 것이다. 2003년 ㈜오콘과 ㈜아이코닉스에서 만들어낸 캐릭터인 뽀로로의 별명이다. 2003년 처음 소개된 이후, 10년이 넘도록 '아이들의 대통령' 자리를 지켰다. 2014년도 경제지들의 추정에 따르면 뽀로로의 브랜드 가치는 8000억 원, 경제적 효과는 5조 7000억 원이었으니 한국 애니메이션 및 장난감 업계에서 전설적인 캐릭터라고 할 수 있다. 업계 전문가들이 "국내 장난감 캐릭터 산업과 애니메이션 사업은 뽀로로 이전과 이후로 나뉜다"고 평가할 정도로 그 영향력이 지대했다. 그러나 10여 년이 지난 지금, 그 인기를 위협하는 존재들이 TV가 아닌 새로운 곳에서 등장하기 시작했다.

그렇다면 뽀로로의 아성을 위협하며 아이들의 눈과 귀를 훔치고 있는 새로운 캐릭터는 누구에 의해 만들어지고 있을까? 놀랍게도 뽀통령을 위협하면서 강력한 경쟁 상대를 만들어내는 건 장난감이나 캐릭터 산업을 하는 큰 기업들이 아닌, 허팝 그리고 토이몬스터라고 불리는 20~30대 청년들이다. 최근 초등학생들의 대통령으로 등극했다고 해서 '초통령', '허통령'이라는 칭호를 얻은 청년 허재원 씨는 기상천외한 영상을 만들어 '허팝'이라는 이름으로 영상을 올리는 유튜브 크리에이터다. 허팝은 어린 시절 하지 못한 다양한 실험을 즐기는데, 어릴 때는 집이 더러워질까 봐 하지 못했던 기상천외한 실험이었다. 이제는 마음껏 하겠다는 기세로 다양한 실험 영상을 찍어서 유튜브에 올리기 시작했다. '풍선껌 100개를 온몸에 붙이면 벽에 달라붙을 수 있을까?' '25L의 비눗물로 건물만 한 초대형 비누방울을 만들 수 있나?'와 같은 특이한 실험을 직접 도전하는 형태로 영상을 만들어나갔다. 이어 어린아이들이 궁금해할 만한 것들을 그들이 좋아하는 소통 방식으로 전달해나가자 어린이 팬들이 기하급수적으로 늘어가기 시작했다. 게시물이 올라온 지 몇 시간 안에 댓글이 1,000개 이상 달리고 콘텐츠 시청 누적 조회 수는 13억 회 돌파, 현재 구독자 수는 180만 명에 이를 정도로 어린이들 사이에서 최고의 인기 캐릭터로 자리 잡았다.

　유튜브 채널 개설 3년 만에 구독자 700만 명을 달성한 김승민 씨 역시 어린이들 사이에서 최고의 인기를 누리고 있다. 허팝과 다른 점이 있다면, 김승민 씨의 경우 유튜브 시작 초기 구독자 중 90% 이상이 외국인일 정도로 외국인 어린이들에게 인기가 많다. 토이몬스터로 불리는 김승민 씨의 유튜브 콘텐츠는 3~10세 사이의 어린이를 타깃으로 하는데, 알록달록한 색채의 도구들을 이용하여 다양한 완구 만들기를

보여준다. 언어가 아닌 행동, 손을 통해 완구를 완성해나가는 단계를 보여주기 때문에 전 세계 어린이들에게 재미를 선사하며 사랑받게 된 것이다.

허팝과 토이몬스터, 20대 청년 두 명의 성공 스토리에는 공통점이 존재한다. 본인들의 콘텐츠를 만들 때 팬들의 의견을 적극적으로 반영한다는 점이다. 허팝이 올리는 콘텐츠의 경우, 시청자들이 '이런 실험을 해달라'고 했다는 요청을 언급하는 내용이 많다. 그리고 댓글에서 나온 아이디어들을 다음 콘텐츠의 소재로 쓰거나 구상할 때 적극적으로 반영하려고 노력한다. 토이몬스터 역시 마찬가지다. 2016년 《시사저널》과의 인터뷰에서 그가 가장 좋아하는 것은 '구독자와 소통하는 것'이라고 밝혔다. 그리고 운영 시작 후 1년이 지나 구독자 숫자가 150만 명에 다다랐을 때에도 그는 "하루 4~5시간씩 구독자들이 남긴 댓글에 답글을 단다"고 인터뷰에서 밝혔다. 이처럼 허팝과 토이몬스터의 구독자들은 그들이 댓글로 남긴 의견들이 다음 콘텐츠에서 초기 아이디어로 사용되거나, 콘텐츠 창작자들과 직접 소통하는 과정에서 깊은 공감을 느끼게 된다. 이러한 과정에서 콘텐츠를 보는 시청자들은 콘텐츠 창작자들이 그들의 의견을 듣고 있다는 생각을 강하게 할 수 있다.

인터랙션(Interaction)은 콘텐츠 생산자와 소비자 사이의 심리적인 간격을 메워주고, 서로 공감을 느끼게 한다. 내가 좋아하는 누군가가 내 이야기를 들어주고, 함께 이야기한다는 느낌은 아주 중요하다. 오프라인 인플루언서가 주지 못했던 그러한 감정을 온라인 인플루언서들은 팬들에게 제공할 수 있다. 그것이 바로 디지털 세상에서 인플루언서들이 팬들에게 강력한 영향을 끼치는 이유다.

스타플레이어는 스타 감독이 될 수 없다

"스타 플레이어는 스타 감독이 될 수 없다." 아마 한 번쯤은 들어봤을 만한 스포츠 격언일 것이다. 물론 자세하게 살펴보면, 이 격언의 오류는 누구나 쉽게 발견할 수 있다. 일반 선수 출신의 감독에 비해, 스타 감독의 실패는 더 크게 부각된다. 스타 플레이어 출신 감독이 실패하는 사례는 언론을 통해 더 많이 듣게 되고, 이로 인해 그 빈도를 일반화하는 인지적 오류를 범하는 것이다. 하지만 이 말이 스포츠 사회에서 여러 번 인용되는 이유가 분명히 있다. 김유겸 교수의 2017년 9월 《동아비즈니스리뷰》기고글에 따르면, 미국 NBA(National Basketball Association)에 2017년 전반기에 뛰고 있는 30명의 현직 감독 중에 NBA 선수 경험이 없는 감독의 숫자가 무려 17명이나 된다고 한다. 세계 최고의 무대인 NBA에서 수많은 스타들을 호령하는, NBA 감독 중에 무려 60% 가까이 되는 감독이 선수 시절 NBA 무대에서 단 1분도

뛰지 못했다는 사실은 우리에게 많은 것을 시사한다. 한마디로 선수로서 뛰어난 능력을 보이는 것과 감독으로서 뛰어난 역량을 보여주는 것은 별개라고 할 수 있으며, 무명 선수 출신의 감독이 선수들을 다루는 데 장점을 가지고 있을 거라는 이야기도 된다.

선수 시절에는 그다지 두각을 드러내지 못했던 감독이 성공할 수 있었던 가장 큰 이유는 뭘까? 많은 심리학자들이 한 목소리로 이야기하는 것이 있는데, 바로 '높은 공감(Empathy)' 능력이다. 스타플레이어 출신의 감독은 경기가 잘 풀리지 않거나 선수들이 슬럼프를 겪을 때, 그러한 문제를 잘 해결하지 못하는 경우가 많다고 한다. 스포츠란 분야는 노력도 중요하지만 기본적으로 타고난 재능이 아주 큰 역할을 차지한다. 대부분의 스타 선수들은 어려서부터 탁월한 재능을 가지고 성장하는 경우가 많다. 그들 역시, 슬럼프나 경기 중 어려움을 겪는 경우가 있겠지만, 대부분 뛰어난 재능으로 그러한 난관을 평범한 선수들에 비해서 상대적으로 쉽게 돌파한다. 따라서 평범한 선수들이 겪는 어려움에 대해 머리로는 공감을 하지만 마음으로는 공감을 하지 못하는 경우가 많다. 선수 시절 그저 그런 플레이어였던 감독들은 이런 스타 플레이어에 비해, 평범한 선수들이 겪는 문제들에 대해 진심으로 이해해 주는 공감 능력이 상대적으로 뛰어나다. 감독은 대부분의 스포츠에서 한 명의 선수가 아닌, 전체 선수들을 관리하고, 그들이 가장 조화롭게 팀을 이루어 최고의 성과를 내도록 만드는 일종의 오케스트라 단장 같은 존재다. 따라서 감독에게 요구되는 가장 큰 리더십 중 하나는, 개개인 선수들을 이해하고 그들과 진심으로 소통하고 이해하고 그들에게 최대한의 기량을 발휘할 수 있도록 동기를 부여하는 것이라 할 수 있다. 사람들은 자신들의 이야기에 진심으로 공감해주는 사람에게 마음을 열고 진심으로 대화를 한다. 그리고 그러한 진정한 교감이 흐르는 대화 속에서, 우리는 안정을 얻는 경우가 많다. 이런 이유로, 선수 시절 그저 그런 감독들이 선수들의 지지를 빠르게 얻고 팀을 보다 더 단단하게 만들어서 좋은 성적을 내는 경우가 많다. 동양에는 역지사지(易地思之), 서양에는 "put oneself in someone's shoes"란 표현이 있다. 그 사람을 이해하기 위해서는 그 사람과 비슷한 경험을 해봐야 한다는 이야기다.

사람의 마음을 움직이는 '공감'이라는 측면에서, 디지털 세상의 인플루언서들은 상대적으로 전통적인 미디어 스타들보다 강력한 힘을 가진다. 그들은 우리와 같은 평범한 사람이며 나와 공통의 관심사가 있고, 깊이 있는 지식을 가진 사람이다. 그러한 사람이 적극적으로 우리에게 말을 걸어줄 때 우리는 깊은 수준의 공감을 느낄 수 있으며, 그러한 공감은 사람의 마음을 움직일 수 있다.

내가 말한 대로 움직여주는 인플루언서들: 공감 효과

우리가 디지털 세상에서 인플루언서들의 의견에 영향을 받는 이유 중 하나는 '소비자들이 느끼는 직접적인 인터랙션(Interaction)'의 감정, 즉 공감(Empathy) 때문이다. 공감은 대상과 감정을 공유하며 이해하고자 하는 시도를 나타내는 용어로 설명할 수 있으며, 19세기 독일의 철학자 로베르트 피셔(Robert Visher)가 처음 소개한 이후 주로 심리학에서 사용되어왔다. 마케팅 분야에서는 긴밀한 소통을 통해 회사가 고객의 이야기를 진심으로 들어줄 때, 고객이 그 회사에 대해 긍정적인 감정을 느끼며 나아가 회사가 제공하는 제품에 호감을 느낀다는 측면에서 많이 강조되었다.

최근 들어 이러한 공감에 대한 효과를 좀 더 정교하게 이해하려는 노력들이 이루어지고 있다. 영국 임페리얼 대학교 요하네스 하툴라(Johannes Hattula) 교수와 동료들은 마케팅 저널 《저널 오브 마케팅 리서치(Journal of Marketing Research)》에서 "전통적인 마케팅 프레임 안에서 마케팅 전문가들이 고객들에게 진정한 공감을 불러일으키는 커뮤니케이션을 하기 쉽지 않다"는 결과를 발표했다. 즉, 일반적인 시각에서는 마케터가 고객의 입장에서 고민하고 신제품을 개발하면 고객의 공감을 이끌어내는 제품을 만들 수 있다고 단순하게 생각했다. 예를 들어 미국의 자동차 전문지《오토모티브 뉴스(Automotive News)》에 언급된 사례를 보면, 메르세데스 벤츠의 한 매니저는 고객이 원하는 것을 이해하기 위해서는 고객의 관점에서 모든 것을 팔아보는 것이 필요하다고 강조했다. PwC에서 1,200명의 고위 관리직을 대상으로 한 조사에서도, 약 66% 응답자들이 "회사가 할 가장 중요한 일은 고객의 목소리에 귀 기울여 고객의 공감을 불러일으킬 수 있도록 하는 것"이라고 응답했다. 이처럼 과거의 공감 연구는, 기업이 고객의 시각과 입장에서 현상을 살펴보는 것만으로도 공감을 일으킬 제품을 만들거나 개선할 수 있다고 단순하게 여겼던 것이다.

하지만 실제 실험에 따르면, 실시간으로 변화하는 고객의 목소리를 듣고 그에 따라 전략을 수정해나가는 직접적인 소통이 아닌, 고객의 입장에서 생각해본다는 간접적인 형태로는 고객에게 공감을 불러일으키는 제품을 개발하기 힘들다는 것을 발견했다. 연구진은 마케팅 담당자들에게 시장에 출시될 새로운 제품이나 서비스의 구매자가 될 전형적인 타깃의 프로파일, 해당 타깃의 니즈들에 대한 정보를 주고, 해당 제품이나 서비스가 실제 고객들에게 제공되었을 때 고객들이 어떻게 반응할 것인지 예측해보도록 했다. 즉, 고객을 분석한 데이터를 살

퍼보게 하여 그 데이터를 기반으로 철저하게 고객이 공감할 만한 포인트로 제품과 서비스를 바라보게 한 것이다. 이는 확실히 전통적인 마케팅 리서치에서 진행하는 전형적인 제품 개선 루트 형태다.

결과는 놀라웠다. 고객의 입장에서 생각해보라고 요구한 마케터들이 오히려 자기중심적으로 제품과 서비스를 바라보았다. 전통적인 방식의 소통과 조사를 통해 만들어진 소비자에 대한 정보로 마케팅 전략을 짜는 것은 그 한계가 명확하다는 말이다. 공감에 바탕을 두고 진행하는 것도 마찬가지다. 이러한 문제를 해결하기 위해서는 간접적인 경로를 한 단계 거친 소비자의 반응을 보는 것이 아니라, 직접적이고 실시간으로 반응을 체크할 수 있는 채널이 필요하다. 채널에서 나온 날것의 내용을 읽고 반응하고, 소비자들의 반응까지 보고 공감을 이끌어내야만 한다. 그러한 소비자 중심의 공감대가 형성되는 곳이 디지털 세상이며, 소비자가 콘텐츠를 보고 쓴 댓글은 곧 생생한 반응이 된다. 인터넷에서는 기업이 콘텐츠를 여러 플랫폼에 올리게 되면 곧바로 소비자들의 반응을 알 수 있다. 단순하게는 SNS 콘텐츠에 따라오는 '좋아요' 숫자에서부터, '댓글'까지 직접적이고 다양한 형태의 반응을 얻을 수 있다. 반면 오프라인 마케팅에서는 마케터들이 소비자들이 원하는 바에 대해 적절한 행동을 취하더라도, 소비자들이 자신의 의견이나 생각이 제품 혹은 서비스의 개선에 반영되었는지 즉각적으로 알기 쉽지 않다. 소비자들의 요구에 대해 개별화된 반응의 형태로 피드백을 주는 것은 오프라인 마케팅에서는 불가능하기 때문이다.

온라인에서는 소비자가 의문형으로 제시하거나 권유형으로 달아놓은 멘트에 직접 답글을 다는 형태로, 기업이 '당신의 목소리에 귀를 기울이고 있습니다'라는 공감을 전달할 수 있다. 앞서 나온 토이몬스터나 허팝 같은 인플루언서들이야말로 가장 적극적으로 그들의 콘텐츠를 소비하는 대상의 목소리를 듣고, 그들의 의견을 콘텐츠에 반영하는 모습을 보여줌으로써, 소비자들부터 강력한 공감을 불러일으켰다고 할 수 있다. 콘텐츠 소비자들은 실시간으로 내가 말한 것에 반응해주고 콘텐츠화해주는 대상에게 친숙감을 느낄 것이고, 이러한 친숙감은 자연스럽게 호감으로 키운다.

오프라인 미디어에서는 이러한 깊은 수준의 공감을 느끼기 힘들다. 내가 유재석을 좋아하더라도, 〈무한도전〉 방송에서 유재석과 생각을 공유하고 함께 이야기 나누기는 힘들다. 대부분 전통적인 형태의 셀럽들은 손에 닿기 힘든 신비한 존재로 머문다. 셀럽들은 SNS을 통해 교류를 하더라도, 공감을 불러일으키는 인터랙션 형태가 아니라, 본인들의 이미지를 잘 포장하고 전달하는 형태의 교류가 대부분이다. 나의 화려한 생활, 내가 타고 다니는 차, 내가 먹은 음식 등 대중이 궁금해하는 사생활과 밀접한 면을 일방향적으로 전달할 뿐이다. 즉, 전통적인 미디어를 통해서는 콘텐츠의 중심이 되는 사람과 콘텐츠를 소비하는 사람 간의 직접적이고 즉각적인 인터랙션이 일어나기 쉽지 않다. 하지만 인터넷은 이 모든 것을 가능하게 해준다. 유명한 유튜브 크리에이터들 중 많은 이들이 여전히 팬들의 댓글에 적극적으로 대답해준다. 더 나아가, 팬들의 의견을 다음 콘텐츠에 반영해서 콘텐츠를 함께 만들어가는 느낌을 주려고 노력하는 크리에이터들도 많다. 유명한 파위 블로거나 인스타그램 스타들 역시, 본인의 게시물에 팬들이 답글을 달면 하나하나 보고 대답한다. 이러한 인터랙션이 가져다주는 효과는 강력하다. 기존 공중파 스타들은 말 그대로 다수의 대중을 만족시키는 데 특화된 사람이라면, 디지털 인플루언서들은 공통의 관심을 공유하는 소수의 사람들이 공감(Empathy)을 할 수 있는 콘텐츠를 적극적으로 만들어내는 데 특화된 사람들이다. 다수의 대중이 아닐지라도, 그들이 운영하는 디지털 플랫폼에 찾아오는 이들과 적극적인 인터랙션을 통해, 좀 더 친밀하고 개인화된 교류로 공감을 이끌어낸다는 것이 디지털 인플루언서가 가진 가장 큰 장점이라고 할 수 있다.

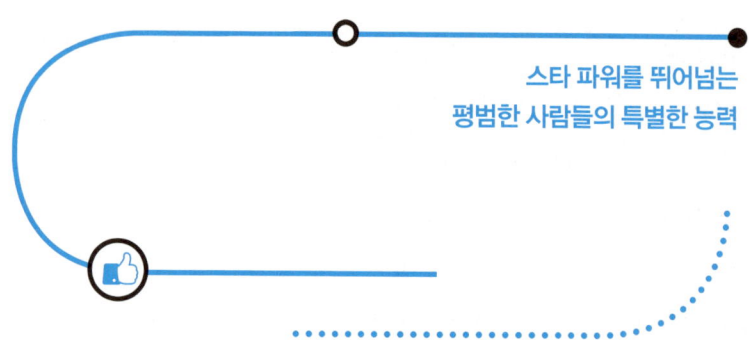

**스타 파워를 뛰어넘는
평범한 사람들의 특별한 능력**

이처럼 깊이 들여다보면, 전통적인 미디어 스타들에 비해 디지털 세상의 일반 인플루언서들이 사람들의 일상적인 결정에 영향을 미칠 수 있는 요소들이 많다. 첫째, 그들은 흔히 볼 수 있는 우리 같은 일반인들이다. TV에서만 볼 수 있고 마치 우리와 다른 별에서 온 사람들이 아니라, 강력한 유사성(Similarity)를 느낄 수 있는 존재다. 우리는 나와 비슷한 사람들이 하는 이야기에 더 끌리기 마련이다. 인플루언서들은 전략적으로 본인의 팬들과 친밀한 관계를 형성하기 위해 노력한다. 이러한 높은 유사성이 우리가 인플루언서들과 연결될 수 있는 이유다.

둘째, 전통적인 미디어 콘텐츠에 비해 인터넷에서 인플루언서들이 생산해내는 콘텐츠는 노출 빈도수(Frequency of Exposure)에서 보다 사용자 중심적이다. 전통적인 미디어 콘텐츠는 제공하는 사람들의 입장에서 제공되다보니, 장소와 시간적인 제약이 있다. 하지만 인터넷

▶ 전통적인 미디어와 달리, 인플루언서가 발휘할 수 있는 효과

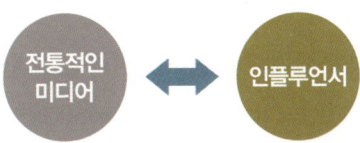

유사성 (Similarity) 효과
- 인플루언서들은 본인의 팬들과 친밀한 관계를 형성하기 위해 여러 가지 전략을 사용한다.
- 전통적인 미디어 스타들에 비해 인플루언서들은 우리 주변에서 흔히 볼 수 있는 사람처럼 느껴진다.
- 높은 유사성으로 인해 우리는 인플루언서들에게 친근감을 느끼고, 이는 호감으로 연결된다.

빈번한 노출 (Repeated Mere Exposure) 효과
- 인플루언서들은 가능한 한 매일 정해진 시간에 자신의 채널을 통해 콘텐츠를 올려서 팬들에게 본인을 빈번하게 노출시킨다.
- 인플루언서들이 이용하는 SNS 플랫폼은 노출 극대화적 측면에서 전통적인 미디어에 비해서 유리하다.
- 단순 노출 효과에 따르면, 우리는 빈번하게 노출되는 대상에게 친근감을 느끼게 되고 그 친근감은 호감으로 이어진다.

사회적 디폴트 (Social Default) 효과
- 인간은 너무 많은 정보에 둘러싸여 있을 때, 그들과 유사성을 보이는 사람들의 의견에 더욱 의지하는 경향이 있다.
- 오프라인 공간에 비해, 온라인상에서 노출되는 정보는 비교할 수 없을 정도로 많다. 이런 이유로 온라인상에서 인플루언서들의 영향력이 크다.

진정성 (Authenticity) 효과
- 인플루언서들의 콘텐츠는 기업이 만든 콘텐츠에 비해 덜 작위적인 느낌을 준다.
- 전문성이 다소 부족하고 투박해 보일 수 있지만, 그 대신 자연스럽고 인위적이지 않은 동시에 사람들의 평범한 삶을 반영한 콘텐츠로 보고 진정성을 느끼는 경우가 많다.

공감 (Empathy) 효과
- 인플루언서들은 콘텐츠 제작에서 시청자들의 참여를 중요하게 생각한다. 다양한 형태로 소비자들과 인터렉션(상호 작용)을 만들어낸다.
- 전통적인 오프라인에 비해서, 온라인 플랫폼에서는 소비자와 서로 인터렉션(댓글 달기, 채팅창에서 언급된 이야기를 콘텐츠로 만들어주기 등)을 쉽게 할 수 있다.
- 인플루언서들은 가장 적극적으로 콘텐츠를 소비하는 대상의 목소리를 듣고, 그들의 의견을 실시간으로 콘텐츠에 반영하는 모습을 보여줌으로써 소비자들에게 깊은 공감을 얻을 수 있다.

세상에서 내가 팔로잉하는 인플루언서들의 콘텐츠는 언제 어디서나 몇 번의 클릭만으로 접할 수 있다. 이처럼 인플루언서들이 사용하는 SNS 플랫폼은 노출의 측면에서 전통적인 미디어에 비해 유리하다. 그러다 보니, 인플루언서들은 전략적으로 가능한 한 매일 정해진 시간에 콘텐츠를 자신의 채널을 통해 올려서 본인들을 팬들에게 빈번하게 노출시킨다. 단순 노출 효과(Mere Exposure Effect)에 따르면 이러한 빈번한 노출은 우리가 대상에 대해 친근감을 느끼게 하고, 자연스럽게 호감을 가질 수 있도록 만들어준다.

셋째, 인터넷에는 수많은 정보들이 넘쳐난다. 사회적 디폴트(Social Default) 효과는, 인간은 정보가 과잉될수록 꼼꼼하게 처리하기보다 좀 더 쉬운 방식으로 의사결정을 하는 방식에 끌리는 것을 일컫는다. 심리학자들은 정보가 많은 인터넷에서는 평소에 자신과 유사하다고 느끼고 호감을 느꼈던 사람들의 의견을 따르는 경향이 높아지는 현상을 발견했다. 인터넷 환경의 특성 자체가 우리와 비슷한 사람들의 의견에 따르도록 만든 것이다.

넷째, 디지털을 이끄는 새로운 세대들은 지나치게 인위적인 가짜 이미지에 지쳐 있는 세대다. 그렇기에 그들의 진짜 삶을 반영한 콘텐츠에 열광하는 경향이 있다. 평범한 개인 인플루언서들이 만든 콘텐츠는 기업이 만든 콘텐츠에 비해서 덜 작위적인 느낌이다. 전문가의 손길과는 멀어도, 보는 사람의 평범한 삶을 잘 투영하여 콘텐츠에 진정성을 담는다. 지금 디지털 세상을 이끄는 Z세대들은 삶을 투영하지 못하는 콘텐츠보다 주변에서 흔히 볼 수 있는 사람들이 만든 콘텐츠를 좋아한다.

마지막으로, 인플루언서들은 전략적으로 콘텐츠 제작에서 시청자의 참여를 중요하게 생각하고, 다양한 형태로 적극적으로 소비자들과 인터랙션을 만들어낸다. 이러한 과정을 통해 소비자들은 인플루언서들과 깊은 공감을 느끼게 되고, 이러한 공감은 인플루언서들에 대한 호감으로 이어진다.

이처럼 다양한 이유로 인플루언서들은 우리 일상의 의사 결정에 보다 강력한 영향을 미치고 있다. 앞서 이야기했듯이 인플루언서들이 가질 수 있는 장점들을 잘 분석하다 보면, 일반 개인들이 인플루언서가 되고 싶을 때 가져야 할 전략적인 접근 방법에 대한 인사이트를 얻을 수 있을 것이다. 강점을 드러내고 미디어 스타들과 차별화되는 방식의 전략이 있을 때, 비로소 평범한 개인이 소셜 미디어상에서 강력한 영향력을 행사하는 디지털 인플루언서가 될 수 있을 것이다.

아마존이 최근 들어 가장 공을 들여서 만들어가고 있는 것은 디지털 세상의 인플루언서들과의 협업 프로그램이다. 2017년 초, 아마존은 '인플루언서 프로그램(Influencer Program)'을 론칭한다. 인터넷 세상에서 수많은 팔로어, 즉 팬을 보유하고 있는 인플루언서들이 이 프로그램에 신청을 하면, 아마존이 신청자들의 팬 규모, 콘텐츠의 질적 수준, 판매하고 있는 제품이나 서비스와의 연관도(Fit) 등을 따져서 함께 일할 인플루언서들을 선발하게 된다.

PART 2

기업은 어떻게 인플루언서를 전략적으로 활용할까

username

디지털 시대,
인플루언서들과의
협업은 선택이
아니라 필수다

#1

♥ 1536 likes
username #photo #followme #bestchoice

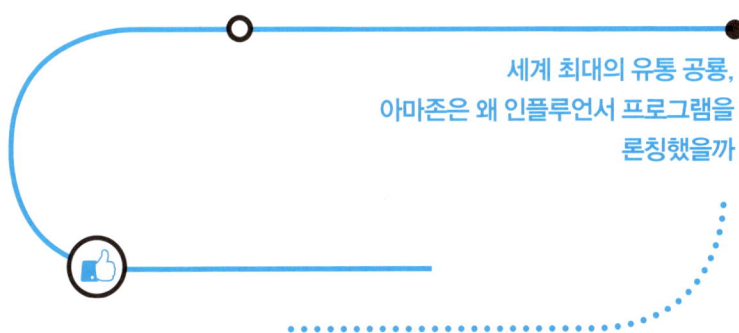

세계 최대의 유통 공룡, 아마존은 왜 인플루언서 프로그램을 론칭했을까

지금 이 시점, 전 세계에서 가장 혁신적인 기업을 뽑으라면 어떤 이름이 가장 먼저 떠오르는가? 아마 대부분 사람의 머릿속에는 '아마존'이라는 세 글자가 떠오를 것이다.

세계 최대의 유통 업체, 아마존(Amazon.com)이 미국에서 불리는 별명은 'The United States of Amazon(아마존 연합)'이다. 미합중국(The United States of America)의 패러디로 나온 이 별명은 미국 시장에서의 아마존의 위상을 말해준다. 이는 미국이 아마존에서 제공해주는 서비스로 덮여 있다는 농담 아닌 농담에서 나왔다. 온라인 유통 시장을 제압한 아마존은 2017년 6월, 140억 달러라는 천문학적인 돈을 들여서 오프라인 유통 마켓인 홀푸드 마켓(Whole Foods Market)을 약 137억 달러, 우리나라 돈으로 15조 원이 넘는 가격에 인수하겠다고 발표했다. 미국 전 지역에 있는 홀푸드 마켓 460개 점포를 이용해 오프라인 유통 시장 역시 제압하겠다는 전략적인 선포로 보인다. 이러다 보니 미국 소비자들이 이용하는 커뮤니티에 "내가 사는 아파트 단지에 놓인 택배들을 자세히 보면 열에 아홉은 아마존에서 배달된 것 같다"는 다소 과장된 이야기도 나온다.

이처럼 온라인 유통 시장을 제압한 아마존은 홀푸드 마켓(Whole Foods Market)을 인수하고 오프라인 시장도 제압해나가고 있는 실정이다. 단순히 인수 합병을 통해 덩치만 키우는 게 아니라 오프라인 유통 비즈니스 모델 자체를 혁신시켜나가고 있다. 대표적인 사례가 계산대가 없는 무인 식품 매장인 '아마존 고(Amazon Go)' 론칭이다. 매장에서 쇼핑을 끝내고 난 뒤, 조바심을 내며 계산대 앞에 줄 서게 되는 경험은 아마존으로 인해 이제 영원히 사라질지도 모른다.

유통뿐만 아니라 콘텐츠 사업에서도 공격적으로 진출하고 있다. 대표적인 것이 '프라임비디오(PrimeVidio.com)'라는 온라인 비디오 스트리밍 서비스다. 아마존이 웬 영상 산업이냐고? 사실 아마존이 영상 산업에 뛰어든 이유 역시, 물건을 팔기 위해서다. 아마존이 제공하는 〈보쉬(Bocsh)〉란 영화를 보다가 갑자기 이 영화에서 쓴 노래가 궁금해지면 먼저 화면을 한 번 클릭하면 된다. 엑스레이(X-Ray, 특정 단어로 필요한 정보를 찾게 해주는 기능) 서비스를 통해 해당 노래를 부른 가수의 정보를 얻고, 다시 몇 번의 클릭으로 아마존에서 OST CD를 주문할 수 있다. 한마디로, 세계에서 가장 많은 영화 관련 데이터를 보유한 사이트 IMDb(아마존 소유)와 X-Ray를 연결해 혁신적인 사용자 경험을 제공하면서, 동시에 실시간으로 사람들에게 물건을 파는 것이다.

아마존은 콘텐츠 사업 부문에서도 미국 전체 오프라인 비디오 체인점을 몰락시키고, 영화 시장마저 위협하고 있는 다국적 엔터테인먼트 넷플릭스(Netflix)의 강력한 경쟁자가 되었다. 인공지능(AI) 부분 역시 '알렉사(Alexa)'라는 음성 인식 비서 서비스로 일찌감치 진출해서 구글과 같은 기업들과 경쟁하고 있는 상태다. 영역을 넘나들며 아마존 생태계를 확산시켜나가다 보니, 수많은 경쟁사가 만들어졌다. 뉴스 웹사이트 《비즈니스인사이드(Business Insider)》는 "2018년은 아마존 대 그 외의 모든 기업의 대결이 본격화될 것(Next year will be all about Amazon versus everyone else)"이라 전망했을 정도다. 아마존과 아마존에게 위협을 느끼는 구글과 월마트 같은 기업 연합체들의 사활을 건 경쟁이 펼쳐질 거라고 전망한 것이다.

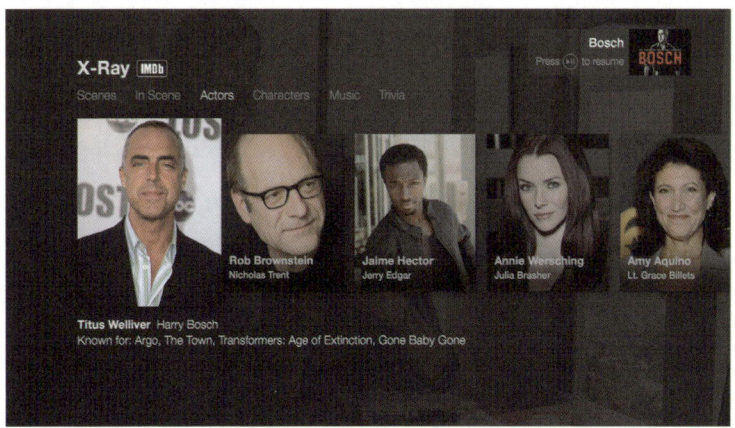

스티브 잡스가 세상을 떠난 후에는 "우리를 언제나 궁금하게 만드는 브랜드가 애플에서 아마존으로 바뀌었다"라고 말하는 사람들이 많아졌다. 이제 가장 혁신적인 기업이 어디인지 물어보면, 아마존을 고르는 사람들이 많아진 것이다. 실제로 세계적인 IT 전문 잡지《패스트 컴퍼니(Fast Company)》는 2017년 세상에서 가장 혁신적인 기업 1위로 아마존을 선정했다.

이런 아마존이 최근 들어 가장 공을 들여서 만들고 있는 것은 디지털 세상의 인플루언서들과의 협업 프로그램이다. 2017년 초, 아마존은 '인플루언서 프로그램(Influencer Program)'을 론칭한다. 인터넷 세상에서 수많은 팔로어, 즉 팬을 보유하고 있는 인플루언서들이 이 프로그램에 신청을 하면, 아마존이 신청자들의 팬 규모, 콘텐츠의 질적 수준, 판매하고 있는 제품이나 서비스와의 연관도(Fit) 등을 따져서 함께 일할 인플루언서들을 선발한다. 그리고 선발된 이들은 아마존으로부터 독립된 자신만의 도메인 주소를 받게 되며 이 도메인 주소를 통해 본인의 콘텐츠 안에서 소개되는 제품을 직접 구매 장려할 수 있다. 2017년 9월 현재 베타 테스팅이 되고 있는 홈페이지 정보에 따르면, 선정된 인플루언서들은 아마존 내부에서 스스로 커스터마이징(Customizing)할 수 있는 페이지를 부여받게 되고, 페이지를 꾸민 후 제품들을 선정하여 배열할 수 있다. 그리고 이들 페이지로 연결된 도메일 URL 주소를 통해 다양한 제품들을 그들의 콘텐츠를 구독하는 사람들에게 추천해줄 수 있다.

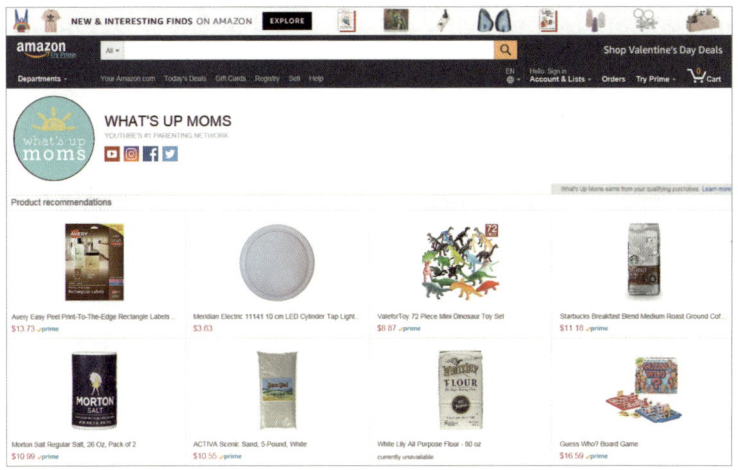

예를 들어 엘르 워커(Elle Walker), 메그 레스니코프(Meg Resnikoff), 브룩 머핸(Brooke Mahan)이라는 미국의 가정 주부 세 명이 중심이 되어 유명한 육아(Parenting) 관련 콘텐츠를 주로 보여주는 유튜브 채널 'What's Up Moms'이 아마존 인플루언서 프로그램에 선정된 바 있다. 그들은 유튜브 채널들을 통해 아마존에서 판매하는 다양한 제품을 이 프로그램에서 적극적으로 추천해주고 있다.

요리 분야의 유명 유튜브 크리에이터가 '아보카도 튀김 고로케' 레시피를 공개하고 만드는 과정을 팬들에게 보여준다면, 고로케를 직접 만들어보고 싶어 하는 사람이 있을 것이다. 해당 크리에이터가 아마존 인플루언서 프로그램에 선정되면, 유튜브를 통해 사람들이 콘텐츠를 볼 때 자연스럽게 고로케 재료들에 대한 정보와 가격 등이 아마존

마켓 플레이스에서 판매되는 형식으로 소개된다. 영상을 보다가 구매를 원하는 소비자는 자연스럽게 영상 하단의 링크를 누르고, 인플루언서가 운영하는 아마존 내의 페이지로 연결이 된다. 클릭 한두 번에, 고로케 재료를 집으로 배달시킬 수 있는 것이다. 인플루언서들이 다양한 SNS 플랫폼에서 자신의 아마존 도메인을 소개해 소비자들을 아마존으로 끌어오는 한편, 자신이 콘텐츠를 통해 제품을 자연스럽게 판매할 수 있게 된다. 이렇게 개별 인플루언서들의 아마존 도메인을 통해 판매되는 제품의 경우 아마존이 인플루언서들에게 커미션 형태로 보상을 한다.

독립성을 보장해주는 것이 중요하다고 판단한 아마존은 인플루언서들이 판매하는 제품의 종류에는 관여하지 않는다. 사이트 안에서 원하는 대로 페이지를 꾸미고 활동하도록 하지만, 그들의 개성이나 독특한 콘텐츠 운영 노하우가 아마존이라는 기업 안에서 충분히 발휘되지 못할 수도 있다는 우려도 놓치지 않은 것이다. 그런 이유로 개개인에게 독립된 페이지를 부여하여 그들의 개성이 드러날 수 있도록 자유롭게 운영하는 체제를 만든 것이다.

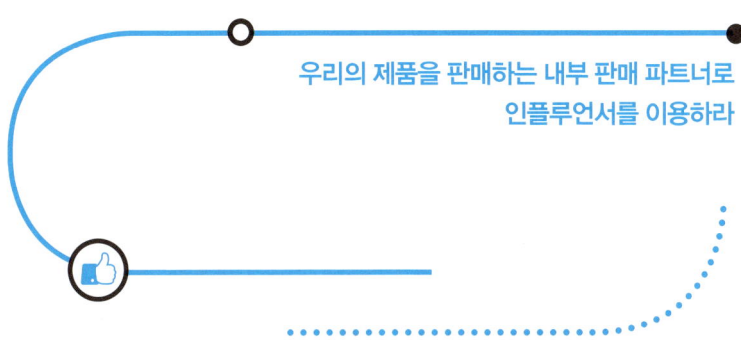
우리의 제품을 판매하는 내부 판매 파트너로 인플루언서를 이용하라

아마존의 인플루언서 프로그램은 그들의 대표적인 성공 프로그램인 '아마존 어소시에이츠(Amazon Associates)'에 그 기반을 둔다고 할 수 있다. 아마존은 1996년 전자유통업계에서 최초로 어소시에이츠 프로그램을 도입했다. 쉽게 설명하자면, 아마존 외부의 일반 소비자들을 직장 동료(Associate)로 받아들이고, 그들과 협업하면서 아마존에서 파는 물건을 함께 판매하겠다는 의미다. 지금은 많은 IT 기업들이 도용하고 있는 개념이지만, 1990년대 중반 인터넷 공유 창조 개념이 막 도입되기 시작한 시점부터 혁신적인 시각으로 소비자들을 바라봤다는 의미다.

아마존은 외부의 소비자들을 동료로 생각하고, 보상을 통해 그들과 관계를 맺을 때 발생하는 여러 가지 이득에 대한 철저한 분석을 통해 아마존 어소시에이츠 프로그램을 키워나간다. 아마존 어소시에이츠의 개념은 단순하다. 만약 내가 책에 관심이 많고, 개인 블로그를 운영하면서 책에 관련된 콘텐츠를 지속적으로 생산해내고 있다면, 책 읽기를 좋아하는 많은 일반인들이 내가 운영하는 블로그에 방문할 가능성이 높다. 이런 경우 아마존 어소시에이츠에 가입하고, 내가 블로그에 추천한 책들이 아마존 인터넷 서점으로 링크되도록 해서 누군가 링크를 통해 아마존에서 책을 사면 수익의 최대 10%까지 지급받을 수 있게 하는 프로그램이다.

아마존의 어소시에이츠 프로그램은 아마존이 얼마나 혁신적인 기업인가를 잘 보여준다. 아마존은 디지털 세상에서, 전통적인 유통 개념은 적용되지 않는다고 봤다. 전통적인 유통시장은 제품을 만드는 제조업자와 이 제품을 소비자와 연결해주는 소매업자, 도매업자 그리고 마지막 단계에 엔드 유저(End User)인 소비자가 존재한다고 보는 선

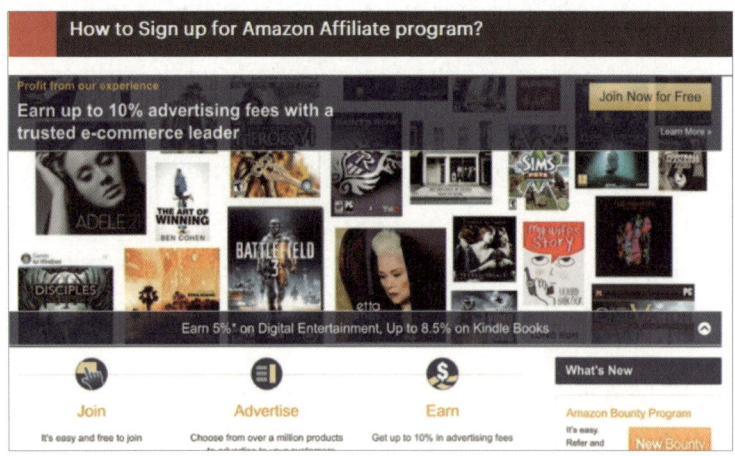

형적인 형태의 유통 개념을 가지고 있다. 그리고 이들 각자는 자신의 이득을 위해 움직이는 존재로 여겨졌다. 한마디로, 서로 각자의 이익을 최대한으로 얻어가려고 노력할 것으로 보았기에 선형적인 유통 개념은 각 구성원 간 협업에 한계가 있다고 여긴 것이다.

아마존은 인터넷에서의 유통은 이러한 선형적 형태로 구성되지 않는다고 생각했다. 소비자들을 단지 제품이나 서비스를 구매하는 사람이 아니라, 우리의 제품과 서비스를 홍보해주고, 심지어 열심히 다른 사람에게 추천해주는 내부 판매 인력(Inner Sales Force)이 될 수 있다고 본 것이다. 이렇게 소비자들을 공격적으로 변화시키려는 주된 이유 중 하나가, 온라인 세상에서는 일반 소비자들의 의견에 더 크게 영향을 받기 때문이다. 소비자들은 더 이상 기업이 제공하는 제품 관련 정보를 신뢰하지 않는다. 실제로 2017년 9월 시장조사 전문기업인 엠브레인트렌드모니터의 조사에 따르면, 응답자의 78.6%가 제품 구매 시 항상 일반 소비자들의 리뷰를 꼼꼼하게 살펴본다고 대답했다. 그리고 기업의 제품 정보보다 구매자 리뷰를 더 신뢰한다는 응답 역시 약 75%로 높게 나타났다. 즉, 디지털 세상에서 소비자들은 기업의 광고보다 그들과 비슷한 일반인들의 추천을 더 신뢰한다는 말이다.

아마존은 이러한 흐름을 아주 오래전부터 인지하고, 외부의 일반 소비자들을 그들의 제품 판매에 도움이 되는 조력자로 만들려는 시도를 끊임없이 해왔다. 그 시작점이 아마존 어소시에이츠이고, 더욱 정교하게 발전된 형태가 아마존 인플루언서 프로그램이다. 아마존 어소시에이츠가 링크 형태로 소비자들을 아마존으로 불러왔다면, 인플루언서 프로그램은 아마존 내에서 그들만의 공간으로 쓸 수 있는 페이지를 제공하고 독자적인 도메인 URL을 통해 팬들이 그들의 공간으로 손쉽게 연결될 수 있도록 만들어줬다는 데 차이가 있다.

링크는 상대적으로 복잡하고 기억하기 어렵다. 링크로 유도하는 것은 텍스트 중심의 콘텐츠에서는 유용하지만, 동영상 중심의 콘텐츠에는 유리하지 않다는 게 중요하다. 디지털 시대는 문자 중심에서 동영상 중심으로 변화하고 있다. 이런 변화 속에서 주도적인 역할을 해내고 있는 것이 세계 최대의 동영상 공유 플랫폼인 유튜브. 수많은 인플루언서들이 그들의 콘텐츠를 만들며, 그들의 팬들과 소통하는 장소가 되었다. 인기 있는 유튜브 크리에이트들은 대부분 동영상 형태의 콘텐츠를 통해 팬들과 소통한다. 이런 이유로, 아마존은 동영상에 적합하고 개별 인플루언서들의 개성과 능력을 최대한 이용할 수 있도록 아마존 어소시에이츠를 발전시켜서 인플루언서 프로그램을 론칭한 것이라고 보면 된다.

평범한 일반인들이 강력한 힘을 가지는 '디지털 인플루언서 시대'가 본격적으로 도래하면서 그들을 내부 판매 조력자로 만들기 위한 노력이었다. 일반 대중에 대한 디지털 인플루언서의 영향력과 더불어 이러한 움직임도 더 커질 것이라고 본다. 기업들이 보다 정교한 보상 시스템을 통해서 인플루언서들과 함께 제품, 서비스 판매를 장려하는 프로그램들을 만들어내고, 앞으로 어떠한 전략을 통해서 디지털 세계의 영향력자들을 내부 판매 조력자로 만들어나갈지 고민해봐야 한다.

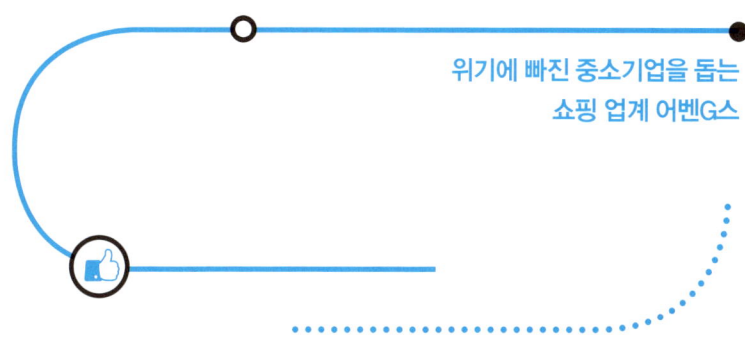

위기에 빠진 중소기업을 돕는 쇼핑 업계 어벤G스

국내의 소셜 커머스 회사들도 아마존과 비슷한 시도를 하고 있다. 가장 성공적인 사례로 평가받는 것이, 2016년 설 연휴 기간에 실시한 G마켓의 쇼핑 어벤G스 캠페인이다. G마켓은 자사 플랫폼을 이용 중인 중소기업 제품 판매 인력(Sales Force)으로, 유튜브의 인기 크리에이터들을 이용하기로 했다. 대도서관, 쿠쿠크루, 씬님과 같은 유명 인플루언서들이 각각 G마켓에서 판매되는 중소기업 제품을 홍보하는 미션을 맡았다. 그리고 이들 크리에이터가 운영하는 SNS 플랫폼을 통해 G마켓에서 발생한 제품 구매액의 일정 부분을 커미션으로 주었다. 앞서 나온 아마존처럼, 크리에이터가 제품을 홍보하고 소비자들의 구매까지 이어질 수 있도록 하면서 단기 판매 인력이 된 것이다.

이들 크리에이터들은 각자 아이디어를 가지고 본인들이 맡은 아이템들을 적극적으로 판매하기 시작했다. 예를 들어, '쿠쿠크루'라는 팀 크리에이터는 친구 한 명을 시내에서 멀리 떨어진 교외로 초대한 후, 몰래 준비해둔 크레인을 통해 친구의 낡은 자동차를 폐차시키는 몰래 카메라 형식의 콘텐츠를 제작했다. 결과는 예상을 뛰어넘었다. G마켓이 기대했던 것보다 훨씬 더 큰 판매가 발생한 것이다. 크리에이터들이 만든 동영상이 온라인에 올라오자마자, 이들이 판매하는 모든 제품들이 베스트셀러에 진입했다. 영상이 처음 공개된 이후 열흘간, 크리에이터들이 홍보한 제품 약 7,000개가 판매되었다. 쿠쿠크루가 만든 유튜브 동영상은 유튜브에 올라간 지 2주라는 짧은 시간 동안 조회 수 70만 회를 달성했고, 평소 하루에 10대가량 판매되던 장난감 자동차는 수백 대가 판매되었다. 같은 기간 전주 대비, 20대의 해당 제품 구매량이 약 30배가 증가할 정도로, 크리에이터들이 맡은 제품의 판매량과 매출은 엄청났다. 이들의 성공 요인은 제품의 장점을 일방향적으

로 이야기하는 광고 형태의 메시지가 아닌, 각자의 개성과 스토리를 적극적으로 살린 콘텐츠를 통해 제품의 편익을 자연스럽게 전달하려고 노력했다는 데 있다.

2016년 G마켓과 12명의 크리에이터가 함께한 브랜드 캠페인(인플루언서들이 각각 직접 고른 중소기업 제품을 광고)을 진행했을 당시, 캠페인 기간 동안 판매량이 6배, 매출이 4배 이상 증가하였다. 특히 이들이 만든 콘텐츠 중 일부는 두고두고 회자되기도 했다. 인플루언서와 각 브랜드와의 매칭이 좋았던 사례다.

username

어떠한 전략으로 인플루언서를 판매 파트너로 만들 수 있을까

#2

1536 likes
username #photo #followme #bestchoice

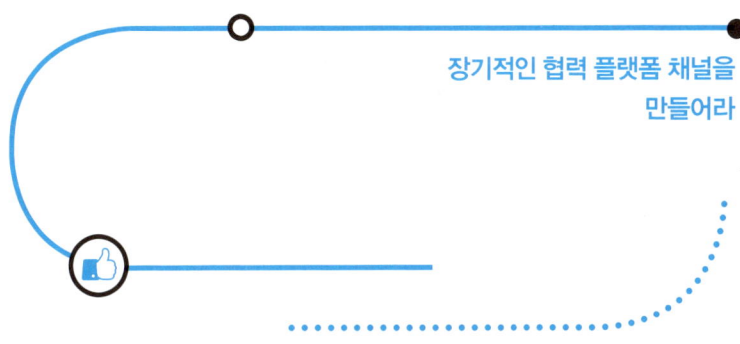

장기적인 협력 플랫폼 채널을
만들어라

G마켓의 인플루언서 판매 전략의 성공 이후, 티몬과 같은 다른 소셜 커머스 회사에서도 인플루언서를 내부 판매 인력으로 사용하려는 다양한 시도를 해오고 있다. 이 시점에서 개선해나가야 할 사항도 있다. 첫째, 현재 대부분 국내 회사들은 G마켓과 티몬이 하는 것처럼, 장기적인 관점이 아닌 단기적인 관점에서 크리에이터들을 내부 판매 인력으로 사용하고 있다. 특정한 상품을 지정해서, 단기간에 크리에이터와 상품을 연결하여 홍보하게 하고, 그에 따른 보상을 지불하는 일회성 이벤트 형태로 협업하고 있다. 앞으로는, 아마존이 인플루언서 프로그램을 론칭한 것처럼 좀 더 장기적인 관점에서 크리에이터들의 힘을 빌려, 판매 제품을 홍보하려는 노력이 이루어져야 한다.

아마존이 인플루언서 프로그램을 외부에 노출하지 않는 베타 테스트 형태로 오랫동안 운영하고 있는 이유는, 더욱 정교하고 효율적인 방식으로 크리에이터들과 협업하려는 시도라고 볼 수 있다. 이는 장기적인 플랫폼 형태의 협력 채널을 만드는 것이기도 하다. 지금 국내 기업들은 크리에이터들에게 제품과 직·간접적으로 연관이 있는 영상 제작을 요청하고, 영상을 본 이들이 영상에 삽입된 URL을 통해 판매 사이트로 이동하게 하는 단순한 형태로 진행하고 있다. 당장 크리에이터들이 올려둔 영상에 삽입된 URL 주소로 들어가 보더라도 영상처럼 창의적인 발상이 담긴 제품 페이지가 보이는 것이 아니라, 평범하고 일반적인 소셜 커머스 제품 소개 페이지가 우리를 기다리고 있을 뿐이다. 앞으로는 아마존처럼, 해당 크리에이터들에게 좀 더 자율성을 제공하는 장치를 마련해주어야 한다. 직접 판매하는 동시에, 제품이 보이는 페이지를 본인 스스로 꾸미고 관리하는 형태의 협업이 일어나도록 해야 한다. 인플루언서들이 창의적인 형태로 홍보 콘텐츠를 만들었다 하더라도, 이와 연결된 제품 판매 페이지가 지나치게 광고 형태를 띠는 경우, 팬들이 불편해할 수 있다. '결국 이걸 팔려고 나한테 이 영상을 보여준 거야?' 이런 생각이 최대한 들지 않도록 만드는 게 좋다. 인플루언서들이 창의적인 방식으로 부정적인 반응을 최소화할 수 있도록 하고, 그 콘텐츠를 통해 유입된 랜딩 페이지의 편집권 역시 인플루언서들에게 제공하는 것이다. 이때 비로소, 인플루언서가 본인의 개성과 창의성을 100% 활용할 수 있을 것이다.

둘째, 인플루언서와 팬들 간의 호흡을 위해 제품에 대해서 논할 수 있는 독립된 공간을 제공하는 것은 해당 인플루언서를 모르는 일반적인 소비자들에게도 좋다. 인플루언서들의 독특한 개성이 드러날수록 그들을 잘 알지 못하는 사람들이 이해할 수 없는 콘텐츠가 만들어질 수 있고, 이는 일반 소비자들의 거부감을 일으킬 수 있다. 즉, 크리에이터를 알지 못하는 사람들에게 최적화된 제품 소개 페이지와 크리에이터를 잘 알고 해당 크리에이터의 영상을 통해서 들어온 사람들이 보게 되는 제품 소개 페이지를 다른 형태로 가는 것이 제품 판매에 더 효과적이다. 이처럼, 앞으로는 좀 더 인플루언서들의 장점을 극대화시키면서도, 협력 관계에서 생길 수 있는 부작용을 최소화시키도록 운영되는 독립된 협업 플랫폼을 통하여 인플루언서를 내부 판매 인력으로 사용하는 전략을 구사하는 기업들이 늘어날 것으로 보인다.

쇼 호스트로 인플루언서를 이용하라

소셜 커머스 회사만 인플루언서와 협업을 하는 것이 아니다. 여러 인플루언서들을 판매 인력(Sales force)으로 이용하여 성공을 거둔 국내 사례들은 많다. 최근 많은 기업들이 온라인에서 디지털 캠페인을 홈쇼핑 생방송 형태로 벌이는데, 제품을 소개하고 판매하는 파트너로 인플루언서들을 이용하는 경우가 늘어나고 있다. 코스메슈티컬 브랜드 '잇츠스킨(It's Skin)'은 2016년 5월, 업계 최초로 온라인 홈쇼핑 형태의 디지털 캠페인 '잇츠뷰티 쇼핑쇼(부제: 아름답게 팔아보show)'를 실시한다.

온라인 홈쇼핑 형태로 진행된 이날 캠페인에는 회사원 A, 양띵, 대도서관을 포함한 총 4개 팀의 인플루언서들이 등장했다. 그리고 각자 50분의 시간을 할당받아 각자의 개성을 살린 세일즈 기획안과 토크로 4시간 동안 생방송 세일즈 예능을 진행했다. 동시에 멘트와 자막을 통

해 브랜드 제품 구매가 가능하도록 마이크로 페이지로 접속을 유도했다. 캠페인은 성공적이었다. 생방송 누적 시청자 숫자는 14만 명으로, 비교적 짧은 시간임에도 많은 사람이 실시간으로 콘텐츠를 소비한 것이다. 또한 방송에 나온 전 품목이 매진되었으며, 종료 후에 판매된 제품 역시 매진되었다. 인플루언서들이 각자의 특징을 살려서 방송할 수 있도록 시간을 할애해준 점, 소비자들에게 일방적으로 제품을 설명하고 판매하는 방식이 아닌, 마치 토크쇼를 보는 것 같은 재미를 주면서 자연스럽게 판매를 유도한 점이 주요 성공 요인이었다. 실제 캠페인 담당자는 인터뷰에서 "방송 가이드로서 주요 제품 관련 핵심 내용만 최소한으로 전달했을 뿐, 캠페인의 전반적인 내용 구성 권한은 모두 인플루언서들에게 주었다"고 밝혔다. 이러한 최소한의 개입 덕분에 개별 인플루언서들이 그들의 캐릭터를 최대한 살릴 수 있었고, 재밌는 생방송 콘텐츠를 만든 것이다.

요즘은 홈쇼핑 방송도 1인 미디어 느낌을 살린 스낵 컬처(Snack Culture, 짧은 시간에 문화 콘텐츠를 즐기는 소비 트렌드) 방식을 시도하고 있다. 지금까지 홈쇼핑은 1시간 구성이 주를 이루었지만, 디지털 세대를 공략하기 위해 1인 미디어 방식을 차용하여 짧고 강력한 온라인 콘텐츠를 제작하는 것이다. 2015년, CJ오쇼핑은 페이스북 기반으로 1분 홈쇼핑이라는 쇼핑 콘텐츠를 만들었다. 당시 '토즈 스터디룸 이용권'의 경우 조회 수 15만, 당일 주문 금액 1억 3,000만 원을 기록하며 모바일 세계에서 홈쇼핑의 새로운 공식을 보여주었다. 최근에는 이를 모바일 전용 생방송 '겟꿀쇼'로 개편하였다. "지금 가장 핫한 상품을 쿨한 조건으로 만나자"는 슬로건을 내세우며 쇼핑 크리에이터(쇼크)와 시청자들의 직접적인 커뮤니케이션을 강조하는 모바일 라이브 쇼핑 방송이다. 소비자들이 궁금해하는 사항에 즉각 답하는 동시에 판매 제품 매진 시 쇼핑 크리에이터가 직접 배송해주는 이벤트를 진행하여 시청자들의 많은 호응을 이끌어냈다.

또한 GS SHOP은 페이스북 페이지 내에서 '숏방'이라는 30초 길이의 짧으면서도 개성적인 콘텐츠를 통해 유쾌한 방식으로 디지털 세대들에게 제품을 소개하고 있다.

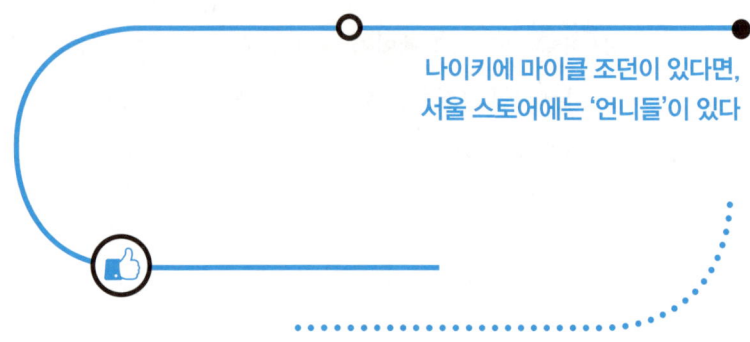

나이키에 마이클 조던이 있다면, 서울 스토어에는 '언니들'이 있다

1984년은 나이키에게 역사적인 한 해로 평가받는다. 그해 나이키는 NBA 역사에서 가장 유명한 스타 플레이어인 마이클 조던(Michael Jordan)만을 위한 농구화 '에어 조던 1 (The Air Jordan)'을 만들어낸다. 그리고 이듬해부터, 지금은 너무나도 유명해진 마이클 조던이 점핑하는 모습의 로고(Jumpman)를 넣은 에어 조던 농구화를 본격적으로 판매하기 시작한다.

농구화는 출시 이후 불티나게 팔리기 시작해서, 첫해에는 약 1억 3,000만 달러의 매출을 달성한다. 한화로 약 1,500억에 이른다. 이 시기를 기점으로, 1980년대에 리복에게 빼앗겼던 스포츠 웨어(Sportwear) 부분 왕좌의 자리를 되찾는 계기를 마련한다. 나이키에게 에어 조던은 단지 하나의 신발 브랜드가 아니었다. 에어 조던의 핵심 메시지인 "누가 인간을 날 수 없는 존재라고 규정했나?"는 나이키

의 중요한 브랜드 아이덴티티(Brand Identity)가 되었다. 나이키는 에어 조던의 이미지를 키우기 위해 아낌없이 투자했다. 당시 NBA에서는 플레이어들이 두 가지 이상의 색이 들어간 운동화를 신는 것을 허용하지 않았다. 다른 선수들의 플레이에 방해가 될 수 있다고 생각했기 때문이다. 하지만 나이키는 경기마다 1,000달러의 벌금을 내면서 조던에게 빨간색과 검은색이 혼합된 유색 운동화를 신고 경기에 출전하게 했다. 무엇보다 조던의 역할이 중요하다는 것을 잘 알고 있었기 때문에 지원도 아끼지 않았다. 이어 당시로는 파격적이었던, 판매액의 일정 부분을 조던에게 지불하는 '러닝 개런티 계약'을 맺은 것이다. 조던 역시 그의 이름을 쓰고, 팔리는 만큼 수익을 가져다주는 이 운동화

에 큰 애정을 보였다. 공식 석상이나 개인적인 활동에서도 제품 홍보에 열을 올렸으며, 상품 개발에도 적극적으로 참여했다.

    에어 조던 사례는 전통적인 방식이라고 할 수 있다. 기업이 스타에게 제품 판매 파트너로서의 역할을 주고 서로 윈윈(Win-Win)한 가장 성공적인 사례다. 더욱 놀라운 건 30년이 지난 지금도 나이키가 에어 조던 시리즈로 매년 약 10억 달러, 한화로 1조 1,500억 원 가까이의 매출을 올리고 있다는 점이다.

    나이키가 마이클 조던이라는 불세출의 스타와 함께 커나갔던 것처럼, 자신의 사업을 인플루언서들과 함께 키워나가려는 회사가 있다. 온라인 편집숍 '서울 스토어(Seoul Store)'의 이야기다. 서울 스토어는 20대 초중반 여성을 타깃으로 트렌디한 상품을 판매하고 있다. 2015년 5월에 오픈한 이후, 현재 월 40% 이상 가파르게 성장하고 있는, 대한민국에서 가장 핫한 편집숍 중 하나다. 전자상거래 플랫폼 업체 카페24에 따르면, 국내 온라인 쇼핑몰 숫자만 100만 개가 넘는데 그중 큰 비율을 차지하는 게 온라인 여성 의류 쇼핑몰이다. 이러한 치열한 경쟁 속에서 오픈 2년 만에 안정적인 궤도에 들어선 서울 스토어의 성공 비결은 뭘까?

　많은 디지털 전문가들은 온라인상의 인기 인플루언서들이 편집숍 내의 셀러(Seller)가 될 수 있도록 한 독특한 형태의 플랫폼 운영이 서울 스토어의 성공 포인트라고 언급하고 있다. 서울 스토어는 주 고객인 20대 여성들이 의류 쇼핑을 할 때, 패션 감각이 뛰어난 또래 사람들로부터 큰 영향을 받는다는 것을 파악했다. 인스타그램에서 발견한 소

위 옷 잘 입는 언니들을 팔로잉하면서 그들이 입고 있는 옷을 매일 체크하고, 비슷하거나 같은 옷을 구매하고, 그들의 스타일을 따라 하려고 하는 20대 여성들이 많다는 점을 파악한 것이다. 이 때문에 소셜 인플루언서들을 기용하여 그들을 셀러로 이용하는 플랫폼 형태의 편집숍을 운영하기로 결정한다. 서울 스토어는 오픈 당시, SNS상에서 옷을 잘 입는 20대 여성들을 주축으로 한 40명의 인플루언서들을 셀러로 선별해 '서울언니들'이라는 애칭을 붙여서 브랜딩(Branding)하기 시작한다. '서울언니들'은 서울 스토어의 상품을 직접 홍보하고 판매하는 셀러이자, 홍보 마케팅을 하는 파트너로서의 역할을 하게 된다. 서울 스토어는 이들이 판매에 매진할 수 있도록 상품 소싱부터 배송, CS 및 홍보 영상 콘텐츠 제작까지 다양한 형태로 지원을 해준다. 특히 편집숍에 온 고객들이 '서울언니들'과 친근한 관계를 형성하도록 하는데 가장 큰 노력을 쏟고 있다.

　인터넷상에는 수많은 경쟁 편집숍이 존재한다. 한마디로 우리의 충성 고객이었던 사람들이 클릭 몇 번으로 우리 사이트를 떠나서 새롭게 오픈한 편집숍으로 옮겨 갈 수 있다. 하지만 고객이 특정 사이트를 '나의 스타일을 잘 아는 언니'가 운영하는 곳이라고 여기게 된다면 이야기는 완전히 달라진다. '서울언니'와 친숙한 관계가 형성될수록 고객들이 다른 쇼핑몰로 이탈할 확률이 크게 낮아진다고 본 것이다. 그런 의미에서 서울 스토어 고객 경험팀(Customer Experience Team)은 '서울언니들'이 고객과 친밀한 감정을 나누도록 최선을 다하고 있다. 단 한 명의 고객이라도 적극적으로 챙겨주고 다양한 형태의 관계 맺기를 시도하여, 패션에 대해 잘 알고 당사자에게 딱 알맞은 조언을 해주는 친절하고 친한 언니 이미지를 구축한 것이다. 서울언니들이 추천해주는 옷을 구경하다가 궁금증이 생기면 '카톡 문의'를 누르면 되고, 플러스 친구로 이동하여 마치 아는 언니에게 개인적으로 묻는 것과 같은 느낌을 주도록 하였다.

고객과 인터랙션을 만들어내는 데에도 세심한 전략을 세웠다. 처음에는 전화를 통해 친절하게 상담해주는 방법을 사용했지만 2가지 문제가 생겼다. 첫째, 전화 통화는 비용이 너무 많이 든다. 고객 한 명을 응대하면 그만큼의 인력과 시간이 소비되었다. 둘째, 전화를 통한 상담은 서울언니들이 직접 하지 못하기 때문에, 고객들이 서울언니들과 관계를 맺는다는 느낌을 받기 어려웠다. 그래서 고객 경험팀은 내부 인터넷 채팅 채널을 통해 질문을 받는 방식으로 전략을 수정했다. 고객이 궁금증이 생겼을 때, 각 담당자가 운영하는 것처럼 보이는 카카오 플랫폼을 통해 질문할 수도 있지만, 이 경우엔 고객 데이터 자체를 계속 외부 채널들을 통해서 쌓아올려야 하는 단점이 생긴다. 그렇기에 자체적인 채널을 만들어주는 서비스(Channel.io, 온라인 고객과 실시간으로 대화하고 구매를 유도할 수 있는 툴을 제공해주는 시스템)를 이용하여 상담 문제를 개선해나갔다. 내부 채널을 통해 데이터를 쌓아올리면서 얻게 된 장점도 많았다. 고객들이 자주 묻는 질문들을 데이터 분석하여 이를 미리 콘텐츠 형태로 저장해두고 템플릿 형태로 불러와서 사용했다. 그만큼 고객들에게 빠르고 친절한 대답을 해줄 수 있게 되었다. 고객들이 반복해서 묻는 질문들은 '프로 답변러 정민언니'라는 네이밍을 통해 좀 더 친근하고 재미있는 방식으로 고객에게 다가갔다.

'서울 스토어'의 윤반석 대표가 《패션 인사이트(Fashion Insight)》와 진행한 인터뷰에서 그가 어떠한 방식으로 인플루언서들을 생각하고 있는지 엿볼 수 있다. 그는 "서울 스토어의 역할은 SM 엔터테인먼트가 엑소 같은 슈퍼스타를 만들어내거나, 나이키가 조던과 같은 슈퍼스타와 함께 커가는 것과 동일하다"고 설명한다. 윤 대표는 또한, 서울 스토어가 성장하면서 서울언니들에 합류하고 싶다는 인플루언서들이 엄청나다고 이야기한다. 서울스토어의 성공은 기업이 내부 협력 인플루언서를 선정하고 난 후, 그들에게 적절한 형태의 브랜드 이미지를 부여하고, 고객들과 친밀한 관계를 쌓아나갈 수 있도록 기업이 지원해줄 때 서로 원원 할 수 있다는 것을 보여주는 좋은 사례다.

기업들은 앞으로 어떠한 전략을 통해서 디지털 인플루언서들을 내부 판매 조력자(Inner Sales Force)로 만들어 나갈지 고민해봐야 한다. 그 형태가 아마존과 같은 소셜 커머스가 하는 것처럼 자체 플랫폼에 그들의 공간을 만들어주고, 그들의 방식으로 제품을 판매하도록 돕는 방법이 있다. 또는 일반적인 기업들의 소셜 미디어 캠페인처럼 제품이나 서비스 판매 인력으로 인플루언서와 단기적인 파트너십을 맺는 방식이 될 수도 있을 것이다. 이를 위해 내부 협력 인플루언서들을 기업의 특성과 맞는 방식으로 브랜딩해주고, 기업의 고객들과 긴밀한 관계를 맺어나갈 수 있도록 아낌없는 지원을 해주어야 한다.

기업이 인플루언서들과 협력하는 다른 방식도 있다. 인플루언서들을 직접적인 판매를 위한 파트너로서 활용하는 것이 아니라, 기업이 말하고자 하는 스토리를 전달하는 커뮤니케이터(Communicator) 역할을 맡기는 것이다. 이 경우, 인플루언서들은 주로 기업과 함께 이야기하고자 하는 바를 브랜디드 콘텐츠(Branded contents)로 만들어 소비자와 기업의 소통을 중간에서 돕는 조력자 역할을 한다. 그렇다면 구체적으로 브랜디드 콘텐츠는 무엇이며, 어떠한 형태로 기업이 인플루언서들과 브랜디드 콘텐츠를 만들어가는지 살펴보자.

username

브랜디드 콘텐츠의 시대, 기업의 커뮤니케이터로 인플루언서를 활용하라

#3

1536 likes
username #photo #followme #bestchoice

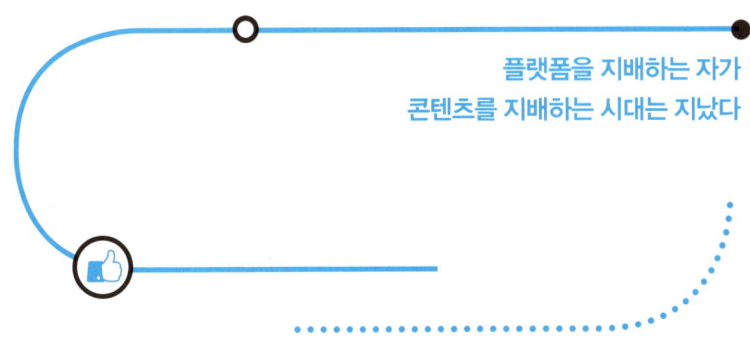

플랫폼을 지배하는 자가
콘텐츠를 지배하는 시대는 지났다

인터넷 신문《미디어 오늘》에서 낸 기사를 읽고 쓴웃음을 지었던 적이 있다. 한 케이블 채널 사업자가 서울역 안 대기 장소에 TV를 설치해도 된다는 허락을 받았다. 물론 TV를 무료로 제공하는 대신, 해당 채널을 틀어놓아서 사람들에게 특정 프로그램을 보게 할 생각이었다. 하지만 이는 뜻대로 되지 않았다. 사람들이 자꾸 채널을 바꾸었기 때문이다. 리모컨이 없어서 직접 버튼을 눌러야 하는 수고로움에도 불구하고 사람들은 계속 채널을 바꿨다.

이 문제를 해결하기 위해 회사는 좋은 아이디어를 떠올렸다. TV 버튼을 누르지 못하도록 TV에 박스를 두르고 자물쇠를 채우는 방법이었다. 참 웃지 못할 일이다. 그래서 사람들은 어떻게 행동했을까? 과연 해당 채널의 관심 없는 방송 콘텐츠를 억지로 봤을까? 그렇지 않았을 것이다. 그들은 아마 다른 곳으로 눈을 돌렸을 것이다. 이제 그들의 손에는 수천만 가지 흥미로운 콘텐츠들을 실시간으로 큐레이션을 해주고, 수많은 플랫폼을 제공해주는 마법의 기기, 스마트폰이 있기 때문이다. 이 에피소드는 "플랫폼을 지배하는 자가 콘텐츠를 지배한다"라는 변하지 않을 것 같은 격언이 변하고 있음을 말해준다. 플랫폼을 지배하는 자가 콘텐츠를 지배하는 것이 아니라, 좋은 콘텐츠를 만드는 자들이 전통적이고 강력한 플랫폼을 무너뜨리는 세상이 온 것이다.

결국, 플랫폼이 아니라 '콘텐츠'가 답이다. 그렇기에 많은 기업이 최근 가장 고민하고 있는 문제가 "어떠한 방법으로 우리의 제품과 서비스를, 타깃 고객이 좋아할 만한 콘텐츠로 소개할 것인가?"이다. 선도적인 기업들이 어떻게 이 문제를 풀어나가고 있는지 자세히 알아보도록 하자.

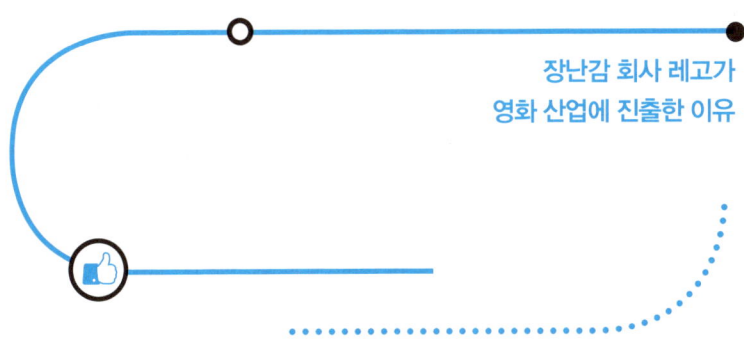

장난감 회사 레고가 영화 산업에 진출한 이유

세계 최고의 완구 업체 레고(Lego)는 2015년을 잊을 수 없을 것이다. 이전 해부터 장난감 매출이 가파르게 오르더니 결국 매출 최고치를 경신했기 때문이다. 레고의 회장 요르켄 비그 크누스토르프(Jørgen Vig Knudstorp)는 언론을 통해 "내가 (여기서) 춤추고 노래할 수 있다면, 정말 그렇게 하고 싶을 만큼 기쁘다"라고 할 정도였다. 레고 매출의 일등 공신은 〈레고 무비(The LEGO movie)〉였다. 많은 사람이 알고 있는 것처럼 2003~2004년 사이 레고는 실적 악화로 인해 거의 문을 닫기 직전이었다. 가족 경영을 고집해온 크리스티얀센 가문은 당시 레고를 매각하는 것까지 고려했지만, 레고가 덴마크의 상징적인 존재라고 여기는 국민 정서를 고려해 결정을 쉽게 내리지 못했다. 그러다 마지막 승부수를 던졌다. 소유와 경영을 분리하여 가문이 회사의 경영에서 손을 떼고, 외부 전문 경영인 체제를 도입한 것이다. 2004년 파산 위기에 처한 레고를 구원하기 외부에서 영입한 사람이 바로 세계적인 컨설팅 회사 맥킨지 컨설턴트 출신인 30대 중반의 젊은 요르켄이었다.

그는 레고를 구원할 소방관으로 등판하자마자 여러 가지 내부 개혁을 시행해나간다. 그중 하나가, 레고 블록에 이야기를 입히는 전략을 통해 원소스멀티유즈(One Source Multi Use)를 확대하는 전략이었다. 그리고 그중 처음으로 시도한 것이 유명 콘텐츠들을 레고화하는 작업이었다. 즉, 방송사나 영화사들과 같은 미디어 기업들과 다양한 콜라보를 통해 〈스타워즈〉나 〈해리포터〉, 마블의 히어로 시리즈 같은 인기 있는 콘텐츠들을 레고화해서 제품으로 판매하는 전략에 주력했다. 이러한 그의 노력은 결실을 거두어, 임기 1년 만에 레고에게 흑자를 안겨주었지만, 요르켄은 그것만으로는 부족하다고 생각했다. 회사가 성장하기 위해서는 더욱 공격적인, 디지털 트렌드에 부합하는 변신이 필요하다고 보았다.

그가 다음 행보로 선택한 일이 '레고 영화'를 제작하는 것이었다. 레고 홍보를 위해 만드는 단편영화가 아닌, 극장 수익을 목표로 2시간짜리 장편 레고 무비를 만드는 것이었다. 레고는 이전에도 장편 애니메이션을 만들어본 경험이 있었지만, 이번에는 레고 시네마틱 유니버스를 만들고, 워너브라더스의 워너 애니메이션 그룹과 합작하여 보다 더 전문적인 영화 만들기에 도전했다. 처음에 이러한 레고의 시도에 많은 이들이 우려를 표했다. 레고 마니아가 아닌 일반 관람객들이 과연 극장용 레고 무비에 흔쾌히 돈을 낼 것인가 하는 우려를 표한 것이다. 그러나 2014년 레고 무비가 개봉한 뒤, 이러한 우려는 한순간에 날아가

버렸다. 소위 말해서 영화가 대박 난 것이다. 총 제작비가 1억 2,000만 달러에 달하는 블록버스터 급의 영화는, 북미에서 개봉하자마자 박스 오피스를 제패했다. 흥행 1위는 물론, 최종적으로 5억 달러에 다다르는 흥행 수입을 거두었다. 총 제작비의 4배에 이르는 수익을 극장 성적만으로 만들어낸 것이다. DVD, 유선 방송 등 2차 시장에서 벌어들인 액수도 천문학적이었다. 무엇보다 이 영화가 가져온 가장 큰 성공은 레고 판매량이 급격히 올랐다는 데 있다. 당연한 결과라고 할 수 있다. 부모가 자녀들과 함께 레고 무비를 관람하고, 신나게 영화를 본 뒤 극장을 나서면, 자녀들이 자연스럽게 영화에 등장한 레고 캐릭터 장난감을 사달라고 하는 것이다. 레고 무비가 극장에 걸리고 난 직후, 레고 판매량이 25% 이상 급성장했다.

    레고가 이렇게 영화를 만들어낸 것은, 디지털 시대에는 전통적인 방식의 광고를 만들어 소통하는 게 더는 통하지 않는다는 걸 알았기 때문이다. 사람들은 더 이상 광고를 좋아하지 않는다. 2013년 이마케터(eMarketer)에서 미국인 1,800명을 대상으로 한 조사에 따르면, TV 광고에 대해 긍정적인 태도를 가진 소비자들은 고작 22%에 불과하다. 대부분의 소비자들은 TV에 나오는 광고에 부정적인 태도를 갖고 있다. 한국도 역시 비슷한 양상을 보이고 있다. 언론개혁시민연대가 한길리서치에 의뢰해 실시한 조사에서는, 응답자들의 80%가 현재 TV 광고가 지나치게 많기 때문에 광고에 대해 부정적인 태도를 가지고 있다고 대답했다. 그리고 특히 그들이 콘텐츠를 소비하는 데 방해하는 요소로 인식될 수 있는 'TV 중간에 나오는 광고'에 대해서는 73% 이상이 TV 중간에 광고가 나올 때 "다른 채널을 보다가 광고가 끝나면 돌아온다"라고 응답했다. 즉, 지금의 소비자들은 그들이 할 수 있다면 광고를 보지 않겠다는 생각을 가지고 있는 것이다.

억지로 보여주기 식의 광고는 긍정적인 브랜드 인식으로 연결되기 힘들다는 점을 레고는 누구보다도 잘 알고 있었다. 그래서 그들이 공들여서 만들기로 한 것이 바로 브랜디드 콘텐츠(Branded Content)다. 즉, 레고를 전통적인 미디어 채널인 TV 광고, 매거진 광고, 라디오 광고 형태로 홍보하는 것은 디지털 시대에 맞지 않다고 본 것이다. 디지털 트랜스포메이션 시대에 적합한 형태의 광고는, 광고 같지 않으면서도 시청자들에게 가치(Value)를 주는 콘텐츠처럼 보이게 만드는 것이다. 그래서 레고는 일반 대중들이 가장 좋아하는 엔터테인먼트인 '영화'를 그들의 콘텐츠를 담아낼 대상으로 선택하고, 영화에 브랜드를 녹여낸 것이다.

레고가 극장 상영용 장편 무비를 만들 때 가장 공들인 부분은, 영화가 2시간짜리 레고 광고처럼 보이지 않도록 하는 것이었다. 영화라는 콘텐츠 안에서 소비자들을 즐겁게 해주고 감동시킴으로써 영화 자체의 매력에 푹 빠질 수 있도록 노력했다. 레고 캐릭터들이 등장하고, 이 캐릭터들의 매력이 스토리에 자연스럽게 스며들도록 만든 것이다. 결과적으로, 그 누구도 이 영화를 레고의 2시간짜리 광고로 생각하지 않을 정도로 완성도 높은 작품이 나왔다. 가장 열렬하게 반응한 이들은 까다롭기로 유명한 영화 평론가들이었다. 세계에서 가장 영향력 있는 영화 평론 사이트인 '로튼 토마토'에서 100점 만점에 신선도 지수

96%를 기록하여 그해 개봉한 영화들 중 평론가들이 가장 좋아한 영화에 뽑혔다. 레고가 광고용으로 만든 영화가 아니라 작품으로서 훌륭하다는 증거다.

영화 내용을 살펴보면 그들이 얼마나 심혈을 기울여서 브랜디드 콘텐츠를 만들려고 했는지 알 수 있다. 그들은 레고의 주 타깃인 아이들을 위한 콘텐츠보다, 그들에게 장난감을 사주는 부모들의 마음을 움직이는 콘텐츠가 나오길 원했다. 따라서 아이들의 마음을 잡으려고 그저 화려한 장면을 넣는 것이 아닌, 다채로운 코드를 영화에 심어서 부모들의 마음을 움직이려고 했다.

대표적으로 사용한 것이 노스탤지어(Nostalgia) 마케팅 전략이다. 부모들이 어린아이였던 1980년대에 그들도 여러 장난감 캐릭터들을 가지고 놀았을 것이다. 레고 무비에서는 부모들이 기억 속 저편에 남겨진 추억을 끄집어내는 데 공을 들였다. 〈스타워즈(Star Wars)〉처럼 1980년대를 대표하는 콘텐츠의 캐릭터를 영화 속에 등장시켜서, 영화를 보는 부모들이 '아, 나도 저런 캐릭터들을 가지고 놀았지'라는 생각에 잠기도록 유도했다. 그리고 영화 마지막에 '아버지와 어린 아들의 관계'에 중점을 두었다. 아버지와 아들이 함께 레고 장난감을 가지고 놀면서 서로 더 가까워진다는 감동적인 내용을 담은 것이다.

이러한 콘텐츠였기에 극장을 나선 부모가 아이에게 레고를 사줄 수 있었다. 레고의 영화 산업 진출은 디지털 트랜스포메이션 시대에 기업들이 어떻게 그들의 제품과 서비스를 소개해야 할지 보여주는 중요한 사례다. 그렇다면 레고가 영화를 통해 달성한 브랜디드 콘텐츠가 구체적으로 무엇인지, 그리고 왜 인플루언서들이 이러한 브랜디드 콘텐츠 전략에서 중요한 역할을 할 수 있는지 보자.

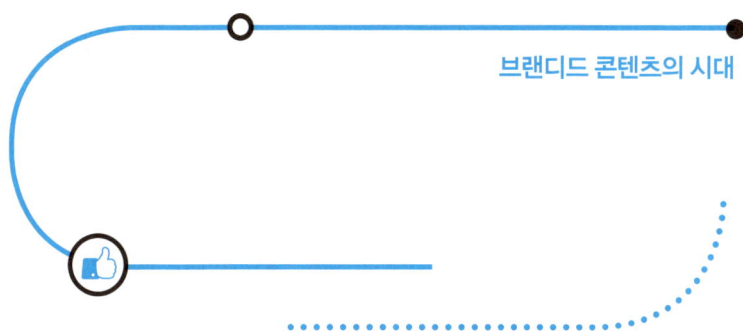

브랜디드 콘텐츠의 시대

브랜디드 콘텐츠(Branded Content)는 어떻게 정의될 수 있을까? 위키피디아(Wikipedia)는 브랜디드 콘텐츠를 "A form of advertising that uses the generating of content as a way to promote the particular brand which funds the content's production"라고 정의했다. 특정한 브랜드를 홍보하기 위한 방식의 하나로, 광고가 마치 하나의 콘텐츠처럼 보이게 하는 것이라고 의역할 수 있다.

브랜디드 콘텐츠는 갑자기 등장한 용어가 아니다. 2000년대에 들어 많은 마케터들은 광고의 패러다임 자체가 변하지 않으면 소비자들에게 외면받을 거라고 생각한다. 그래서 등장하게 된 개념이 바로 애드버테인먼트(Advertainment)라는 개념이다. 광고(Advertising)의 앞부분인 Adver와 엔터테인먼트(Entertainment)의 Tainment가 결합된 이 용어는, 광고에 다양한 엔터테인먼트적인 요소를 넣어서 소비자들의 관심을 극대화해야 한다는 의미를 담고 있다. 브랜디드 콘텐츠가 이야기하려는 바와 일맥상통하는 면이 있다. 최근 배너 광고 세계에서 적극적으로 사용되고 있는 네이티브 광고(Native Ad)도 비슷한 의미를 담고 있다. "이 물건 사세요", "지금 구매하시면 몇 % 할인입니다" 같은 직접적인 광고 메시지를 담는 대신, 보는 사람들에게 필요한 정보의 형태로 광고를 구성하여 눈길을 끌고자 하는 네이티브 광고 역시 브랜디드 콘텐츠와 결을 같이한다.

한마디로 이야기하자면, 브랜디드 콘텐츠는 소비자들에게 아주 매력적인 콘텐츠를 만들어내는 게 핵심이다. 소비자들에게 정보적(Informational)으로 가치 있는 콘텐츠이거나, 그들을 웃게 하거나 감동시켜 감정적(Emotional)으로 긍정적인 가치를 부여해주는 콘텐츠를 만들어내고, 해당 콘텐츠를 소비하는 과정에서 우리 브랜드가 이야기하고자 하는 바가 몰입감 있는 경험(Immersive Experience) 형태로 전달되게 만드는 것이라 할 수 있다. 핵심적인 키워드는 소비자에게 가치를 주고(Value on the part of consumer), 자연스러운 방식(Natural way)으로 전달하며, 주장(Claim)이 아닌 스토리(Story) 형태로 브랜드가 이야기하고자 하는 바를 소비자가 경험해야 한다는 것이다. 그렇기 때문에 브랜디드 콘텐츠는 광고처럼 보이지 않아야 하며, 좀 더 소비자의 관점에서 가치를 줄 수 있는 형태로 만들어져야 한다.

브랜디드 콘텐츠가 지나치게 설득하려는 메시지를 가지고 있을 경우에는 오히려 역풍을 맞을 수 있다. 피츠버그 대학의 앤드류 스테펀(Andrew Stephen) 교수와 동료들은, 온라인상에서 어떠한 브랜디드 콘텐츠가 사람들에게 사랑을 받는지 살펴보기로 했다. 그들은 2012년 3월부터 2013년 8월까지 기업의 페이스북 페이지에 포스팅된 4,284개의 콘텐츠를 분석했다. 그리고 4개의 산업 카테고리(레스토랑 식음료 산업, 스포츠 산업, 리테일 산업, 세제 산업)를 정하고, 총 9개 브랜드를 뽑아서 콘텐츠를 분석하였다. 그리고 개별 콘텐츠들이 소비자들로부터 얼마만큼의 긍정적인 반응을 이끌어냈는지를 '좋아요(Like)', '공유(Shares)', '댓글(Comments)', 그리고 판매 홈페이지의 방문(Website Traffic Referrals) 같은 측정치로 평가하였다. 그리고 그 결과를 마케팅 사이언스 인스티튜트(Marketing Science Institute)에 발표한다.

연구진들은 페이스북 사용자들이 브랜드와 관련된 콘텐츠 자체에 어느 정도 호감을 보이는 상황에서, 해당 콘텐츠에 "제품에 대해 긍정적인 태도를 가져라"는 설득 메시지가 명확할 경우 콘텐츠 자체에 대한 관심을 꺼버리고 부정적인 태도를 보인다는 것을 발견했다. 콘텐츠에 사용되는 톤 앤 매너가 지나치게 자신들을 설득하려는 어투일 때도 해당 포스트에 대해 부정적인 태도를 보였다. 예를 들어 "이 포스트에 '좋아요'를 눌러주세요(Please, like this posit)"와 같은 직접적인 느낌의 메시지는 이용자들의 포스트에 대한 선호도를 낮추고, 부정적인 태도를 키우는 것으로 밝혀졌다. 반면 콘텐츠 자체가 브랜드와 관련된 이야기를 자연스럽게 전달하는 것은 '좋아요', '공유', '댓글'과 같은 소비자 참여에 긍정적인 영향을 주는 것으로 밝혀졌다. 이처럼 브랜디드 콘텐츠를 만들 때, 기업들은 해당 콘텐츠의 내용뿐만 아니라, 톤 앤 매너 역시 조심스럽게 다루어야 한다.

이마케터(eMarketer)가 2016년 18세 이상의 소비자들을 대상으로 한 브랜디드 콘텐츠 관련 조사에 따르면, 사람들이 좋아하는 브랜디드 콘텐츠들의 특징은 다음과 같다. 사람들은 그들에게 필요한 정보를 제공해주고(Informs me), 그들이 몰랐던 중요한 사실을 알려주는(Educates me) 브랜디드 콘텐츠를 좋아한다. 여기서 주의해야 할 점은 사람들이 원하는 건 콘텐츠 형식으로, 기업이 자신의 제품에 대해 나열식으로 장점을 이야기하는 게 아니라는 것이다. 그러한 방식은 전통적인 광고의 형식이지 콘텐츠가 아니다. 브랜디드 콘텐츠 방식이란, 지금 해당 콘텐츠를 소비하는 사람들이 원하는 니즈(Needs)나 원츠(Wants)를 읽어내고, 그것을 충족시켜주는 콘텐츠 정보를 제공하는 것을 의미한다. 예를 들어, 단순하게 피로 회복제를 판매하는 회사가 제품의 장점에 대해 나열하는 식의 콘텐츠를 만드는 것은 브랜디드 콘텐츠가 아니다. 하지만 사람들이 왜 쉽게 피로를 느끼는지, 그리고 어떤 생활 습관을 통해 그것을 개선해나갈 수 있는지와 같은 정보를 제공해주면서, 제품이 생활 습관을 고쳐나가면서 피로를 이기는 보조제 역할로 콘텐츠 안에서 자연스럽게 소개되는 게 브랜디드 콘텐츠다.

콘텐츠의 소비자 입장에서 가치 있는 정보를 제공해주는 것 이외에도, 재미를 주거나(Entertains me) 감동을 주는(Inspires me) 형태의 콘텐츠를 만드는 것도 필요하다. 기업이 자랑만 해서는 절대로 콘텐츠 소비자에게 재미와 감동을 줄 수 없다. 따라서 콘텐츠 소비자가 관심 있어 하는 소재를 발굴한 후에 재미(Fun)와 감동(Touch)을 전할 만한 스토리를 만들어내는 게 중요하다. 핵심은 제품을 자랑하거나, 제품의

▶ 미국의 인터넷 사용자가 브랜드화된 콘텐츠를 사용하기로 결정한 주요 이유(2016년 10월)

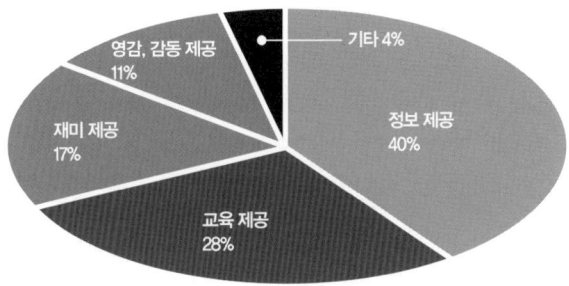

출처: http://blog.reelio.com/
why-you-need-branded-content-and-how-influencers-can-get-you-a-bigger-return

내용 전달이 아니다. 콘텐츠 소비자의 입장에서 그들을 즐겁게 해주거나 감동을 주는 것이 더 중요하다. 스토리 안에서 제품이나 서비스가 이야기하고자 하는 바를 억지스럽지 않게 전달하면 된다.

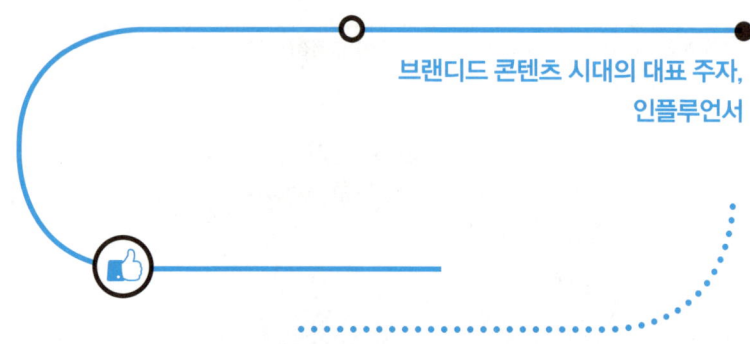

브랜디드 콘텐츠 시대의 대표 주자, 인플루언서

앞에서 언급한 것처럼, 브랜디드 콘텐츠의 핵심 개념은 이미 2000년 내 초반에 형성되어 있었다. 하지만 지금처럼 브랜디드 콘텐츠가 광고에서 핵심적인 역할을 하게 된 주요한 원인은 수평적인 콘텐츠의 확장 때문이라고 할 수 있다. 즉, 과거에는 대부분 기업의 주도로 콘텐츠가 만들어졌다. 기업들은 직접 콘텐츠를 제작하거나, 에이전시를 통해 콘텐츠를 생산해냈다. 하지만 인터넷의 발달에 따라 콘텐츠를 만들어내고 유통할 수 있는 사람들의 범위 제한이 사라지게 되었다. 즉, 다양한 분야에서 재능 있는 디지털 인플루언서들이 다양한 인터넷 플랫폼을 기반으로 그들의 개성이 담긴 콘텐츠를 쏟아내기 시작했다. 브랜디드 콘텐츠를 만들 때 왜 인플루언서들과의 협력이 필수적인지 알아보자.

첫째, 인플루언서들은 전통적인 미디어와 달리 옵션을 가지지 못한 (Captive) 시청자들을 처음부터 갖지 못했다. 그들의 콘텐츠는 태생부터 소비자 중심으로 만들어진 콘텐츠였다. 인플루언서들이 만들어내는 콘텐츠들은 기업이 만들고자 하는 브랜디드 콘텐츠와 많은 측면에서 일치하는 점이 있다. 브랜디드 콘텐츠의 핵심은 그들이 원하는 콘텐츠를 자발적으로 소비하는 것이다. 인터넷이 없었던 시절에는 소비자들이 선택할 수 있는 옵션이 별로 없었다. MBC, KBS, SBS 등 몇 개의 채널에서 보여주는 동영상 콘텐츠만 볼 수 있는 소비자였다. 이제 인터넷이 발달하면서 그런 시대는 사라졌다. 디지털 시대 사람들은 TV나 신문같이 기업이 만들어낸 콘텐츠를 보는 시간을 줄이고, 그들과 공통 관심사를 가진 이들이 만든 콘텐츠를 보는 데 더 많은 시간을 소비하기 시작했다. 인플루언서들의 콘텐츠는 태생적으로, 그들을 추종하는 팬들을 위해 만든 독특하고 재미있는 콘텐츠다. 따라서 인플루언서들과 콜라보를 잘 해낸다면 더 가능성 있는 브랜디드 콘텐츠를 만들 수 있다. 이제는 기업이 브랜디드 콘텐츠를 위해 콜라보 해야 할 대상으로 영향력 있는 디지털 인플루언서가 우선이 된 것이다.

둘째, 인플루언서들과 콜라보를 통해 만들어질 수 있는 브랜디드 콘텐츠의 숫자가 규정 지을 수 없을 만큼 다양하다는 장점이 있다. 이제 기업은 몇몇 유명한 광고 에이전시의 아이디어에 명운을 맡길 필요가 없어졌다. 인터넷에는 수많은 팬을 거느리고, 그들의 취향을 가장 잘 만족시켜주는 여러 콘텐츠 크리에이터가 존재한다. 상대적으로 적은 비용에 더 다양한 형태의 브랜디드 콘텐츠를 만들어낼 수 있는 여건이 조성된 것이다.

그렇기에 기업들은 제품과 서비스, 브랜드 이야기를 소비자들에게 친근하게 전달해줄 수 있는 중간 커뮤니케이터로서 인플루언서를 활용한다. 이는 매우 효과적이며 중요한 방식이기도 하다. 그리고 최근 들어 그러한 인플루언서들을 기업의 커뮤니케이터로 이용할 때 가장 많이 사용되는 방식이 바로, 인플루언서들과 콜라보를 통해서 함께 브랜디드 콘텐츠를 만들어내는 것이다.

동영상 콘텐츠 조사 분석 업체 튜뷰라 랩스(Tubular Labs)에서 조사한 주요 플랫폼 콘텐츠들에 업로드된 탑 100 비디오 분석 결과에 따르면, 전통적인 미디어에서 만들어내는 만큼의 동영상 콘텐츠를 주요한 디지털 인플루언서들(25만 명 이상의 팔로어를 보유한)이 만들어내고 있음을 알 수 있다. 페이스북은 유명 인플루언서들에 의해 만들어진 동영상이 23%, 유튜브는 21% 정도다. 전통적인 광고 회사에서 동영상 광고를 만들어내는 만큼, 인기 있는 영상들이 인플루언서들에 의해 만들어지고 있음을 알 수 있다. 가장 큰 동영상 플랫폼인 유튜브의 경우, 브랜디드 콘텐츠 형태의 동영상이 탑 100 인기 영상 중 17%를 차지할 정도로 높은 수치를 보여준다. 앞으로 이 퍼센트는 갈수록 증가할 것이다. 동시에 기업이 브랜디드 콘텐츠를 만들어낼 때 주요한 인플루언서들과 함께 콜라보를 하게 되는 비율도 증가할 것으로 예상된다.

마지막으로, 브랜디드 콘텐츠를 만들 때 인플루언서들과의 협력이 중요한 건, 인터넷 세상에서 가장 주도적인 역할을 하는 Z세대들이 디지털 인플루언서들이 만든 콘텐츠에 관대하다는 사실 때문이기도 하다. 《애드위크》와 디파이미디어는 13세에서 20세 사이의 청소년 약 1,500명을 대상으로 SNS 미디어 콘텐츠 이용 현황에 대한 설문

▶ 주요 플랫폼 콘텐츠에 업로드된 TOP100 비디오 분석 결과

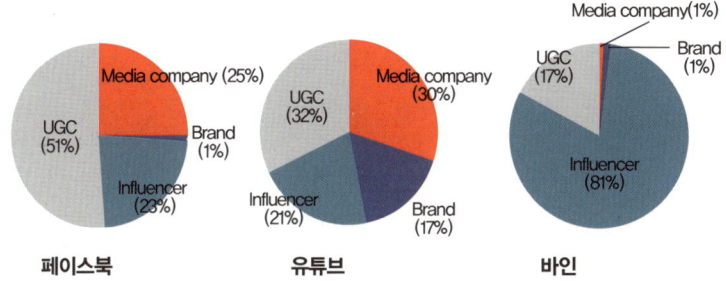

조사를 실시했다. 그 결과에 따르면, 인플루언서들이 진행하는 브랜디드 콘텐츠에 대해서 Z세대들은 상대적으로 관대한 태도를 보였다. 약 80%의 응답자들이 "물건이나 서비스를 지나치게 강조하지 않는다면, 광고에 기반한 브랜디드 콘텐츠에 대해서 괜찮게 생각한다"고 답했다. 그리고 응답자의 61%가 "인플루언서들이 제품을 특별히 언급하지 않으면서도, 콘텐츠를 통해 노출시키는 것은 괜찮다"고 응답했다. Z세대들은 가수, 배우 등 전통적인 스타라고 불리는 유명인 못지않게 SNS 스타의 이야기를 신뢰한다고 응답했으며, 그들이 만들어내는 브랜디드 콘텐츠에 긍정적인 태도를 보였다.

**60억 원 가까이 지불한 톱스타보다
항공권 하나 지불한 인플루언서의 광고 효과가 더 크다고?**

2016년 에미레이트 항공은 할리우드 배우 제니퍼 애니스톤의 여행기를 담은 글로벌 캠페인 영상을 공개한다. 영상은, 제니퍼가 에미레이트 항공 퍼스트 클래스 개인 스위트에서 조종사가 꿈인 어린이 승객 쿠퍼를 만나면서 시작된다. 그들이 비행기 A380기의 내부를 돌아다니며 함께 여러 경험을 나누는 것이 주 내용이다. 에미레이트 항공은 애니스톤에게 천문학적인 출연료를 지급했다. 자그마치, 그해 총 마케팅 예상액인 2000만 달러의 약 25%에 해당하는 500만 달러(한화로 57억 원)를 지급한 것이다. 그리고 해당 영상 캠페인을 항공사 공식 웹사이트, 유튜브, 페이스북, 트위터, 인스타그램을 통해 공격적으로 내보내기 시작했다. 해시태그 '#JensBack(제니퍼 애니스톤이 돌아왔다)'를 써서 많은 사람들이 영상을 공유하며 적극적으로 참여할 수 있도록 하는 소셜 미디어 캠페인도 함께 진행했다. 결과는 나쁘지 않았다. 첫 번

째 캠페인 영상은 수백만 뷰를 기록하며 인기를 끌었고, 에미레이트 항공은 비슷한 콘셉트의 캠페인 영상을 연속으로 내보냈다. 총 600만 뷰 정도를 달성했으니 그 나름대로 성공적인 캠페인이라고 할 수 있지만, 문제는 마케팅에 들어간 비용이 너무 크다는 점이었다.

 재미있는 일은 그 후에 일어났다. 에미레이터 항공사는 다른 방식으로 디지털 마케팅을 시행해보기로 했다. 전통적인 미디어상에서의 스타가 아닌, 인터넷상의 인플루언서를 통해 브랜디드 콘텐츠를 가볍게 만들어보기로 한 것이다. 그들이 선택한 인플루언서는 바로 케이시 네이스탯(Casey Neistat)이었다. 한국에서는 크게 알려지지 않은 인플루언서지만, 해외에서는 유명한 유튜브 크리에이터이자, 필름메이커다. 주로 유튜브에 다양한 바이럴 비디오를 올리는 것으로 유명세를 탔다. 뉴욕 한복판에서 스노보드 타기, 드론에 매달려 스노보드 타기 등의 영상을 통해 세계적인 유튜브 스타가 되었다. 에미레이트 항공사는 케이시 네이스탯에게 퍼스트 클래스 항공권을 제공할 테니, 항공을 경험해보고 관련 영상을 유튜브에 올려달라고 요청했다. 큰 기대가 없었기 때문에 어떤 조건도 달지 않았다. 네이스탯은 1등석 기내식을 즐기는 자신의 모습을 찍은 재치있는 동영상을 그의 유튜브 채널에 올렸다. 그리고 영상은 엄청난 속도로 퍼져나가기 시작했다. 몇 달이 채 안 되는 기간 동안 영상은 5,000만 뷰 이상을 기록했고, 항공사는 놀라워하지 않을 수 없었다. 해당 동영상이 폭발적으로 인터넷상에서 퍼져나가

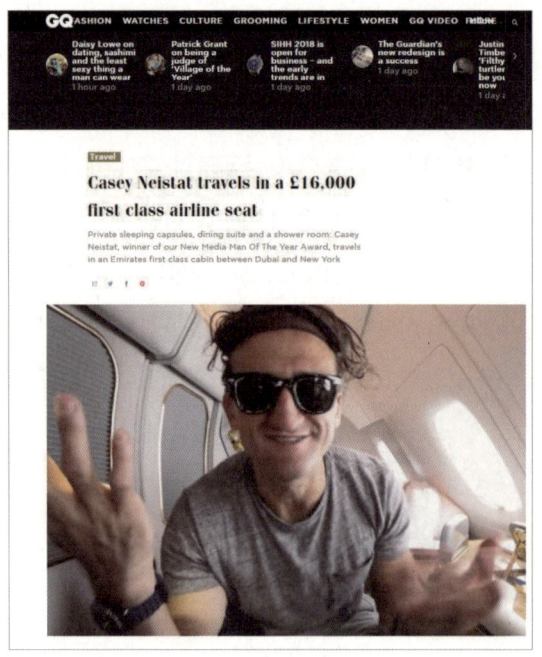

자, 언론들은 네이스탯의 에미레이트 항공 1등석 체험 동영상에 대해서 언급하기 시작했다. 세계적인 남성 잡지인 《GQ》와 같은 곳이 그의 항공 체험을 담은 특별 기사를 만들어 내보내는 등 엄청난 바이럴 효과가 일어났다.

  이러한 결과는 인플루언서들과 만들어내는 브랜디드 콘텐츠가 잘 만들어졌을 경우 얼마나 효과적일 수 있는지를 잘 보여준다. 제니퍼 애니스톤을 기용한 대가로 항공사가 지불한 돈은 그해 마케팅 비용의 25%에 달했지만, 사실 케이시 네이스탯에게 들어간 비용은 0원이라고 할 수 있다. 어차피 퍼스트 클래스 좌석은 만석이 되는 경우가 거의 없으므로 남는 자리에 그를 태운 것이나 마찬가지이기 때문이다. 그리고 결과적으로, 케이시 네이스탯이 제니퍼 애니스톤보다 최대 10배 이상의 광고 효과를 만들어냈다고 할 수 있다. 이처럼 인플루언서와 브랜디드 콘텐츠를 성공적으로 만들어낼 경우, 적은 돈으로 엄청난 효과를 이끌어낼 수 있다는 걸 많은 기업이 알게 된 뒤부터 협업이 늘어나고 있다.

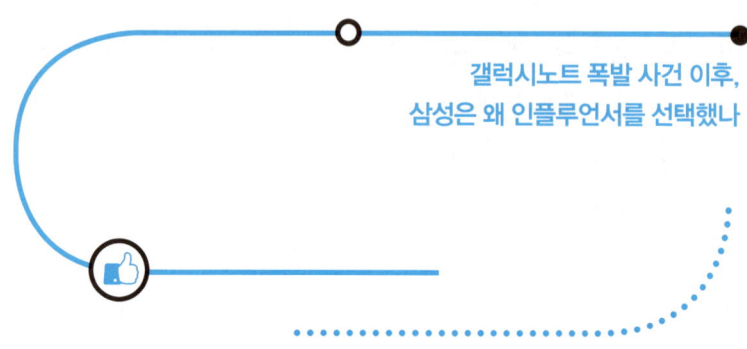

갤럭시노트 폭발 사건 이후, 삼성은 왜 인플루언서를 선택했나

돌아봤을 때, 삼성전자에게 가장 악몽 같은 사건은 뭘까? 삼성전자 이재용 부회장의 구속을 떠올리는 사람도 있겠지만, 대부분 사람은 다른 사건을 떠올릴 것이다. 바로, 2016년 후반기에 있었던 삼성전자의 핵심 프리미엄 핸드폰 시리즈인 '갤럭시노트 7'(이하 노트 7)의 연쇄 폭발 사고일 것이다. 2016년 8월 삼성전자가 브라질 라우데자네이루에서 노트 7을 공개했을 때 그 누구도 이후에 일어날 일을 예상한 사람은 없었을 것이다. 당시 삼성전자는 다른 그 어떤 회사보다도 많은 스포트라이트를 받았다. 특히 애플에 매우 긍정적인 태도를 보이고, 삼성에게는 가혹하게 대했다는 평을 받은 몇몇 유명한 친 애플 언론마저도 새롭게 소개된 노트 7을 극찬했다. 대다수의 전문가와 언론이, 노트 7으로 인해 삼성이 애플보다 한발 앞서 프리미엄 폰 시장을 장악하리라 예측했다. 실제 이러한 호평은 판매에도 영향을 미쳤다. 2주가량 진행된 국내 사전 예약 판매에서 약 40만 대 이상의 판매고를 올리며 당시 스마트폰 예약 판매 신기록을 세웠고, 미국 시장에서도 사전 예약 판매가 단시간에 마감되어 물량 추가 요청이 들어올 정도로 판매량이 엄청났다.

안타깝지만 장밋빛 시절은 오래가지 못했다. 얼마 지나지 않아 노트 7의 폭발 사고가 터진 것이다. 2016년 8월 24일 국내 첫 폭발을 시발점으로 미국에서도 폭발 사고가 들려왔고, 그 외 수십 건의 배터리 폭발 사고가 보도되었다. 이후 모두가 알다시피 전량 리콜 공식 발표가 나고 노트 7는 시장에서 영원히 사라지게 된다. 핸드폰이 폭발하는 사고는 단순하게 넘어갈 사안이 아니다. 당시 공항 곳곳에 붙어 있던 경고문에는 "갤럭시노트 7의 폭발 가능성 때문에 이 핸드폰이 켜져 있는 상태로는 비행기에 탑승할 수 없습니다"라는 문구가 쓰여 있었다. 자사 휴대폰 때문에 다수의 안전이 위협받는다는 경고문이 공공장소에 버젓이 걸려 있다는 건, 삼성전자로서는 악몽 같은 일이자 휴대폰 사업에 닥친 최대 위기라고도 볼 수 있다.

삼성전자는 무너진 신뢰를 회복시키기 위해 큰 노력을 기울이게 된다. 다음 순서로 출시될 갤럭시 S8에서 같은 문제가 반복되지 않도록 제품 자체를 개선시키는 것도 중요하지만, 다양한 마케팅 활동을 통해 무너진 자존심을 회복하고 소비자의 신뢰감을 다시 얻는 작업을 하는 게 급선무였다. 삼성전자는 2017년 2월에 열리는 아카데미 영화 시상식에서 캠페인을 시행하려는 계획을 세웠다. 전 세계인들이 가장 좋아하는 엔터테인먼트 중 하나인 영화, 그 영화를 좋아하는 사람들이 손

꼽아 기다리는 아카데미 영화 시상식이야말로 온라인과 오프라인을 망라해 광고 메시지를 전달할 가장 좋은 기회라고 본 것이다. 실제 아카데미 영화 시상식에서 30초 광고를 내보내려면 200만 달러, 우리나라 돈으로 20억 원 이상이 든다고 한다. 광고비가 비싼 것으로 유명한 슈퍼볼 광고료에 맞먹는 수준이니 1년에 몇 번 없는 메가톤급 이벤트라고 할 수 있다. 전 세계의 이목이 아카데미에 쏠려 있는 이날은 제대로 된 광고만 한다면 무너진 자존심과 신뢰를 회복해 반전의 기회를 잡을 수 있는 날이었다.

이렇게 중요한 날에 삼성전자가 구원 투수로 선택한 사람은 누구일까? 지금 영화계에서 가장 핫한 셀럽인 제니퍼 로렌스(Jennifer Lawrence)를 떠올리는 사람도, 톰 행크스(Tom Hanks) 같은 묵직한 신뢰감을 주는 스타를 떠올리는 사람도 있을 것이다. 하지만 그들이 선택한 사람은 유명 배우가 아닌 개인 인플루언서였다. 전략적으로, 현시점에 그들을 구원해줄 사람은 인터넷 세상에서 영향력이 있는 일반인, 인플루언서라고 본 것이다. 유명인이 등장하는 멋진 영상을 만드는 방법도 있지만 진정성 있는 모습을 통해 신뢰를 회복하는 것을 우선시했다. 멋진 스타를 기용해서 기업 스스로 변명하듯이 "우리는 그러지 않을 겁니다"라고 이야기하는 것보다, 우리 주변에서 쉽게 볼 수 있는 소비자들이 "삼성 스마트폰이 새롭게 변했더라고요"라고 이야기하는 게 더 진정성 있는 메시지일 거라 본 것이다.

삼성은 3가지 메시지를 통해 그들의 목소리를 전달하고자 했다. 우선, 우리가 잘못된 점을 고쳐나가기 위해 어떠한 일을 하고 있는지 보여주는 데 초점을 맞춘 캠페인이었다. 첫 번째 광고는 스마트폰에 물을 뿌리고, 얼리고, 기계로 압력을 가하고 높은 고공에서 떨어뜨리는 과정을 담았다. 그래도 멀쩡하게 작동하는 스마트폰을 보여주면서 "우리에게는 퀄리티가 가장 중요하다(Quality is our priority)"라는 메시지를 전달한다. 두 번째 광고는 8가지의 세밀한 안전 점검 과정을 통해 배터리를 테스트하는 장면을 보여주면서, 다시는 과거와 같은 일이 일어나지 않도록 노력하고 있다는 것을 담담하게 보여주었다. 마지막 광고가 화룡점정이었다. 스스로 잘 하고 있다고 말하는 것이 아니라, 소비자들의 입을 통해 "삼성은 달라졌고, 앞으로 이렇게 나아간다"라는 이야기를 전달하는 것이 중요하다고 봤다. 그래서 선택한 사람이 앞서 언급된 유튜브 크리에이터인 케이시 네이스탯이었다. 그는 2003년에 "아이팟의 숨겨진 비밀(iPod's Dirty Secret)"이라는 3분 길이의 동영상을 통해 애플의 배터리 문제를 지적하고, 애플이 이러한 문제점을 공개적으로 사과하고 수정해나갈 것을 촉구하는 벽 낙서(Spray-painted) 캠페인을 벌인 바 있다. 모두가 애플에 빠져 있을 때, 브랜드의 결함을 용감하게 지적한 이의 입을 통해 그들의 새로운 메시지를 전달하고자 한 것이다.

마지막 광고에는 케이시 네이스탯이 등장해서 "삼성 스마트폰은 당신을 서포트(Support)하기 위해 존재한다. 당신이 창조하고자 하는 콘텐츠를 어떠한 방식으로든 만들 수 있도록, 당신이 창의적인 크리에이터가 될 수 있도록 돕는다"와 같은 메시지를 전달하고 "(삼성 스마트폰은) 당신이 할 수 없는 것을 할 수 있게 해준다(Do what you can't)"라는

말로 광고를 마무리한다. 광고 영상에는 우리 주변에 있는 여러 사람이 삼성 스마트폰을 통해 다양한 일을 하는 모습을 보여준다. 향상된 기술에 대해서 이런저런 자랑하는 것보다는, 그 기술을 즐겁고 창의적으로 사용하는 일반인들의 모습을 보여줌으로써 신뢰성을 회복하겠다는 영리한 전략이 숨어 있었다. 삼성은 배터리 폭발 문제를 전통적인 셀럽을 통해 해결하는 것이 아니라, 일반적인 소비자들과 디지털 인플루언서들을 통해 해결해나가고자 한 것이다. 삼성은 신뢰를 회복하기 위해서 더욱 인간적(Humanize)인 브랜드로 바꾸고, 사람들의 일상으로 더 다가가기 위해 다양한 인플루언서들과 협업하여 브랜디드 콘텐츠를 만들어나가고자 했다.

이처럼 기업은 기업이 말하고자 하는 스토리를 전달하는 커뮤니케이터 역할을 인플루언서에게 맡기는 경우가 많다. 대중은 이제 기업이나 다소 거리감이 느껴지는 전통적인 미디어 스타보다 편안하게 느껴지는 인플루언서의 이야기를 더 신뢰한다. 그들이 콘텐츠 형태로 이야기를 시작할 때, 사람들은 좀 더 편하게 이야기를 경청한다. 그런 이유 때문에 기업은 자사의 이야기를 브랜디드 콘텐츠로 만들어 소비자와 기업의 소통을 돕는 조력자 역할을 인플루언서에게 맡길 것이다. 마지막으로, 기업이 인플루언서들을 모아서 비즈니스 생태계를 구성하는 방식으로 협력을 하는 경우가 있다. 이제 구체적으로 기업이 어떻게 하나의 비즈니스 생태계를 구성하는지 살펴보자.

username

인플루언서에 기반을 둔 비즈니스 생태계를 만들어라

#4

1536 likes
username #photo #followme #bestchoice

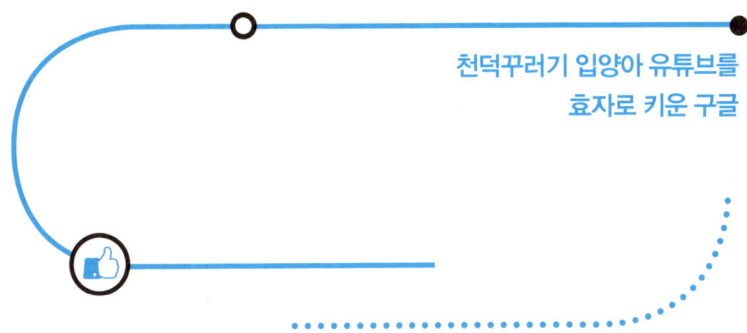

천덕꾸러기 입양아 유튜브를 효자로 키운 구글

세계 최대의 동영상 무료 공유 사이트, 유튜브(YouTube), 이 브랜드를 모르는 사람은 거의 없다고 할 수 있겠다. 2005년 2월에 채드 헐리, 스티브 천, 조드 카림에 의해 만들어진 이 사이트는 2006년, 구글에게 천문학적인 액수인 16억 5,000만 달러에 성공적으로 매각된다. 현재 구글은 유튜브가 벌어들이는 순수익을 정확하게 공개하지 않았지만, 2015년에 투자 전문가 RBC Capital analyst인 마크 마헤니(Mark Mahaney)가 《로스앤젤레스타임스(Los Angeles Times)》에 밝힌 바에 따르면 유튜브는 매년 10억 달러, 한화로 1조 원이 넘는 수익을 만들어내고 있으며, 매년 40% 이상씩 성장하고 있다고 한다.

지금은 구글의 효자 서비스로 평가받고 있지만, 놀랍게도 구글이 유튜브를 인수한 초기에는 여러 언론에서 유튜브가 구글의 품에 안긴 천덕꾸러기 입양아가 될 것이라 예측했다. 구글이 유튜브를 인수할 당시만 해도, 디지털 세상에 소셜 인플루언서를 기반으로 한 비즈니스 생태계를 구축해서 수익을 내는 모델이 사람들에게 익숙하지 않았다. 한마디로, 사람들이 올린 동영상을 공유하는 사이트가 어떻게 돈을 벌어들일지에 대한 이해가 없었다. 또한 인수 초반 유튜브에 올라온 동영상들과 관련된 저작권 이슈 때문에 구설수가 끊이지 않았다. 구글은 뚜렷한 수익 모델을 제대로 갖추지 못해 보이는 유튜브에, 바보같이 천문학적인 돈을 썼다는 비판을 피할 수 없었다. 하지만 구글은 유튜브가 가진 가능성에 투자한 것이었다. 당시 텍스트 위주 광고의 매출에 의지하던 구글은 온라인 동영상의 시대가 올 것이라는 것을 알고, 유튜브가 동영상 형태의 광고 매출을 만들어줄 거라고 판단하여 창사 이래 최대 규모의 M&A를 성사시킨 것이다. 구글의 이런 판단은 옳았다. 인수 이후 얼마 지나지 않아 인터넷에서 텍스트 형태의 정보를 읽지 않는 사람들이 늘어났고, 온라인 동영상 콘텐츠가 주를 이루는 세상이 왔다. 그리고 천덕꾸러기 역할을 하던 입양아는 이제 구글이라는 전체 집안의 비즈니스를 지탱하는 든든한 효자가 되었다.

유튜브의 성공 요인은 여러 가지로 분석할 수 있다. 첫째, 동영상의 양도 중요하지만 질(Quality)을 컨트롤하기 위해 큰 노력을 기울였다. 10억 명이 넘는 사용자들이 방문해서 매일 1억 회 이상의 비디오가 재생되고 있는 사이트답게 수많은 동영상이 업데이트되고 있다. 조사에 따르면 60초마다 500시간의 새로운 동영상이 올라온다고 하니, 유튜브는 콘텐츠 양에서 특별히 걱정할 필요가 없다. 어느 정도 사용자가 확보된 이후에는 동영상의 양(Amount)보다 질(Quality)을 높은 수준으로 유지하기 위해 노력했다. 특히 어디서 본 듯한 영상들이 난무하는 것이 아니라 신선함과 독창성을 지닌 오리지널리티(Originality) 영상이 많이 올라오는 게 중요하다고 생각하고, 저작권 보호를 위한 다양한 장치를 마련한다. 콘텐츠 검증 기술(Contents Identification Tool)을 도입해 불법 동영상을 지속적으로 관리했다. 복제물과 동일한 게시물의 중복 게재 방지를 위해 노력했으며, 저작권 침해 시 콘텐츠 제공자에게 이를 알려주는 시스템도 만들었다. 이러한 노력 끝에 사용자들은 본인이 권리를 가진 저작물을 안심하고 업로드할 수 있는 건강한 플랫폼 환경에서 쓸 수 있었다.

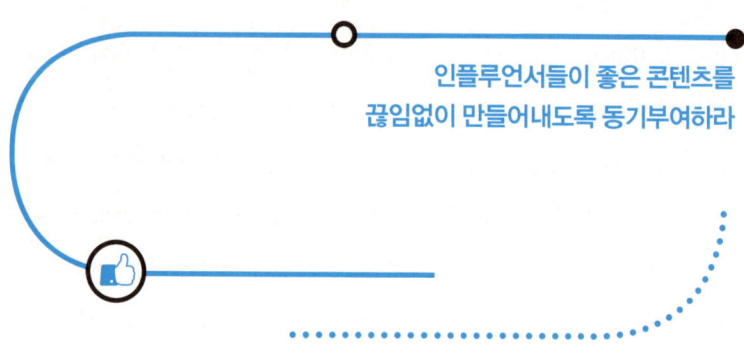

인플루언서들이 좋은 콘텐츠를
끊임없이 만들어내도록 동기부여하라

유튜브의 성공 요인에서 가장 큰 역할을 한 것은 '창의적인 크리에이터'들을 끊임없이 만들어낸 것이다. 유튜브는 기업이 동영상을 만드는 게 아니라, 이용하는 사람들이 좋은 동영상을 지속적으로 올리면서 운영되는 플랫폼이다. 플랫폼을 시작하는 단계부터, 유튜브를 움직이는 핵심 주체를 '크리에이터(Creator)', '시청자(Viewers)', '광고주(Advertiser)'로 세분한 후, 이 중 크리에이터 중심으로 유튜브 전략을 구축했다. 특히 어떻게 하면 평범한 시청자들이 크리에이터가 되고 싶어 하는지를 연구했다. 창의적인 크리에이터가 되고자 하는 동기를 줄 수 있는 플랫폼 구축을 핵심 전략 요소로 삼은 것이다.

SNS를 사용하게 만드는 인간의 핵심 니즈 중 하나는 '과시 욕구(Need of Exhibition)'다. 사람들은 누구나 자신을 세상에 알리고 싶어 하는 과시 욕구를 가지고 있다. 자신이 만든 재밌고 독특한 동영상을 타인들과 공유함으로써 이러한 과시 욕구를 충족시킬 수 있다는 것을 유튜브는 잘 알고 있었다. 여기서 유튜브가 해야 할 일은, 약간의 동기부여를 양념처럼 뿌려주는 것이었다. "멋진 동영상을 올려서 타인하고 공유해봐. 네 동영상이 인기 있으면 돈도 벌 수 있도록 해줄게"라고 말하는 것과 같다. 유튜브 플랫폼은 동영상을 올려서 타인에게 너의 멋진 면을 자랑할 수 있는 최적의 공간이고, 그런 과정을 통해 만족감을 얻고 수익도 낼 수 있다는 것을 강조한다. 이렇게 유튜브는 독특한 동기부여 보상 시스템을 통해 플랫폼을 키워나갔다.

유튜브는 시청자들이 끊임없이 동영상을 올리는 크리에이터가 되기를 바라며 '파트너십' 제도를 운영했다. 즉 크리에이터가 100% 순수 저작물을 만들어서 유튜브에 업로드하고 이 앞에 광고를 넣길 원하는 경우, 유튜브가 광고를 붙여주고 수익 일부를 크리에이터들에게 나누어주는 제도를 만든 것이다. 유튜브는 그 어디에서도 볼 수 없는 오리지널리티 동영상이 많이 올라오는 것을 가장 중요시했기 때문에 크리에이터가 소유한 콘텐츠에만 광고 수익이 날 수 있도록 만들었다. 크리에이터가 〈무한도전〉을 짜깁기해서 재미있는 동영상을 만들어 올릴 경우, 조회 수는 높을지 몰라도 해당 동영상에 저작권 침해의 요소가 있어서 동영상 앞에 기업 광고를 붙여도 본인들이 단 한 푼도 받지 못할 것이라는 것을 안다. 그래서 그들은 본인들이 저작권을 가지고 있고, 나만의 색깔이 엿보이는 동영상을 제작했다. 해당 동영상이 재미없거나 별다른 가치가 없다면, 어차피 아무도 보지 않을 것이기에 자신만의 창의적인 요소가 담은 동영상을 올리기 시작한 것이다.

또한 유튜브는 시청자들이 크리에이터가 되는 것을 장려하고, 좋은 크리에이터가 되고 싶어 하는 사람들에게 교육을 제공했다. 예를 들어, 제작자 아카데미와 같은 사이트를 운영하면서 '성공한 제작자의 우수 사례'처럼 유튜브 콘텐츠 제작 시 고려해야 하는 사항을 무료로 교육해주는 툴을 온라인에 업로드했다. 사람들은 '어떻게 좋은 동영상을 제작할 수 있는지'와 관련된 팁(Tip)이나 본인의 동영상이 시청자들에게 어떤 평가를 받고 있는지 분석해주는 '유튜브 분석, 효과 평가하기'와 같은 다양한 기술을 익힐 수 있었다.

성공적인 크리에이터가 된 사람들에게 파트너십 제도를 이용하여 금전적인 보상(Financial Reward)을 주는 한편, 인정 보상(Social Recognition Reward) 또한 지속적으로 지급했다. 유튜브는 크리에이터에게 금전적 보상을 주는 것도 중요하지만 "당신은 평범한 사람이 아닙니다. 많은 사람들이 당신이 만든 콘텐츠를 보기 위해 매일 유튜브에 방문합니다. 당신은 SNS 세상에서 영향력 있는 스타입니다"라고 말해주는 것이 동기부여의 핵심이라고 봤다. 많은 구독자, 즉 정기적으로 본인의 영상을 보는 팬들을 확보한 크리에이터들에게 유튜브 파트너 리워드(Youtube Partner Rewards) 프로그램을 통해 기념 상패를 수여하는 것도 하나의 방식이다. 정기적으로 'YouTube Partner Meet Up' 행사를 실시하고, 구독자 숫자에 따라서 인기 있는 크리에이터들에게 인정 보상을 하고 있다. 실제로 매년 발표하는 유튜브 파트너 리워드 프로그램 행사의 경우, 수상자 중 유튜브에서 주는 상패를 받고 감격하여 눈물을 흘리는 사람들도 있다. 2014년에는 여성 크

리에이터이자 초등학생 사이에서 대통령으로 불리고 있는 양띵이 유튜브 채널을 개설한 지 1년여 만에 구독자 수 100만 명을 돌파하여 '골드 플레이 버튼'을 받은 것이 대표적인 케이스다. 유튜브는 크리에이터 사이의 경쟁을 유도하기 위해 인정 보상을 하는 것도 차별화하고 있다. 채널 구독자 수 10만 명 이상에게는 실버 플레이 버튼을, 100만 명 이상에게는 골드 플레이 버튼을 수여한다. 특히 전 세계의 모든 인기 있는 크리에이터들이 받고 싶어 하는 것은 바로 '다이아몬드 플레이 버튼'이다. 채널 구독자 수가 1000만 명 이상 되어야 수여되며, 해외 유명 유튜버인 스모쉬, 퓨디파이 등 극소수의 크리에이터들만이 이상을 받았다.

　유튜브뿐만 아니라, 비즈니스 형태의 플랫폼 생태계를 만드는 다른

기업들도 중요시하고 있는 건 인플루언서들을 끊임없이 자극하고 좋은 콘텐츠를 만들어내도록 하는 것이다. 유튜브, 아프리카 TV, 트위치 같은 기업들은 다른 플랫폼과 차별화되는 금전적인 보상(Financial Reward)과 인정 보상을 통해 좋은 콘텐츠를 생산하는 크리에이터들을 자사의 플랫폼에 모으거나 발굴하고 있다.

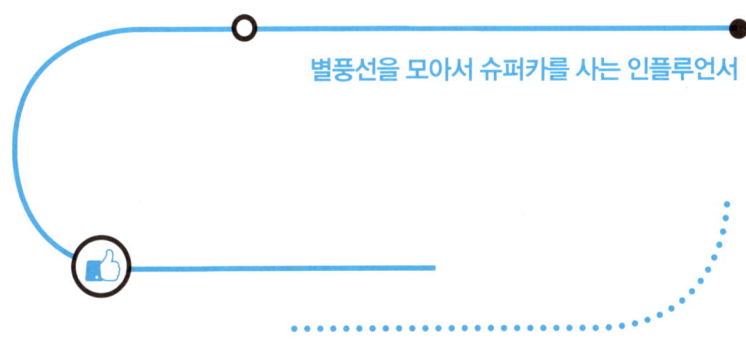

별풍선을 모아서 슈퍼카를 사는 인플루언서

유튜브처럼 인플루언서들을 이용해 비즈니스 생태계를 구성하여 수익을 만들어내는 플랫폼들이 지금도 계속 생겨나고 있다. 국내 시장에는 아프리카 TV가 있다. 아프리카 TV는 자체 플랫폼 안으로 인플루언서들을 모으기 위해 '별풍선'이라는 독특한 보상 시스템을 만들어내서 국내에서 급속도로 성장했다. 아프리카 TV의 상징적인 시스템인 별풍선은 내부 플랫폼에서 사용할 수 있는 일종의 사이버 머니다. 2007년 11월에 첫선을 보인 별풍선은 방송 시청자들이 방송 커뮤니티(방송방) 운영자인 인플루언서들에게 선물할 수 있고, 받은 사람은 현금으로 환전할 수 있는 아이템이다. 아프리카 TV가 본인들 플랫폼 안에서 인플루언서들이 활발하게 활동할 수 있도록 주는 금전적인 보상 시스템이기도 하다.

유튜브에서 인기 있는 인플루언서들이 크리에이터(Creator)로 불리운다면, 아프리카 TV의 인플루언서들은 주로 인기 BJ(Broadcasting

Jockey의 약자, 인터넷 브로드 캐스터 의미)로 불린다. 아프리카 TV는 '언제 어디서나, 누구나 원하면 쉽게 실시간 방송을 할 수 있는 인터넷 방송 미디어'를 목표로 만들어졌기에, 주로 특정한 콘셉트로 콘텐츠를 만드는 사람을 의미한다. 특정한 주제를 가진 방송 채팅방을 방송 BJ가 만들고, BJ가 방송을 이어가면 이 주제에 관심 있는 시청자들이 모여든다. 그리고 실시간으로 소통한다. 만약 시청자가 해당 방송에 대해 만족한다면 일종의 시청료이자, BJ를 응원하는 차원에서 기부금을 주는데 이것이 별풍선이다. 별풍선은 아프리카 TV에서 누구나 구매할 수 있으며, 1개의 가격은 100원(부가세 제외)이다. 특정 방에서 시청자가 BJ에게 별풍선을 터뜨리면(선물하면) BJ가 해당 별풍선의 30~40%를 가져간다. BJ가 시청자에게서 받은 별풍선 금액이 일정량이 모이면 본인 확인을 통해 현금으로 환전할 수 있다. 단돈 100원 정도 하는 별풍선이 가져오는 수익은 엄청나다.

    미디어 자몽(Zamong)의 아프리카 TV 분석 기사에 따르면, 2015년 아프리카 TV 시청자 1명이 별풍선을 사기 위해 지출한 금액이 평균 9,000원(별풍선 80개) 정도다. 이렇게 1인당 시청자들이 모아준 별풍선이 인기 BJ에게 가져다주는 액수는 상상을 초월한다. '별풍선을 환전해서 슈퍼카 람보르기니를 구매한 인기 BJ 케이'의 사례가 메이저 신문사에서 기사화될 정도로, 인기 BJ들은 월 수천만 원에 이르는 수익을 이 별풍선을 통해 벌어들인다. 시청자 입장에서는 100원이라는 적은 돈으로 만족스럽게 본 방송의 BJ에게 격려와 시청료 지불 차원에서 별풍선을 쏘는 것이니 상대적으로 부담이 작다. 또한 생방송 도중 본인의 이름으로 별풍선을 제공해줄 수 있으니, 내 이름이 뜨는 것을 보는 재미도 있다. BJ는 방송 중에 금전적인 보상이 들어오는 걸 실시간으로 확인할 수 있기에 시청자들을 만족시키는 방송을 만들기 위해 최선을 다하게 된다. 인기 있는 크리에이터들의 콘텐츠 앞에 광고를 붙여서 팔고 그 수익금을 사후에 보상하는 유튜브와 달리, 아프리카TV는 시청자들이 인플루언서에게 실시간으로 보상할 수 있는 별풍선 시스템을 도입하여 차별화에 성공했고, 독자적인 비즈니스 플랫폼을 만들어냈다.

인플루언서들을 모아 인터넷 비즈니스 생태계를 구성하는 기업들이 중요하게 생각하는 다른 하나는 "어떻게 하면 시청자들이 인플루언서와 끊임없이 교감하고 있다고 느끼게 할 수 있을까"다. 플랫폼 안에서 양질의 콘텐츠를 올리는 인플루어서들을 계속해서 만들어내는 것도 중요하지만, 끝내 수익을 가져다주는 건 콘텐츠를 소비하는 시청자들이다. 기업이 이러한 시청자들의 지갑을 열기 위해서는, 전통적인 미디어에서 주지 못하는 무엇인가를 시청자들에게 주어야 한다. 전통적인 미디어 스타가 주지 못하지만, 인플루언서들이 줄 수 있는 대표적인 것 중 하나가 바로 교감, 인터랙션이다. 성공한 인플루언서들을 주축으로 하여 비즈니스를 하는 기업들이 어떻게 시청자들이 인플루언서들과 깊은 교감을 느끼게 만드는지 살펴보자.

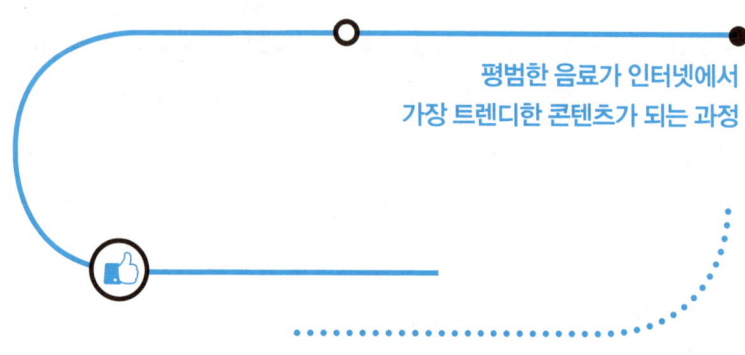

평범한 음료가 인터넷에서
가장 트렌디한 콘텐츠가 되는 과정

2017년 후반기 인터넷을 강타한 동영상이 하나 있다. 바로 롯데칠성의 음료 '트로피카나'의 광고 영상이다. 이 영상에 뭔가 특별한 게 있나 의문이 든다면, 영상을 플레이해보면 된다. 신인 걸그룹 모모랜드의 멤버인 주이가 등장해서, 단색의 배경 앞에서 〈복숭아 톡톡톡 트로피카나〉라는 노래를 반복하며 다짜고짜 안무를 추기 시작한다. 아무 설명 없이 단순한 멜로디에 맞추어 과장된 표정으로 춤을 추는 모습을 보여주는 영상은 사실 특별할 게 없다. 처음 영상을 본 사람들은 '뭐야 이 광고?'라는 반응을 보일 정도이고, 그걸 열심히 반복하는 모습은 기괴해 보이기까지 한다.

하지만 이 이상해 보이는 롯데칠성의 탄산음료 광고는 제대로 흥행했다. 2017년 8월 말에 공개된 이 광고는 인터넷에 올라온 지 3주 만에 700만이 넘는 조회 수를 달성한다. 2017년 하반기 바이럴이 가장

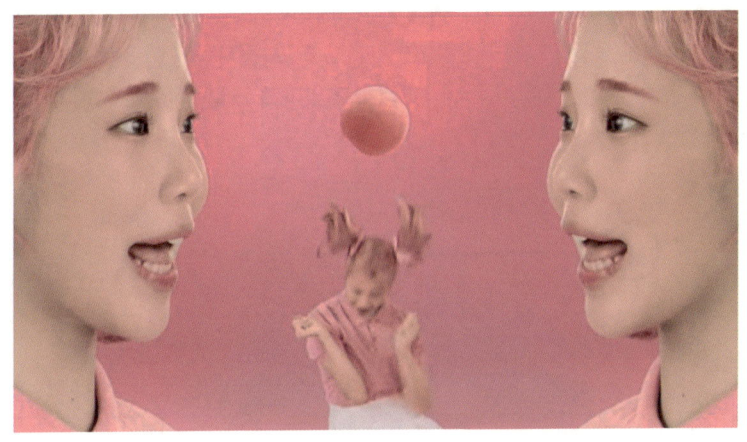

잘된 광고 중 하나가 된 것이다. 인터넷 문화에 적합한 단순하고 중독성 있는 영상을 만들어내서 성공시킨 케이스로 볼 수도 있다. 이 영상이 높은 조회 수를 기록하고 인터넷상에서 엄청난 바이럴이 일어나게 된 이유는 해당 영상이 잘 만들어져서이기도 하지만, 해당 영상을 자신만의 버전으로 만들어서 끊임없이 패러디 영상을 만들어내는 소비자들이 생겨난 데 있다. 특히 트위치TV 같은 온라인 게임 방송 사이트에 가면 하루에도 수천 번 이상 이 동영상을 만날 수 있다. 따라서 트로피카나의 성공을 깊이 있게 이해하기 위해서는, 트위치TV 와 비슷한 사이트에서 BJ와 시청자가 어떠한 형태로 교류하는지 살펴보는 게 필요하다.

시청자들이 인플루언서들과 교감하고 있다고 느낄 수 있도록 해주어라

트위치TV는 게임을 좋아하는 사람이라면 누구나 알고 있는 개인 인터넷 방송 플랫폼이다. 미국 인터넷 방송 업계 점유율이 50% 가까이 이르는 개인 인터넷 방송 플랫폼 업계의 공룡이라고 할 수 있다. 국내에도 진출한 상태이며 현재 아프리카TV와 더불어 한국 내 인터넷 라이브 방송 플랫폼의 투톱을 이루고 있다.

   2011년 서비스를 시작할 때는 게임 방송에 초점이 맞추어져 있었기에 인터넷 게임 방송 플랫폼이라는 이미지로 알려졌으나, 2015년 이후에는 비디오 게임뿐만 아니라 음식 방송(Social Eating), 창작 방송(Creative, Music, Art 등) 등 다른 분야로 방송 영역을 넓혀가는 중이다. 유튜브의 크리에이터, 아프리카TV의 BJ처럼 트위치TV에서도 스트리머(Streamer, 동영상 파일 등을 실시간으로 재생하는 기법을 의미하는 Streaming과 -er의 합성어)라는 명칭을 인기 인플루언서들에게 붙여주

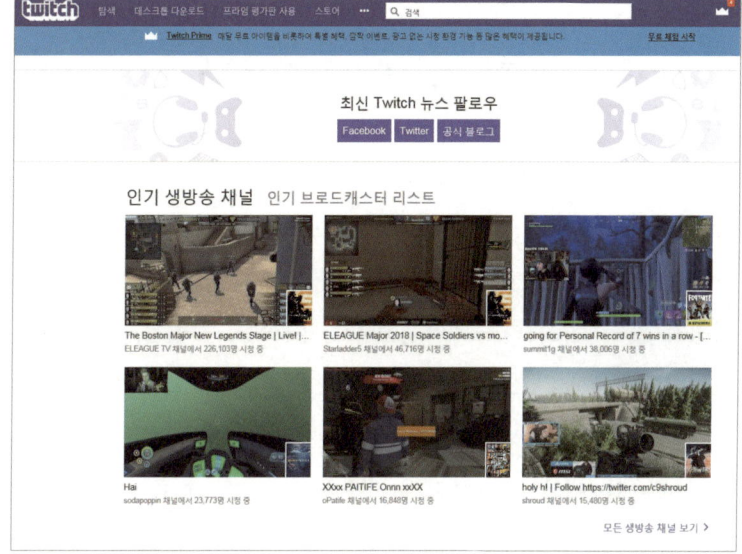

었다.

트위치TV 역시, 그들의 플랫폼에 창의적인 콘텐츠를 만들어내는 소셜 인플루언서들을 모으고 양성하기 위해 유튜브와 아프리카TV처럼 금전적인 보상과 인정 보상 시스템을 만들었다.

예를 들어, 구독(Subscribe)이라는 금전적인 보상 시스템을 통해 스트리머들에게 동기부여를 한다. 유튜브의 구독 시스템이 일종의 팔로우 형태를 띠어 무료로 콘텐츠를 받아보는 행위라면, 트위치TV의 구독 시스템은 시청자가 일정 금액을 정기적으로 스트리머에게 기부하는 방식이다. 2017년까지는 3개월에 약 15달러, 6개월에 30달러 정도의 구독료를 기부하는 옵션 등이 있었다. 한화로는 약 5,500원 정도를 한 달 구독료로 기부할 수 있는데, 트위치에서 이 금액의 50% 가까이 가져가고, 나머지 부분(수수료 포함)을 스트리머가 가져가는 형태로 시스템을 운영하고 있다.

사실 금전적인 지원 부분에서 트위치가 가지는 독특한 장점은 없지만, 시청자들이 인기 있는 스트리머와 깊은 교감을 하고 있다고 느끼도록 해주는 다양한 시스템을 보유했다는 강점이 있다. 트위치TV의 시청자들은 '서드 파티 도네이션'이라는 방식으로 자신이 좋아하는 스트리머에게 실시간으로 시청료 형태의 기부금을 보낼 수 있다. 핵심은, 시청자가 도네이션을 하면서 텍스트 메시지, 영상, 녹음 음성 등을 같이 보낼 수 있다는 것이다. 예를 들어 내가 '강민'이라는 트위치TV 내의 유명 방송인이 방송을 하고 있는 중간에 도네이션을 하면서, 직접 편집하여 나만의 버전으로 만든 '트로피카나' 광고 동영상을 보내면 강민이 진행하는 방송 프로그램을 보고 있는 모든 사람에게 내 동영상을 보여줄 수 있다.

이것이 바로 트위치TV가 가진 독특하면서도 파워풀한 기능이다. 내가 직접 만든 콘텐츠를 내가 좋아하는 인터넷 인플루언서에게 보이고, 심지어 나랑 취향이 비슷한 다른 몇천 명의 사람들에게 실시간으로 보여줄 수 있다는 것은 대단한 일이다. 이런 과정을 통해서, 시청자는 인기 있는 방송인들과 더 긴밀하게 교류하고 있다는 느낌을 받는 것이다. 트로피카나 동영상이 인터넷상에서 하나의 현상으로 등장한 것도 이러한 트위치TV의 독특한 기부 기능 때문이다. 주로 단돈 몇천 원만 기부하면, 내가 좋아하거나 직접 만든 동영상, 녹음 음성 등을 인터넷 셀럽들과 함께 보는 일은 시청자들의 입장에서 굉장히 매력적일 것이다. 실제로 트위치TV 유명 인플루언서들은 그들의 시청자가 도네이션을 통해 보내주는 콘텐츠에 대해 적극적으로 반응을 해준다. 그들 역시 충성 고객을 만들어내기 위해서는 다양한 방식으로 팬과의 교류가 필요한데, 팬이 직접 만든 콘텐츠에 대해 긍정적이고 다이나믹한 리액션을 보여주는 게 가장 쉬우면서도 강력한 효과를 만들어낼 수 있기 때문이다.

한 달이라는 짧은 기간 동안 700만 뷰를 기록한 트로피카나 광고 열풍의 이면에는, 트위치TV가 스트리머에게 기부를 하여 다른 버전의 트로피카나 광고를 경쟁하듯 나오게 만든 인터넷 방송 문화가 있다는 걸 알아야 한다. 인터넷 개인 방송 플랫폼의 시청자들은 그들이 좋아하는 SNS 스타들, 그리고 비슷한 취미를 공유하며 스타의 방송을 보는 이들과 함께 즐길 만한 놀이 대상을 계속 찾고 있다. 약간은 '병맛' 스럽지만 재미있는 트로피카나 광고 영상은 시청자들과 코드가 맞는 놀이 대상이었고, 이것이 곧 2017년 하반기 사람들이 앞다투어 이 광고 동영상 패러디를 올리게 된 것이다. 앞으로, 마케터들은 억지로 보여주는 광고를 극도로 싫어하는 인터넷 유저들에게, 광고 콘텐츠가 하나의 놀거리로 여겨지도록 만들 수는 없는지 고민해봐야 할 것이다.

아프리카TV 또한 트위치처럼, 시청자들과 BJ 간의 더 긴밀한 교감을 위한 시스템을 계속 만들어내고 있다. 예를 들어, 그들의 독특한 보상 시스템인 별풍선을 시청자들이 좋아하는 BJ와 함께 만들 수 있도록 해주었다. 유명 BJ는 한정 수량의 시그니처 별풍선을 그들의 개성

이 담긴 형태로 만들어내고, 팬들도 BJ와 함께 해당 BJ를 나타내는 별 풍선을 만든다. 이 과정에서 팬들은 자연스럽게 그들의 생각이 담긴 한정 수량의 별풍선을 더 구매하고 싶어질 것이고, 시그니처 별풍선을 선물할 때마다, BJ 캐릭터가 담긴 독특한 별풍선을 등장시킬 수 있으므로 해당 BJ와 그들이 더욱 상호 소통하고 있다는 느낌을 받는다.

정리하자면, 디지털 세상의 인플루언서들을 모아 비즈니스 생태계를 구성하는 기업들이 중요하게 생각해야 하는 두 가지는 다음과 같다.

첫째는 플랫폼 안에서 좋은 콘텐츠를 만들어내는 인플루언서들을 계속 양성해내는 것이다. 그러기 위해서는 다른 플랫폼과 차별화되는 금전적인 보상 그리고 인정 보상 시스템을 구축하는 것이 우선시되어야 한다.

둘째는 '어떻게 하면 시청자들이 인플루언서들과 끊임없이 교감하고 있다고 느끼게 할 것인가'다. 플랫폼에서 좋은 콘텐츠를 만들어내는 인플루언서들에게 동기를 부여하는 것만큼 중요한 것이, 플랫폼에 수익을 가져다주는 시청자들을 만족시키는 것이다. 생태계를 구성하는 기업들은 다양한 전략적 장치를 통해, 시청자들이 인플루언서와 깊은 교감을 느끼게 해주어야 한다. 유튜브, 아프리카TV, 트위치TV와 같은 기업들이 인터넷에서 빠르게 성장하고 전통적인 미디어 기업들을 몰락시켜나갈 수 있었던 건, 이 두 가지 전략을 효과적으로 사용하고 있기 때문이다.

username

기업의
인플루언서
활용 백서

#5

1536 likes
username #photo #followme #bestchoice

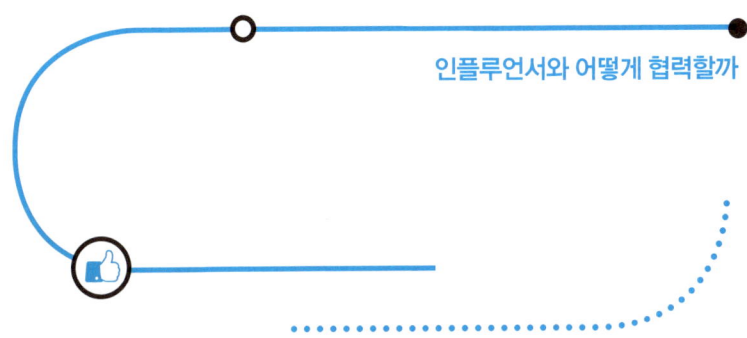

인플루언서와 어떻게 협력할까

기업이 인플루언서와 협력하는 방식은 다양하다. 첫째, 아마존과 같은 소셜 커머스가 하는 것처럼 내부 판매 인력(Inner-Sales Force)으로 인플루언서를 활용하는 것이 한 방법이다. 이 경우 인플루언서를 단기적인 인력으로 활용하기보다 장기적인 협력 플랫폼을 구축해서, 인플루언서를 기업의 제품이나 서비스를 소비자들에게 소개하고 판매해주는 파트너로 삼으려고 노력하는 게 중요하다. 중요한 인플루언서들의 경우, 때로는 기업이 인플루언서들을 브랜딩해주거나 고객들과 긴밀한 관계를 맺을 수 있게 도와야 한다. 동시에 기업 내부에서도 그들이 가진 개성과 창의성이 약해지지 않도록 자율성을 최대한 보장해주어야 한다.

둘째로는 기업이 전하려는 스토리를 소비자에게 전달해주는 커뮤니케이터 역할을 인플루언서들에게 맡기는 것이다. 인플루언서들은

▶ 기업과 인플루언서가 협력할 경우 실행해야 할 방법

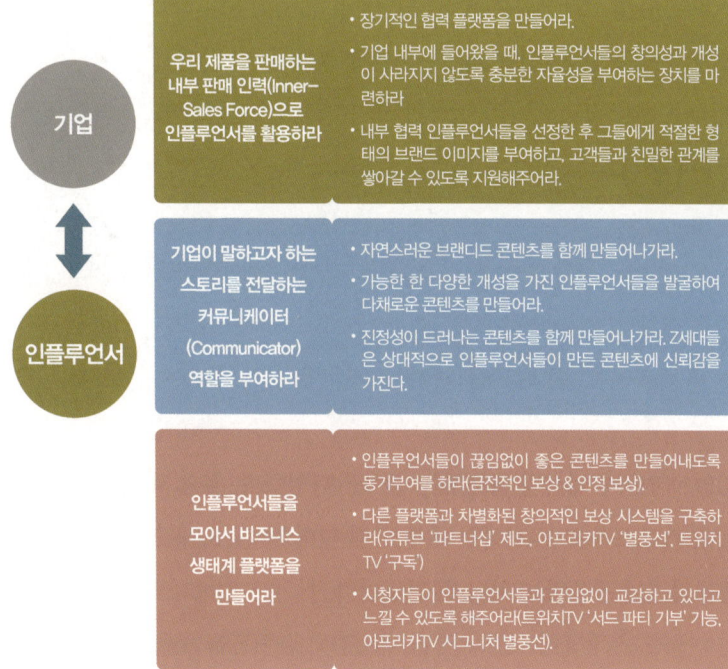

태생부터 소비자 중심의 콘텐츠를 만드는 데 익숙한 사람들이다. 수동적인 시청자들을 가져본 적 없으며, 순수하게 자신들이 좋아하는 소재를 이용해 많은 팬을 확보했다. 그렇기에 누구보다도 자연스럽게 스토리를 전달할 수 있는 능력을 갖추고 있다. 이제는 기업이 광고를 억지로 보여주는 방식으로 소비자들과 커뮤니케이션을 할 수 있는 시대가 아니다. 소비자들은 더 이상 그런 광고를 보지 않는다. 그들에게 가치 있는 콘텐츠 혹은 즐겁거나 감동적인 콘텐츠를 본다. 앞으로 기업들은 수많은 인플루언서와 협력해서, 광고 형태를 벗어나 소비자들에게 가치를 주는 콘텐츠 형태로 브랜드 이야기를 풀어나가야 한다. 그리고 인플루언서들은 그러한 브랜디드 콘텐츠를 만들 핵심 역할을 맡게 될 것이다.

마지막으로, 기업들은 재능 있는 인플루언서들을 모아서 수익을 낼 수 있는 비즈니스 생태계를 만들기 위해 더욱 노력해야 한다. 이 경우에는 재능 있는 인플루언서들이 어떻게 자사가 운영하는 플랫폼에 모여들게 할 수 있는지에 대한 고민이 필요하다. 차별화되는 독특한 보상 체계를 구축해서 인플루언서들이 자연스럽게 모인 뒤, 자발적으로 기업을 위한 콘텐츠를 만들어낼 수 있도록 동기부여를 해주어야 한다. 동시에 비즈니스 생태계 플랫폼에서 수익을 만들어주는 일반 시청자들과 인플루언서들이 깊이 있는 교감을 서로 나눌 수 있는 시스템 역시 구축해야 한다.

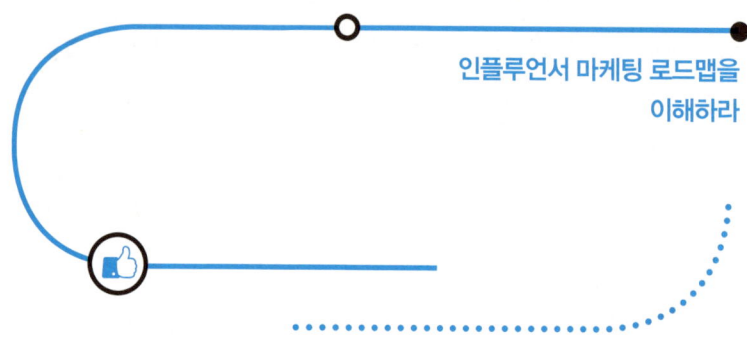

인플루언서 마케팅 로드맵을 이해하라

인플루언서 마케팅은 인플루언서의 영향력을 활용하여 브랜드의 메시지를 콘텐츠로서 고객들에게 전달하는 것을 말한다. 과거의 마케팅은 주로 셀러브리티(셀럽), 연예인들의 방송 속 이미지를 통해 일방향적 메시지를 전달했다. 반면 소셜 미디어의 등장과 함께 부상한 인플루언서 마케팅은 온라인에서의 적극적인 활동을 통해 타인들과 연결되어 있고, 이를 통해 영향을 끼치는 개인(indivisual)들을 통해 진정성(authenticity)과 소통형 메시지를 전달한다.

  기업의 관점에서 인플루언서는 디지털 마케팅 시대에 언제든 협업할 수 있는 용병이자, 변칙 가능한 플레이어면서 세분화된 타겟팅이 가능한 스나이퍼다. 인플루언서 마케팅은 기업 입장에서는 다른 마케팅에 비해 저렴한 가격과 빠른 진행으로 시의성을 가진 마케팅을 하는 것이 가능하다. 이때 인플루언서 마케팅은 브랜드의 입김보다는 인플루언서의 주도적 역할 아래, 브랜드와 소비자 사이의 교감을 목적으로 진행되는 것이 바람직하다. 특히 소비자 스스로가 즐길 만한 충분한 가치를 지닌 콘텐츠로 제작되는 것이 중요한데, 이럴 때 보다 자연스럽게 마케팅 메시지를 노출할 수 있게 된다.

최근 온라인 마케팅에서는 높아지는 사용자들의 광고 피로도와 고도화되는 광고 차단 기술로 제한 사항들이 많이 생기고 있다. 하지만 일상의 재미와 정보의 콘텐츠로서 다가가는 인플루언서 마케팅은 이러한 제한들로부터 자유로울 수 있다. 또한 인플루언서들은 각자 자기들만의 세분화된 팬덤과 신뢰도를 가지고 있기 때문에, 브랜드들은 인플루언서의 네트워크 안에 있는 소비자들과의 관계 구축 및 이들의 구매 결정에 영향을 미칠 수 있다.

이처럼 인플루언서 마케팅은 기존의 다른 미디어에 비해 높은 가성비와 가심비(가격 대비 만족도와 가치)를 가진다. 인플루언서 마케팅 에이전시인 미디어킥스(Mediakix)는 미국 내 인플루언서 마케팅 시장의 규모는 5년 이내에 10조 원에 이를 것으로 전망하고 있으며, 국내에서도 MCN 및 인플루언서 마케팅 회사들의 광고 매출은 매년 2배 가까이 성장해오고 있다. 많은 브랜드들이 빠르게 성장하고 있는 소셜 미디어 시장에서 비즈니스 목표를 달성하기 위한 효과적인 방법과 광고 채널로서 인플루언서들을 찾는 사례는 계속하여 증가하고 있다. 성공적인 인플루언서 마케팅을 진행하기 위한 단계를 소개하고자 한다.

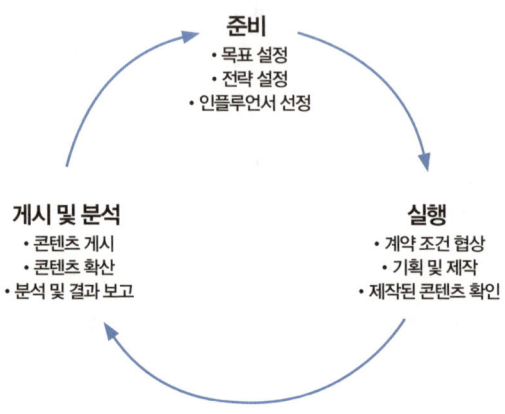

STEP1. 인플루언서 마케팅 준비

1. 목표 설정: 핵심성과지표(KPI), 오디언스 타깃, 예산

 인플루언서 마케팅은 브랜드가 인플루언서와의 콜라보레이션을 통해 어떤 목표를 달성하고 싶은지를 명확히 하는 것에서 출발한다. 인플루언서 마케팅이 기존의 미디어들에 비해 효율과 효과 측면에서 높은 성과를 내고 있음이 여러 사례들을 통해 증명되고 있지만 어느 상황에서도 통하는 솔루션은 절대 아니다. 오히려 철저한 목표 설정과 준비 과정이 없다면 기존에 진행되는 다른 마케팅들에 비해 결코 성공하기 쉽지 않다. 성공적인 인플루언서 마케팅 캠페인을 시작하는 첫걸음은 핵심성과지표(KPI), 오디언스 타깃, 예산을 명확히 하는 것이다.

 먼저 브랜드는, 인플루언서 마케팅을 통해 어떤 핵심성과지표(KPI)를 달성하고자 하는지 명확하게 정의해야 한다. 게임 회사의 경우 서비스 출시 초기 유저들을 상대로 인지도(Awareness)를 높이는 대규모의 바이럴 캠페인이 필요할 수도 있으며, 어느 정도 서비스가 자리 잡힌 이후에는 인지도보다는 실제 앱 설치나 과금을 유도하는 성과형 마케팅이 필요할 수도 있다. 화장품 브랜드의 경우에는 실제 제품을 판매하는 브랜드는 해당 제품에 대한 고객의 신뢰도를 높이고자 리뷰 인플루언서들을 중심으로 제품 체험형 콘텐츠 제작을 진행할 수도 있고, 브랜드의 연령대를 높이거나 낮추기 위해 전혀 다른 크리에이터들과 협업을 할 수도 있다. 이때 명확한 핵심성과지표를 설정해야 하며, 잠재 고객에 대한 도달 범위, 조회수, 참여도, 클릭 수, 공유 수, 실제 판매 증가 등 다양한 지표가 쓰일 수 있다.

또한 마케팅의 오디언스 타깃을 명확히 해야 한다. 연령, 성별, 취향 등도 중요하지만, 그에 못지 않게 이 콘텐츠를 보는 사람이 소비자(consumer)인지 쇼핑객(shopper)인지 확실한 구분이 필요하다. 즉, 시청자들이 실제 구매자(예를 들어 엄마)일지, 구매를 유도하는 사람(예를 들어 아이)일지에 따라 실행 할 수 있는 전략과 선정해야 하는 인플루언서가 달라지기 때문이다. 이를 통해 명확한 타깃을 잡는다면 해당 타깃과 가장 잘 어울리는 인플루언서 채널도 쉽게 찾을 수 있게 된다. 실제로 보는 타겟층이 구매력이 없다면, 앞에서 설정한 핵심성과지표(KPI)가 '시청 후 구매 전환'이 될 수 없다. 특히 마트나 완구 회사의 경우 마케팅의 타겟이 소비자(Consumer)를 대상으로 하는지, 쇼핑객(Shopper)을 대상으로 하는지는 인플루언서 마케팅의 성패를 좌우할 정도로 매우 중요하다.

예산은 크리에이터의 영향력에 비례하여 증가한다. 즉, 높은 영향력을 가진 인플루언서일수록 금액이 높아진다. 최근 인플루언서 마케팅 붐이 일면서 어느 브랜드나 협업을 원하는 최정상급 인플루언서들의 캠페인 진행 비용이 수천만 원 혹은 수억 원에 이를 정도로 높아지고 있다. 하지만 인플루언서에게 지급되는 비용에 크리에이터가 진행하는 기획, 촬영, 제작, 유통 및 홍보가 모두 포함된 가격임을 감안한다면, 각각 개별적으로 금액을 집행해야 하는 올드 미디어 광고에 비해 가격적인 측면에서 효율성이 높다고 볼 수 있다. 특히 광고에 거부감이 심하고 도달하기 어려운 틈새 고객을 타깃으로 하는 브랜드들에게는 비교적 저렴한 예산으로 새로운 시도들을 해볼 수 있다.

2. 전략 설정: 플랫폼 선정 및 캠페인 일정

성공적인 인플루언서 마케팅을 위해 앞에서 설정한 목표(핵심성과지표, 오디언스 타겟, 예산)에 맞는 전략 설정이 중요하다. 이때 중요한 것이 플랫폼 선정 및 캠페인 일정을 구성하는 것이다.

페이스북, 유튜브, 인스타그램, 스노우, 팟캐스트, 블로그 등 플랫폼이 포맷과 연령대에 따라 세분화되면서 각각의 플랫폼마다 오디언스들의 몰입도, 참여도, 실구매로 이어지는 여부가 다르다. 예를 들어 인스타그램, 페이스북에서 핵심 주제는 뷰티·패션, 여행·장소, 웰빙·푸드다. 반면 유튜브는 게임·엔터테인먼트, 뷰티·패션, 패밀리·키즈 콘텐츠가 인기다. 이러한 차이가 나는 것은 플랫폼별 콘텐츠 생산 방식과 그에 따른 시청자의 반응이 해당 주제마다 다르기 때문이다.

이에 따라 타깃 오디언스들이 가장 많이 사용하고 있는 플랫폼을 선정해야 하며, 경우에 따라 한두 개 이상의 여러 플랫폼을 선정하기도 한다. 현재, 인플루언서 마케팅이 가장 활발히 이루어지는 플랫폼은 유튜브와 페이스북 그리고 인스타그램이며 카카오스토리, 트위터 또한 인플루언서 마케팅 플랫폼의 보완재로 사용되고 있다. 각 플랫폼에 대한 소개는 뒤에서 보다 자세히 소개해두었다.

콘텐츠 게시일은 제품 판매 일정 등에 따라 잡되, 인플루언서가 콘텐츠를 기획, 제작, 유통을 하는 일정을 고려하여 너무 촉박하게 잡지 않는 것이 좋다. 마케터는 최고의 효과를 낼 수 있는 시점에 대해 고민하고, 인플루언서에게 무리가 가지 않는 선에서 일정이 진행될 수 있도록 기간을 구성해야 한다. 이때 업로드 일이 평일인지 주말인지, 하루 중 시간이 언제인지, 방학이나 이벤트, 계절 등에 따라 바이럴에 영향력을 받는 경우가 있으니 이 또한 잘 고려하는 것이 중요하다. 더불어 한 캠페인에서 여러 인플루언서를 활용할 경우, 이들 간에 어떠한 순서로 콘텐츠를 공개할 것인지 등 게시 일정 전반에 대해서도 고려를 많이 해야 한다.

브랜드에서 인플루언서 마케팅을 직접 운영하는 것이 인력적으로나 시간적으로 부담스럽다면, 인플루언서 마케팅에 도움을 줄 수 있는 MCN이나 인플루언서 마케팅 대행사 선정을 고려해볼 수 있다. 이들은 인플루언서와 브랜드의 중간점을 찾아 조율해주는 역할을 하고 있으며, 무엇보다 인플루언서를 직접 보유하거나 관계를 가지고 있고 클라이언트로서 자칫 껄끄러울 수 있는 인플루언서와의 커뮤니케이션을 대행해주기 때문에 수월하게 캠페인을 진행할 수 있다.

3. 인플루언서 선정: 인플루언서/콘텐츠/뷰어 성향

인플루언서 마케팅에서 가장 중요하면서 어려운 부분이 바로 브랜드와의 적합도가 높은 인플루언서를 선정하는 것이다. 이 때 브랜드가 선정 기준으로 삼을 수 있는 척도로 '인플루언서 성향', '콘텐츠 성향', '뷰어 성향'이 있다. 이 세 가지를 기준으로 후보군에 있는 인플루언서 중 일치도가 가장 높은 대상자를 선정하면 된다.

첫째 '인플루언서 성향'은 인플루언서 개인이 가진 매력도, 역량, 평판을 말한다. 즉, 인플루언서 개인에 대한 평가라고 할 수 있는데, 같은 분야에서 활동하는 인플루언서들 중에서도 특정 브랜드와 특히 잘 맞는 역량을 가진 인플루언서가 존재하기 마련이다. 아무리 구독자가 높은 인플루언서라도 브랜드가 추구하는 이미지 혹은 방향성과 동떨어진 인물이라면 피하는 것이 좋다. 이를 확인하기 위해서는 기존에 업로드된 콘텐츠 속 인플루언서의 모습과 시청자들의 댓글을 세심히 모니터링을 해야 한다. 최근에는 위키피디아 혹은 커뮤니티에서도 인플루언서의 히스토리를 정리해놓은 자료들이 있으니 참고해보면 좋다.

둘째, '콘텐츠 성향'은 인플루언서가 만든 콘텐츠의 톤 앤 매너(편집력), 창의성(기획력), 실제 행동 유발 유무 등을 말한다. 앞에서 언급한 인플루언서의 성향 외에 콘텐츠 성향을 살펴야 하는 이유는, 아무리 인플루언서의 성향이 브랜드와 맞더라도 이들이 만들어낸 콘텐츠가 해당 브랜드가 원하는 퀄리티나 소재를 소화하기 어려운 경우가 발생활 수 있기 때문이다. 그렇기 때문에 제작 능력 혹은 기획력 등 콘텐츠적인 요소들을 함께 살펴야 한다. 특히 콘텐츠 안에 브랜드를 얼마만큼 자연스럽게 녹이고 이를 구매로 유도할 수 있는지는 유심히 살펴보아야 할 콘텐츠적인 요소다. 더불어 같은 인플루언서가 만든 콘텐츠라도 콘텐츠마다 시청층이 다를 수 있다. 예를 들어 '마이린TV'에서 평소 올리는 콘텐츠는 주로 초등학생들이 시청하지만 '스타필드' 혹은 '편의점 라면'과 같은 소재의 영상들은 실제 설문조사 시 성인들이 가장 높은 시청층을 가지고 있음을 확인할 수 있었다. 또한 콘텐츠의 성향에 따라 여성과 남성의 시청 비율이 다른 경우들도 쉽게 확인할 수 있다. 인플루언서들이 최근에 집행한 마케팅 사례를 보면서 이들의 콘텐츠가 성공적이었는지, 브랜드 메시지를 잘 녹여냈는지를 보고 사전에 어느 정도 검수하는 것이 리스크를 줄일 수 있는 방법이다.

셋째, 이들이 보유한 '뷰어 성향'이다. 인플루언서마다 '화장품'이라는 같은 카테고리를 다루더라도, 그들이 보유하고 있는 뷰어의 성향은 각기 다를 수 있다. 뷰어들의 성별, 나이, 취향 등은 물론이고 해당 인플루언서에게 얼마만큼의 충성도를 가지고 있는지를 확인해보는 것이 중요하다. 팬들의 인플루언서에 대한 직접적인 충성도는 오프라인 행사장에서 확인할 수 있으니, 해당 인플루언서의 오프라인 행사 경험 유무 및 관련 자료를 찾아보는 것도 팬층의 충성도를 확인할 수 있는 방법이다. 일반적으로는 인플루언서의 구독자만 보는 브랜드들도 있으나, 중요한 것은 팬들에게 실제 어떠한 영향력으로 어떤 액션을 이끌어낼 수 있는지 영향력을 분석하는 일이 중요하다.

더불어 마케팅 캠페인 진행 시 예산상 대형 인플루언서 한두 명에 집중하는 것이 좋은지, 아니면 중소형 인플루언서 여러 명과 캠페인을 진행하는 것이 좋은지 마케터들은 고민을 하게 된다. 이때 대형 인플루언서 한 명에 집중할 경우 강력한 브랜딩 효과를 기대할 수 있으며, 중소 인플루언서 여러 명에 예산을 분배하여 진행 시 보다 높은 커버리지와 조회수 효율성을 기대할 수 있다.

이와 같은 과정을 거쳐 인플루언서 마케팅의 목표 및 전략을 설정한 후 인플루언서 선정 작업을 마쳤다면 이제는 인플루언서들과 협업하여 마케팅을 직접 실행하는 단계로 넘어가게 된다.

STEP2. 인플루언서 마케팅 실행
1. 계약 조건 협상: 세부 사항 및 비용

현장에서 매번 느끼는 일이지만, 인플루언서들과 협업하는 것은 유명 스타들을 광고 모델로 촬영하는 것보다 어렵다. 인플루언서 마케팅은 변수가 많이 생긴다. 인플루언서가 어느 순간 잠적을 해버릴 수도 있으며, 갑자기 어떤 이유로 인플루언서가 하루아침에 팬들의 마음을 잃을 수도 있다. 이러한 이유로 초반에 계약서를 통해 구체적인 일정, 라이선스 범위, 금액, 책임 소재 등을 명확히 명시해야 이후에 발생할 수 있는 잡음을 줄일 수 있다.

계약 단계 중 중요한 부분 중 하나가 바로 계약금이다. 인플루언서 마케팅의 핵심은 높은 '가성비'인데 이를 위해 마케터들이 인플루언서의 영향력을 극대화한 높은 효율에 집중하기보다는 캠페인 집행

예산을 낮추는 데 집착하는 경우들도 종종 있다. 이는 자칫 캠페인 자체를 결렬시키거나 인플루언서의 의지를 꺾을 수 있기 때문에 조심히 진행해야 한다. 이때 해당 인플루언서의 금액 제안서에 나와 있는 혹은 이전에 집행하였던 금액들의 사례들을 참고로 캠페인이 진행 가능한 선을 파악하여 제안을 하는 것이 좋다.

크리에이터가 기획, 편집, 유통까지 모든 것을 하는 것에 대한 정당한 비용을 지불하는 것이 맞으며, 기획+제작+플랫폼이 합쳐진 금액이라 결코 비싼 게 아니다. 매장 혹은 TV CF에서의 라이선스 활용 가능 여부, 모델로 사용 가능 여부, 오프라인 행사 진행 가능 여부 등에 따라 같은 인플루언서라도 금액이 유동적으로 변한다. 혹은 금액이 다소 부족하더라도, 인플루언서에게 추가적으로 다른 가치들(해외 촬영, 촬영팀 제공 등)을 제공할 수 있다면 보다 폭넓게 가격을 조정해볼 수 있다.

최근에 인플루언서 마케팅 진행 시에 브랜드 대부분은 MCN이나 대행사를 끼고 한다. 이에 마케터들은 MCN이나 대행사 등 매개자로 인해 인플루언서 마케팅 가격이 올라가는 것에 대해 걱정하는 소리를 현장에서 자주 들을 수 있었다. 하지만 MCN이나 인플루언서 전문 대행사는 인플루언서와 브랜드 중간에서 조율을 통해 캠페인 퍼포먼스가 더 높이기 때문에 효율성 측면에서는 더 유리할 수 있다.

2. 기획 및 제작: 자유롭고 창의적인 캠페인 조성

인플루어서 마케팅은 인플루언서와 브랜드의 콜라보레이션이다. 광고주가 에이전시 대하듯 갑을 관계에서 진행하는 광고 만들기가 아니다. 즉, 어느 한쪽이 아닌 같이 만드는 거라 볼 수 있다. 크리에이터가 제작에 필요한 사항이 있다면 마케터는 최선을 다해 도와주는 것이 좋다. 이를 통해 제품을 영상 안에 어떻게 자연스럽게 녹일 수 있을지 함께 고민하는 데 집중해야 한다.

이때 가장 중요한 것은, 브랜드는 인플루언서에게 최소한의 키 메시지, 브랜드 가이드만 전달해야 인플루언서 마케팅의 퍼포먼스를 높일 수 있다는 것이다. 인플루언서에게 평소처럼 콘텐츠를 만들어낼 수 있는 자율성을 제공해야 스토리에 브랜드를 자유롭게 녹여내이 진전성(authenticity) 있는 콘텐츠가 나올 수 있다. 즉, 브랜드는 개입보다는 크리에이터의 창의성을 존중하고 과도하게 메시지를 녹이겠다는 욕심을 줄이며 크리에이터에게 기획 권한을 많이 주는게 중요하다.

가능한 한 인플루언서의 역량을 존중하고 그들의 이야기에 귀를 기울일 때 좋은 사례들이 나온다. 그렇지 않다면 굳이 인플루언서 마케팅을 할 필요가 없다. 더불어 브랜드는 캠페인 중 인플루언서와의 지속적인 커뮤니케이션을 통해 미처 파악하지 못했던 트렌드를 읽어내고 이를 바탕으로 새로운 기획이 나올 수 있도록 조력하는 것이 중요하다.

3. 제작된 콘텐츠 확인: 검수 및 수정 요청

앞의 과정을 거쳐 인플루언서는 포스팅할 콘텐츠를 제작하고, 브랜드에게 가편을 전달하여 수정할 부분이 있는지 확인받는다. 브랜드는 인플루언서가 만든 콘텐츠에 브랜드의 메시지가 진정성 있게 녹아들었는지, 제품의 USP가 명확하게 설명되었는지, 향후 리스크가 될 부분이 있는지를 확인한다.

일반적으로는 인플루언서의 콘텐츠에서는 인플루언서의 색채가 묻어난다. 이러한 색채는 최대한 존중하고 보장해주는 것이 중요하다. 기존과 지나치게 동떨어진 색체의 콘텐츠는 시청자들의 반발을 살 수도 있기 때문이다. 또한 브랜드는 사전에 요청한 가이드 선에서 수정을 요청할 수 있으나, 무리한 수정 요구를 하지 않는 것이 중요하다. 브랜드의 콘텐츠 검수가 끝났다면 이제는 해당 콘텐츠를 게시하고 분석하는 일이 남았다.

STEP3. 인플루언서 마케팅 게시 및 분석

1. 콘텐츠 게시: 업로드 및 모니터링

브랜드의 캠페인 검토가 완료 된 후 게시가 승인되면 인플루언서는 자신의 미디어 채널에 콘텐츠를 게시하게 된다. 콘텐츠 게시 기간은 계약서에 기입을 하는데 보통 3개월에서 6개월 정도 게시를 보장하는 것으로 한다. 일반적으로 게시 기간이 지나도 인플루언서들은 콘텐츠를 유지하기 때문에, 사실상 채널을 닫지 않는 이상 영구적으로 콘텐츠가 업로드된다고 보면 된다.

캠페인이 게시된 후에 마케팅 담당자는 지속적으로 진행 사항을 모니터링하고 시청자들의 반응을 체크하는 것이 중요하다. 보통 72시간 이내에 해당 콘텐츠의 조회 수의 대부분이 발생한다고 보면 된다. 또한 댓글 중 악플은 실시간으로 적절한 댓글로 처리하거나 심한 경우 필터링으로 걸러내어 콘텐츠에 터무니없는 반응들이 바이럴이 되지 않도록 하는 것이 중요하다.

간혹 브랜드의 론칭 일정이 변경되거나 론칭이 취소되어 게시 직전 갑작스레 업로드를 중단하는 경우도 생긴다. 이럴 때 인플루언서는 콘텐츠의 기획 및 제작 비용에 대해 브랜드 측에 요청할 수 있다. 반대로, 인플루언서의 영상 게시가 어려울 정도로 제작 완성도가 떨어지는 경우들이 있는데, 이럴 때는 브랜드 측에서 인플루언서와 협의를 거쳐 적절한 수준에서 보상을 한 후 캠페인을 종료시킬 수 있다. 관련된 사항들도 계약 조항에 기입하는 것이 좋다.

2. 콘텐츠 확산: 최적화 및 증폭

콘텐츠가 게시된 이후에도 해당 콘텐츠에 대해 지속적으로 최적화 및 증폭될 수 있도록 하는 작업들을 통해 콘텐츠의 생명력을 최대한 오래 유지시키는 것이 중요하다.

먼저 업로드된 이후에도 주기적으로 콘텐츠 제목, 설명, 메타 태그들을 현재 유행하는 시류에 맞게 변경하여, 사람들의 관심을 지속적으로 끌 수 있도록 할 수 있다. 이와 관련된 실행 방안은 다음 장에 자세히 기술되어 있다. 또한 브랜드가 가지고 있는 소셜 미디어를 활용하여 해당 콘텐츠를 추가로 홍보하는 방법 혹은 인플루언서가 가지고 있는 다른 소셜 채널들을 통해 추가적으로 바이럴을 하는 것이 중요하다. 해당 콘텐츠에 한시적 이벤트 경품을 걸어 사람들의 참여를 높일 수도 있다. 경우에 따라, 해당 콘텐츠의 확산을 돕기 위해 유료 광고를 집행하여, 새로운 시청자들에게 콘텐츠를 노출시키기도 한다.

3. 분석 및 결과 보고: 결과 측정 주요 매트릭스

인플루언서 마케팅 캠페인의 진행 과정에서 마케터는, 조회 수, 도달 범위, 노출 수, 참여도, 공유 등 캠페인을 운영하며 측정이 가능한 모든 지표들을 수집한다. 이런 데이터들은 이전의 다른 유사한 캠페인들과 비교하여 객관적인 분석을 하도록 한다. 데이터 분석을 통해 다음 캠페인 진행 시 과거 사례를 바탕으로 더 높은 최적화를 할 수 있도록 하는 것이 중요하다.

켈로그 경영대학원 석좌 교수인 필립 코틀러는 그의 저서 《마켓 4.0》에서 '고객의 연결성'에 주목하라고 했다. 그가 말하는 Industry 4.0에서는 시장의 권력이 젊은이, 여성, 네티즌을 중심으로 이동함에 따라 마케팅의 초점이 시장이 아닌 고객에 있다고 하였다. 이에 브랜드는 인플루언서 마케팅을 통해 수집된 정보를 바탕으로 고객들에 대한 보다 철저한 분석이 중요하며, 그 결과로서 해당 캠페인이 구독자와의 '화학적 반응'을 일으켰는지에 대한 지표, 실제 전환율 등을 측정해야 한다. 이를 통해 브랜드는 단순 노출 확보가 아닌, 설득을 통해 얻고자 하는 소비자의 전환을 이뤄내야 한다.

수많은 인플루언서가 생겨났고, 그들은 각자의 개성으로 똘똘 뭉쳐져 있어 특정 카테고리로 묶어두기 힘든 존재들이다. 하지만 개별 인플루언서들을 각각 다른 카테고리에 넣는 것은 전략적으로도 무의미한 일이다. 기업은 장기적인 인플루언서 마케팅 전략 수립을 위해서라도, 카테고리 규정에 따라 인플루언서들을 분류해둘 필요가 있다. 여기에 정답은 존재하지 않는다. 기업은 각자 판매하는 제품이나 서비스 기준에 따라 의미 있는 카테고리를 설정하면 된다. 일반적으로 많이 사용되는 카테고리로 핵심 세분화 기준을 소개한다.

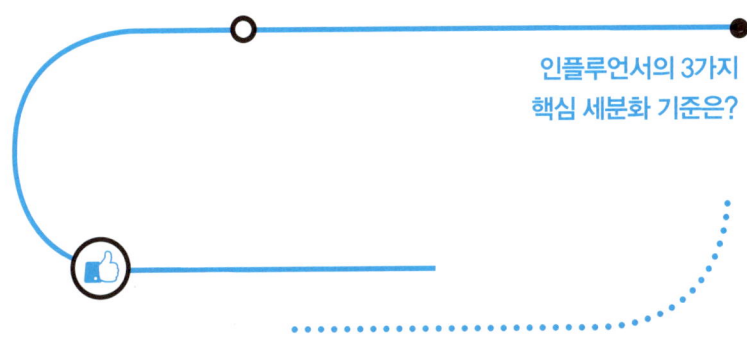

인플루언서 마케팅을 전문적으로 시행하는 에이전시가 인플루언서 세분화의 핵심 기준으로 사용하는 것이 바로 '도달률(Reach)', '상호작용(Reaction)', '관련도(Relevance)'다. 도달률은 해당 인플루언서와 협력했을 때, 우리가 만든 콘텐츠가 얼마나 많은 청중에게 도달할 수 있는가의 정도다. 인플루언서가 운영하는 개인 계정의 데일리 방문자가 몇인지, 팔로어 숫자가 얼마나 되는지, 구독자 숫자가 얼마나 되는지에 의해 평가된다. 기업의 마케팅 목표가 '다수를 타깃으로 한 콘텐츠 노출'이라면, 도달률이 높은 인플루언서들과 협력하는 것이 좋다.

상호 작용(Reactance)은 기업이 인플루언서들과 함께 만든 콘텐츠가 얼마나 높은 수준의 참여(Engagement)를 이끌어낼 수 있는지에 대한 정도를 나타낸다. 콘텐츠의 리트윗, 링크백, 댓글, 공유 정도가 높은지에 의해 평가된다. 도달률이 높은 인플루언서라고 해서 반드시 상호

▶ 인플루언서 핵심 세분화 기준

REACH

청중의 수
(방문자, 팔로어, 구독자 등):
인플루언서가 콘텐츠를 게재했을 때
해당 콘텐츠에 노출(도달)되는 사람들의
범위를 의미

REACTION

상호 작용 정도
(리트윗, 링크백, 댓글, 공유, 좋아요 등):
인플루언서가 콘텐츠를 게재했을 때 해당
콘텐츠가 얼마나 높은 수준의 참여를
이끌어낼 수 있는지에 대한
상호 작용의 정도를 의미

RELEVANCE

게재된 콘텐츠와 인플루언서의
관련도 정도:
인플루언서가 해당 콘텐츠에 대해 얼마나
전문적인 지식이 있는지, 그리고 주제와
얼마나 관련이 있는지를 의미

작용 정도도 높다고 할 수는 없다. 그 이유는, 다수가 아닌 소수의 충성도 높은 팬들을 보유한 인플루언서들과 협력했을 때 상대적으로 상호 작용이 높게 나올 수 있기 때문이다. 다수를 대상으로 폭넓은 콘텐츠를 만드는 인플루언서들의 경우 도달률은 높을 수 있으나, 특정 취향의 팬들만을 대상으로 콘텐츠를 오랫동안 만들어오지 않았기에 해당 인플루언서를 추종하는 팬들과 상호 작용 정도가 약할 수 있다.

 마지막으로 중요한 속성은 관련도(Relevance)다. 인플루언서가 해당 콘텐츠에 대해 얼마나 깊이 있고 전문적인 지식이 있는지, 그리고 핵심 가치와 관련도가 깊다고 여겨질 수 있는지 그 정도를 나타낸다. 기업은 이러한 3가지 핵심 기준으로 각 인플루언서의 장단점을 파악하고, 그때그때 자신들이 설정한 목표에 적합한 궁합이 잘 맞는 인플루언서들을 선택해야 한다. 이들은 뷰티, 패션, 운동 등 특정 관심사를 기반으로 소셜 미디어를 운영하며 '관심사' 기반의 팔로어를 보유하고 있다. 이러한 인플루언서와 관계를 맺고, 새로운 소비자를 발굴하는 과정은 스타트업뿐만 아니라 모든 기업에서 중요한 일이 되고 있다.

그렇다면 3가지 핵심 세분화 기준으로 나누어지는 인플루언서들의 카테고리에는 어떠한 것들이 있는지 보겠다.

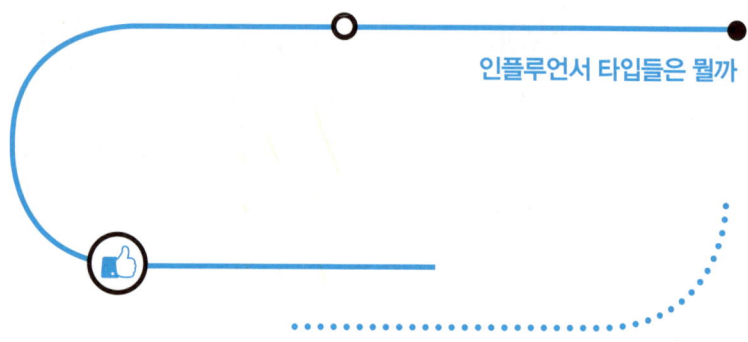

인플루언서 타입들은 뭘까

앞서 나온 핵심적인 세부 기준에 따라 디지털 인플루언서들을 다양한 타입으로 정리할 수 있다. 모든 인플루언서가 반드시 특정 타입에 정확히 속하는 것은 아니지만, 기업은 그들의 마케팅 목표와 궁합이 맞는 사람을 선택할 때 목표 달성을 해낼 타입을 설정하고, 그 안에서 다양한 인플루언서를 찾아내야 한다.

일반적으로 유명 인사(The Celebrity) 타입 타입에 속하는 인플루언서들은 대중이 긍정적인 이미지를 가진 유명 인사인 경우가 많다. 대중적인 인기가 워낙 높기 때문에, 이들과 협력할 경우 단시간에 콘텐츠에 대한 노출도를 높일 수 있다. 또한 인지도를 바탕으로 기업의 제품과 서비스를 대중에게 널리 알리고 긍정적인 인식 변화도 빠르게 일으킨다는 장점이 있다. 해당 인플루언서들과 관계를 맺는 방법은 주로 공식적인 후원이나 스폰서십 계약을 통해서 이루어진다. 도달률 측면

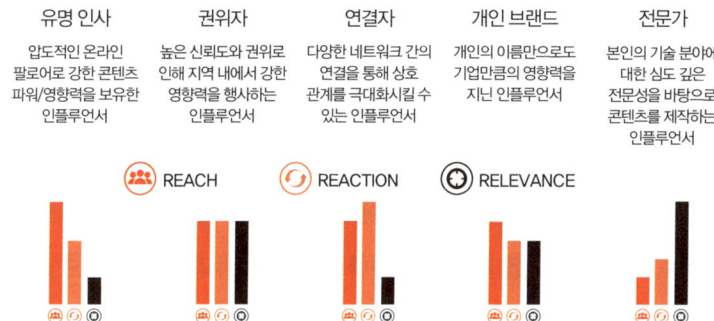

▶3가지 핵심 기준으로 분류한 인플루언서 타입

에서 가장 높은 효과를 거둘 수 있으니, 상호 작용이나 관련도 측면에서는 효과가 생각보다 높지 않을 수 있다. 많은 사람과 소통하는 만큼 개별 팬들과의 상호 작용은 작고, 이들의 인기는 보통 전문적인 지식에 기반을 두고 있지 않기 때문에 높은 관련도가 생기지 않는다.

SNL, 비정상회담 등에 출연한 개그맨 유세윤과 구독자 100만 이상을 보유한 유튜브 크리에이터 공대생 변승주가 초등학교에서 인지도 대결을 한 영상(https://goo.gl/wTvAXr)이 화제를 모은 적이 있다. 놀랍게도 초등학생들 사이에서는 유튜브에서 친숙하게 볼 수 있는 공대생 변승주가 압도적으로 인지도가 높음을 확인할 수 있었다.

이와는 반대로 셀럽이 온라인과 만나 시너지가 나는 경우들도 생기고 있다. 2018년 초를 달구고 있는 개그맨 출신 송은이는 김숙과 함께 진행하던 팟캐스트 '비밀보장'을 통해 제2의 전성기를 달리고 있다. 특히 비밀보장의 한 코너였던 '김생민의 영수증'을 공중파에 론칭하여 기획력을 인정받고, 급기야 '비보티비'라는 제작사를 설립해 듀엣 '더 블브이,' 그룹 '셀럽파이브' 등을 성공시키며 새로운 전성기를 맞이하고 있다.

특정 분야에서 사회적으로 높은 위치에 올라간 인플루언서들이 권위자(The Authority) 타입에 속한다. 명망 있는 동시에 대중의 높은 신뢰도를 받는 사람이 많다. 해당 인플루언서들과 협업할 경우, 기업의 콘텐츠도 신뢰를 얻을 가능성이 높다. 권위자들과의 협업은 돈으로 살 수 없다. 사회 공헌 활동과 같은 공익적인 가치가 드러나는 콘텐츠의 경우 이들을 활용해보는 것이 필요하다.

대표적인 케이스가 백혈병을 앓아온 소년 마일즈 스콧(Miles Scott)을 위해 '메이크어위시(Make a Wish)'라는 단체에서 벌였던 공익 캠페인이다. 2013년, 스콧의 꿈은 '배트키드(Batkid)'가 되어서 배트맨을 도와서 악당을 무찌르는 것이었다. 단체로부터 스콧의 이야기를 전해 들은 미국 샌프란시스코 시는 아이의 꿈을 이뤄주기 위해 하루 동안 '고담시'가 되었다. 당시 대통령이던 버락 오바마가 SNS 플랫폼인 바인(Vine)을 통해 "앞으로도 고담시를 구해줘"라는 응원 메시지를 보내면서 캠페인과 관련된 콘덴츠가 급속도로 퍼져나갈 수 있었다.

비슷한 사례로, 루게릭병 환자들을 돕기 위해 실시된 아이스 버킷 챌린지 역시 마이크로소프트의 빌 게이츠처럼 사회적으로 권위 있는 인플루언서들이 자발적으로 참여하여 널리 퍼질 수 있었다. 이처럼 기업이 공익적인 성격의 SNS 캠페인을 벌일 경우, 권위자들을 직·간접적으로 활용하는 전략을 생각해볼 필요가 있다.

다양한 분야에 걸쳐 대화를 흥미롭게 이끌어나갈 수 있는 인플루언서들이 연결자(The Connector) 타입에 속한다. 보편적인 지식을 지니고 있어서 여러 가지 이슈 및 주제와 관련된 대화를 주도적으로 흥미롭게 이끌어갈 수 있다. 이들은 주로 특정 분야에 대해 그들의 목소리를 열심히 내는 편이기에 이들과 협업할 시 상호 작용 측면에서 큰 효과를 낼 수 있다. 이들은 평소에 다양한 이슈들에 대해 그들의 목소리를 열심히 내고, 그들과 대화하는 팬들과도 평소 소통이 많은 편이다. 따라서 이들이 특정 콘텐츠에 대해 이야기할 때, 상대적으로 다양한 형태의 참여(Engagement)가 만들어질 가능성이 높다.

우리가 알고 있는 대도서관, 퓨디파이와 같은 인플루언서들이 개인 브랜드(The Personal Brand) 타입에 속한다. 해당 인플루언서들의 이름 자체가 브랜드인, 한마디로 이름만 들어도 어떤 콘텐츠에 강점이 있는지 알 수 있는 인플루언서들이다. 본인의 독특한 콘텐츠로 인기를 쌓아올렸기에, 충성도 높은 팬들을 많이 확보하고 있다. 기업은 여러 가지 콜라보레이션을 통해 개인 브랜드 인플루언서들에게 충성하는 고객들을 기업 고객으로 유입시킬 기회를 만들 수 있다.

대표적인 개인 브랜드 타입으로 대한민국 어린이라면 모두가 알고 있는 헤이지니를 꼽을 수 있다. 1대 캐리언니로도 활동했던 그녀는 독립하여 본인의 본명인 '강혜진'에서 따온 헤이지니로 활동 중이다. 본인의 강력한 브랜드로 그녀는 새로운 채널을 시작한 지 반년 만에 구독자 60만을 넘었고, 강원도와 같은 지역에서 팬미팅 행사를 진행할 때도 2,000명이 넘는 사람들이 방문할 정도로 높은 브랜드 충성도를 가지고 있다. 이러한 영향력을 바탕으로 2018년부터는 라이선싱 및 뮤지컬 사업을 전개 중이다. 최근에는 대만 및 홍콩에서도 헤이지니에 대한 인지도가 높아지면서 해외 진출을 시도하고 있다.

전문가(The Expert) 타입의 인플루언서들은 본인의 전문 분야에서 오랜 기간 지식을 습득한 경우가 많다. 기업이 특정 분야의 수준 높은 콘텐츠를 만들어내려고 한다면, 협업해야 할 대상은 이들 집단일 것이다. 기업의 자사 제품과 브랜드에 어느 정도 관심을 보이는 소비자들이 확보된 상황인 경우, 이들 전문가 집단과의 협력을 통해 보다 깊이 있는 지식을 전달하는 콘텐츠를 만들어내는 것도 좋다. 관련도 측면에서 가장 큰 효과를 보여줄 수 있다. 최근 들어 많은 식음료 기업들이 유명 셰프들과 다양한 협력을 시도해 콘텐츠를 탄생시킨 것이 대표적인 예다.

이러한 전문가 타입이 반드시 TV 속에 나오는 전문가 집단이 아니어도 된다. 영화평론가 못지않게 영화에 대한 전문적인 지식을 시청자의 눈높이에 맞추어 영상으로 이야기하는 '발없는새', '드림텔러' 등이나 어느 전문 셰프 못지않게 요리 레시피를 알려주는 '망치', '소프' 등이 있다.

이외에도 다른 형태의 인플루언서 타입들이 있다. 전통적인 미디어와 달리 SNS에는 기업들이 다 파악할 수 없을 정도의 수많은 인플루언서가 존재한다. 큰 인기 덕분에 어디선가 이름을 들어본, 개인 브랜드 타입의 인플루언서들과 협력하는 것은 인플루언서 마케팅 중 빙산의 일각을 활용하는 것과 같다. 기업 카테고리에 기반을 두어 좀 더 다양한 타입의 인플루언서들을 사전에 파악하고, 각 마케팅 집행 사항에 맞게 인플루언서들을 활용하는 장기적인 전략을 가지고 있어야 한다.

　인플루언서에 대한 연구 없이 단순하게 진행한다면, 예산 낭비가 될 수 있다. 예를 들어 삼성전자는 유튜브의 유명 크리에이터인 홍해라홍픽처스와 함께 자사의 스마트 에어컨 Q9000 제품의 온라인 광고 캠페인을 만들어 유튜브에 올렸다. 이런 형태의 협력은 처음부터 '효과를 거둘 수 있을까?' 하는 의문이 생기는 협업이다. 실제 에어컨 구매를 결정하는 사람은 집안의 어른일 가능성이 높기 때문이다. 그리고 이 '어른들'은 젊은 세대에게 인기 있는 유명 크리에이터의 콘텐츠에 영향을 받아 구매 의사 결정을 할 가능성이 지극히 낮은 집단이다. 동일한 사례로, 재규어가 2015년 인기 유튜브 크리에이터인 '대도서관'과 함께 그들의 자동차 모델 XE를 홍보하는 광고 영상을 만든 것도 구매층의 나이를 고려해봤을 때 높은 효과를 기대하기 힘든 협업이라고 할 수 있다.

　유명한 개인 브랜드 타입의 유튜브 크리에이터일지라도 대부분 팬의 연령이 10~20대에 몰려 있다. 그래서 인플루언서들의 타입들을 고려하여 협업 대상을 선정하는 것이 아주 중요하다. 재규어 같은 경우, 대중적인 인기는 부족하지만 자동차 동호회에서 잘 알려져 있거나 오랜 기간 다양한 인터넷 활동으로 전문성을 갖춘 사람으로 평가되는 인플루언서와의 협업이 오히려 더 효과가 높을 수 있다. 삼성전자의 에어컨 역시, 주부들이나 살림 카테고리에서 유명한 인플루언서와의 협업이 더 큰 효과적이었을지도 모른다.

이처럼 전통적인 미디어 스타와 다르게 인플루언서들과의 협업은 타깃과 품목에 대한 제한이 많을 수 있다. 방송인 유재석이 홍보할 수 있는 연령층과 제품의 분야는 상대적으로 덜 제한적이지만, 대도서관과 같은 스타급 인플루언서들은 30대 후반의 소비자들에게는 영향력이 매우 낮아질 수 있다.

기업이 인플루언서들과 협력할 때 마지막으로 명심해야 하는 것은, 인플루언서들이 창의적인 콘텐츠를 자유롭게 만들 수 있는 환경을 제공해줘야 한다는 점이다. 물질적으로 도우라는 말이 아니다. 기업은 마지막 단계에서 '왜 기존 유명인이 아닌 SNS에서 인기 있는 인플루언서와 협업을 하려는가?'에 대해 다시 한 번 생각해봐야 한다. 기업이 인플루언서와의 협업을 선택한 중요한 이유는, 전통적인 미디어 스타들이 보여줄 수 없는 개성, 친밀감, 팬들에 대한 높은 공감 능력 등이 있기 때문이다. 따라서 기업은 콘텐츠를 만들 때 가능한 한 그들이 목소리를 내온 방식을 존중해주어야 한다. 가이드라인을 두고 지나치게 강요할 경우, 해당 인플루언서의 장점이 퇴색될 수 있다. 평소 팬들과 주고받던 톤 앤 매너가 달라지지 않도록, 기업의 광고 콘텐츠가 작위적이거나 일방적으로 전달되지 않도록 노력해야 한다. 기업이 그렇게 좀 더 자유롭고 창의적인 콘텐츠 제작 분위기를 만들어줄 때 인플루언서가 가진 진짜 장점이 살아날 수 있다.

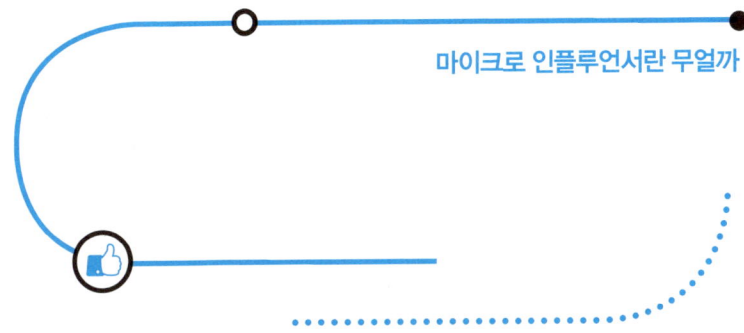

마이크로 인플루언서란 무얼까

'프로슈머'를 넘어 '큐레이슈머'로!

수천 명의 팔로어를 보유한 '마이크로 인플루언서'가 수백만 명의 팔로어를 가진 '메가 인플루언서'보다 더 큰 영향력을 발휘할 수 있다. 팔로어들과 확실한 '연결성'을 지니고 있는 경우가 그렇다.

'마이크로 인플루언서'라 불리는 이들은 자신을 따르는 팔로어들과 높은 친밀감을 유지하고 있다.

삼성 패션 연구소는 2017년 말미에 10대 이슈를 선정했는데, 그중 하나가 마이크로 인플루언서다. 개별 소비자 취향이 세분화되면서 명확한 타깃을 만족시킨 인플루언서들이 10~20대 소비자들의 큰 호응을 얻었다는 것이다. 또한 서울대 소비트렌드분석센터가 출간한 《트렌드 코리아 2018》에서도 인터넷상의 마이크로 인플루언서들이 대형 스타보다 인기를 더 끄는 현상이 속출할 것이라고 평가했다.

바로 이것이 인플루언서와 셀럽과의 차이점이다. 셀럽은 불특정 다수를 팬덤으로 보유하고 있는 반면, 인플루언서는 세분화된 공통 관심사를 기반으로 구독자를 보유하고 있다. 특히 인플루언서 마케팅은 매스 타깃(Mass Target, 상대적으로 광범위한 타깃)보다는, 그 숫자가 적더라도 명확한 '소수의 타깃'을 만족시키는 것이 중요하다.

광고 업계에서는 통상 인플루언서의 팔로어 수를 기준으로 하여 메가 인플루언서, 매크로 인플루언서, 마이크로 인플루언서, 나노 인플루언서를 구분한다. 셀럽, 유명 인플루언서 등이 포함된 메가 인플루

▶영향력을 기준으로 구분한 인플루언서

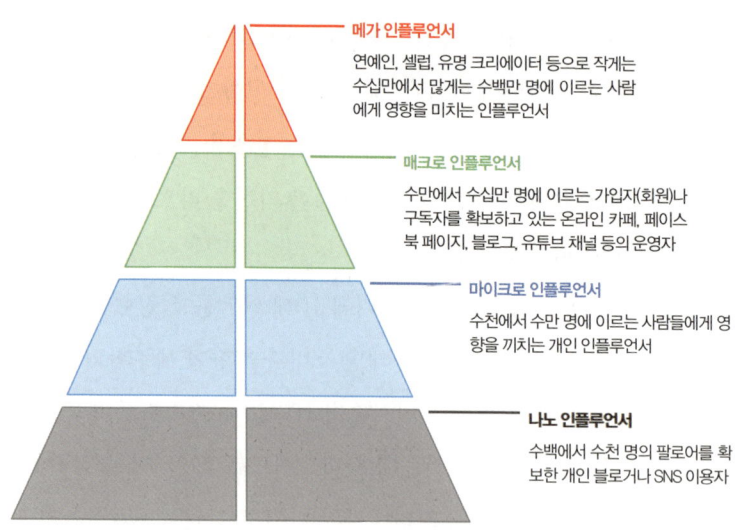

인용 자료: 소셜 인플루언서를 활용한 미국 시장 진출 전략(KOTRA, 2017년 9월)

언서는 수십만에서 수백만 명의 사람에게 영향을 미친다. 매크로 인플루언서는 수만에서 수십만 명, 마이크로 인플루언서는 수천에서 수만 명, 나노 인플루언서는 수백에서 수천 명의 팔로어를 보유한 인플루언서를 말한다.

이 중 마이크로 인플루언서의 팔로어 규모는 수천여 명이지만, 관심 분야에 대한 전문성이 높고 팔로어들과 밀착 소통을 하여 높은 충성도와 신뢰도를 확보한 상태다. 그래서 같은 광고성 콘텐츠라 하더라도 팬들에게 진정성 있게 다가갈 수 있다는 것이 장점이다. 인플루언서의 팔로어가 수십만 이상일 경우 절대 조회 수와 유통량은 커질 수 있으나, 진성 고객 도달률은 높지 않을 수 있다. 적정 수준의 동질성을 가진 팔로어를 보유하고, 이들과의 관계를 잘 만들어온 마이크로 인플루언서가 다른 타입의 인플루언서보다 투입 대비 성과가 더 높게 나타난다.

미국 인플루언서 에이전시 헬로우 소사이어티(Hello Society)에 따르면 브랜드가 인플루언서 마케팅 캠페인 집행 시, 더 많은 팔로어를 보유한 인플루언서보다 마이크로 인플루언서의 팬들이 60% 정도 더 높은 몰입감을 보인다고 한다. 이처럼 마이크로 인플루언서 마케팅의 강점은 '가성비'가 좋기 때문에 초기 마케팅 비용에 부담을 느끼는 중소기업 및 스타트업에서 활용하기 좋다.

이러한 성과는 마이크로 인플루언서들의 수익과 새로운 기회의 증가로 이어지고 있다. 이 분야의 대표적인 성과형 인플루언서 마케팅 플랫폼인 애드픽(애드픽에서는 일반인들도 플랫폼에 등록된 광고주의 서비스를 홍보하는 콘텐츠를 만든 뒤 이를 자신의 SNS에 퍼트려 수익을 얻을 수 있다)은 2018년 1월에 그간 축적한 데이터를 분석한 '2017 성과형 인플루언서 마케팅 보고서'를 발표했다. 보고서에 따르면, 2013년에 서비스 론칭 후 회원 수는 50만 명으로 성장했고, 연 10만 원 이상 수익을 올린 인플루언서의 1인 평균 수익도 2014년 70만 원에서 2016년 682만 원으로 증가했다. 특히 평균 1,000만 원 이상 수익을 내는 인플루언서 규모는 2014년 8명에서 2016년 106명으로 13배 이상 늘어난 것으로 집계되었다. 애드픽에서 활동하는 인플루언서들로는 모바일과 SNS 환경에 익숙한 10~20대, 재테크에 관심이 많은 30대가 높은 것으로 나타났다.

이처럼 마이크로 인플루언서가 주목받으면서 이들과 브랜드를 연결해주는 서비스 또한 떠오르고 있다. 대표적인 것이 트위터에 인수된 '니치(Niche)' 그리고 2016년 유튜브에 인수된 '페임빗(Famebit, 브랜드와 크리에이터 중개 플랫폼)'이 대표적이다. 유튜브는 크리에이터와 브랜드를 직접 연결하여 저비용 고효율의 광고 집행을 돕고, 크리에이터에게는 추가 수익을 낼 수 있도록 페임빗을 인수했다고 밝혔다.

국내 디지털 마케팅 그룹인 옐로디지털마케팅(YDM)은 2009년 2월 마이크로 인플루언서 마케팅 플랫폼 '위블(Weble)'을 출시하여 블로그, 페이스북 등에서 활동 중인 마이크로 인플루언서와 광고주의 자동 매칭과 더불어 성과까지 분석해주고 있다. 위블의 누적 회원 수는 약 30만 명으로 현재까지 13만 건 이상의 캠페인을 진행해왔다. 또한 2017년 서비스를 론칭한 픽업(picup.kr)은 에스크로 서비스를 기반으로 브랜드와 인플루언서가 책임감을 가지고 서로 교류하며 콘텐츠 판매 및 구매할 수 있도록 돕고 있다. 1,300명의 인플루언서를 보유한 CJ ENM DIA TV도 2017년 마이크로 인플루언서 소개 영상을 산업별로 제작하며 이들과 광고주가 함께 성장하도록 돕고 있다.

 최근 페이스북이 뉴스피드 개편을 통해 가족과 친구들의 콘텐츠를 우선적으로 노출하겠다고 공지하면서, 팔로어들의 친구와 같은 포지션인 마이크로 인플루언서들에 대한 주목도가 더욱 높아지고 있다. 또한 온라인 광고 측정 기술과 툴의 발전에 따라 광고 효과를 더욱 정밀하게 분석할 수 있게 되었고, 광고의 효율성을 꼼꼼히 따지는 광고주들이 많아짐에 따라 마이크로 인플루언서 마케팅 시장은 더욱 커질 것으로 기대된다.

인플루언서를 내세운 유튜브, 아프리카TV, 팟캐스트 등은 이미 이 시대의 새로운 문화 산업이 되었고, 인플루언서는 하나의 직업이 되었다. 그룹 버글스가 1979년에 발표한 〈비디오 킬즈 라디오 스타(Video Kills Radio Star)〉가 라디오 시대의 종말과 TV, 비디오 문화의 도래를 표현했다면 지금은 "BJ가 VJ를 넘어섰다"라는 표현이 나왔다. 그만큼 기존 미디어를 넘어서는 1인 창작자들이 영향력을 행사하는 시대가 온 것이다.

PART 3

그들은 어떻게 인플루언서가 되었을까

왜 인플루언서가
되어야 할까

#1

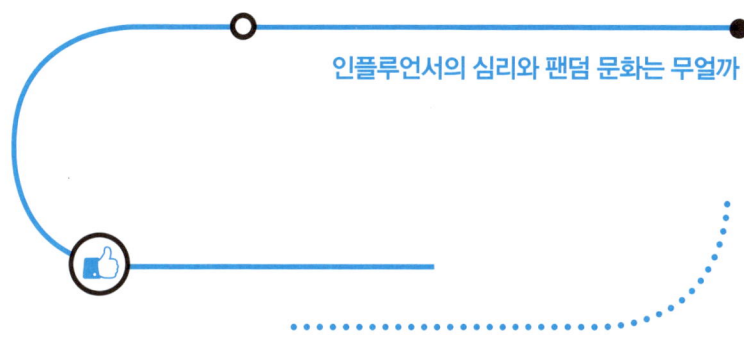

인플루언서의 심리와 팬덤 문화는 무얼까

과학 기술의 발전, 특히 미디어의 발전은 사람과 사람이 관계 맺는 방식을 바꾸었다. 스마트폰이 등장하고 SNS가 발달함에 따라 사람들은 시공간에 제한받지 않고 언제든 쌍방향으로 소통하고 남들과 쉽게 공유할 수 있게 되었다. 이러한 특성 때문에 일반인도 어느 날 갑자기 의도치 않게 글로벌 스타가 될 수 있다. 앤디 워홀이 말한 "누구든 15분간 유명세를 누릴 수 있을" 시대가 온 것이다.

변화의 흐름에 따라 유튜브 같은 디지털 플랫폼에는 사람들에게 영향력을 끼치는 1인 미디어들이 생겨나기 시작했는데, 이들이 인플루언서다. 인플루언서는 쌍방향 소통이 가능한 디지털 미디어의 속성을 적극 활용하여, 재미있고 솔직하며 공감할 수 있는 콘텐츠를 팬들에게 전달했다. 동시에 실시간으로 피드백을 주고받으며 자신들만의 구독자를 만들어 나갔다. 그렇다면 이들의 심리는 무엇이고, 이들을 따르는 팬덤의 문화는 어떤 것일까?

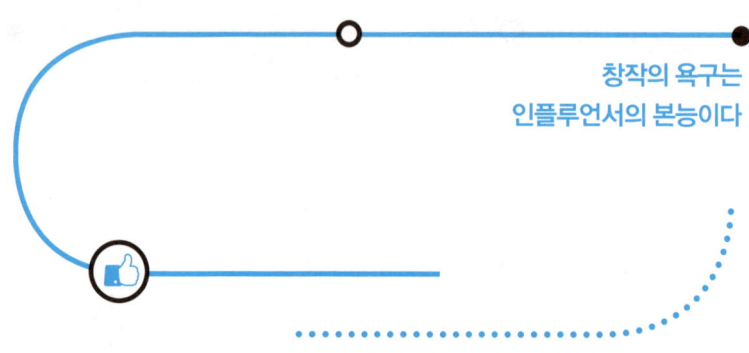

창작의 욕구는 인플루언서의 본능이다

'창작'은 콘텐츠의 핵심이자 본질로, 영원히 존재할 인간의 유희이자 직업이다. 머릿속 상상의 세계를 실체화하고, 평범한 일상을 새롭게 환기하는 '창작의 영역'은 선사시대부터 이어져 온 원초적 본능이자 현대인에게는 반복되는 일상으로부터의 탈출구로 승화되기도 한다. 창작의 영역은 미디어 매체의 발달에 따라 그 범위를 확장해왔다. 선사시대의 벽화에서 유튜브로 대변되는 '1인 미디어'까지 창작의 주체, 방식, 매개는 계속해 변용해왔는데, 가장 최근의 트렌드는 아무래도 '1인 미디어(창작자)'로 불리는 디지털 영상 기반의 창작자들이 아닐까 싶다.

창작은 기본적으로 나를 표현함과 동시에 남에게 인정받기를 희망하는 속성을 지니고 있다. 이러한 창작의 욕구가 1인 미디어 환경의 특징인 첫째, 손쉽고 저렴한 제작 및 유통 비용, 둘째, 모바일 중심의 콘텐츠, 셋째, SNS 기반의 실시간 소통 등의 시대 환경과 맞물리며, 예술가뿐만 아니라 일반인도 자신을 적극적으로 표현하게 되었다. 이런 '표현'과 '창작'의 관점에서 예술가와 1인 미디어는 비슷한 부분이 있다.

  대개 1인 미디어인 인플루언서들은 작품성과 예술성보다는 대중성을 지향하며 창작의 세계관보다는 사람들과의 소통을 훨씬 중요하게 여겼지만, 1인 미디어를 적극 활용하는 예술가, 예술가적인 성향을 띤 인플루언서들이 늘어남에 따라 이러한 경계는 앞으로 모호해질 것이다.

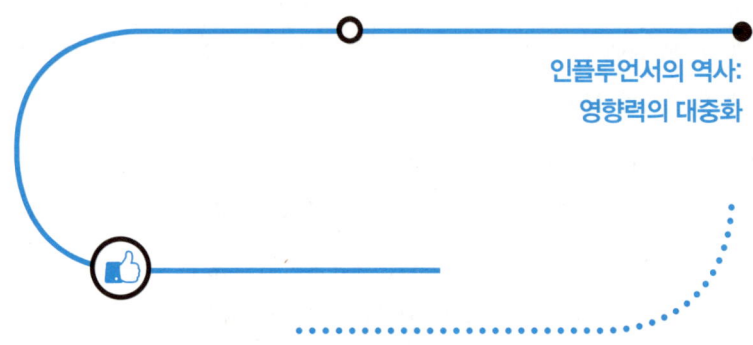

인플루언서의 역사: 영향력의 대중화

인플루언서(influencer)라는 단어는 이미 1660년도 기록에 남아 있을 만큼, 특정 집단이나 일반 대중 사이에서 오랫동안 존재해왔다. 하지만 인플루언서란 개념이 새로이 각광받기 시작한 것은 비교적 최근의 일이다.

   과거의 인플루언서는 왕이나 귀족, 성직자와 같은 지배 계급을 중심으로 이루어졌다. 이들은 일반 대중이 가질 수 없는 권력과 부를 가지고 자신들의 체제를 유지하기 위해 끊임없이 영향력을 행사했다. 유행, 전쟁, 국가 제도까지도 대중이 지배층에 대해 환상을 갖고 경외와 숭배를 하도록 하는 일종의 영향력이었다. 그리고 이들은 이러한 영향력을 바탕으로 국가를 운영했다.

   이후 산업화 및 기술의 발전과 함께 새로운 인플루언서 계급이 등장한다. 바로 부르주아 계급이다. 이들은 과거 혈통 중심의 계급과는 달리 자신이 소유한 생산 수단을 바탕으로 더욱 섬세하고 강한 영향력을 일반 대중들에게 발휘했다. 놀랍게도 이들이 내세운 캐치프레이즈는 '개인의 인권'이다. 이들이 사람들에게 전파하기 시작한 인권이라는 개념은 기존 체제를 전복시키고, 법률, 제도 등에서 인간 개인 중심의 사회와 함께 신흥 인플루언서들이 등장하는 새로운 체제를 만들어냈다.

산업 시대가 시작된 이후 20세기 초 TV, 라디오, 영화와 같은 대중매체들의 등장으로 영향력의 중심지는 할리우드로 옮겨가고 이들은 물리적 범위를 넘어 대중 전체를 상대로 영향력을 미치기 시작한다. 셀러브리티에 열광하는 대중은 이들이 매체에서 쓰는 제품, 의상, 말투 등 모든 면에서 영향을 받는다. 특히 20세기 중반에 접어들며 이러한 셀러브리티를 활용한 마케팅은 더 이상 제품이 아닌 라이프스타일을 팔게 되었고, 인플루언서의 영향은 우리의 일상 속으로 들어오게 되었다. 이 시점부터 '영향력'에 대한 본격적인 심리학적 연구가 시작되었고, 이때 등장한 개념이 오피니언 리더(Opinion Leader, 집단 내에서 타인의 사고방식, 행동에 강한 영향을 주는 사람)다.

인플루언서의 양상은 21세기 IT 기술의 획기적인 발전을 기점으로 다른 방향에 접어들었다. 첫째, 인터넷과 IT 기술을 매개로 대중은 경계 없는 지식의 바다에 뛰어들었고 지식의 대중화가 이루어졌다. 더 이상 특정 계급만이 정보를 독점하지 못하고, 인터넷에 접속하는 누구나 동등하게 정보에 접근할 수 있게 되었다. 이를 통해 정보를 획득하는 개인의 비용이 획기적으로 줄어들게 된다. 둘째, 과거에 게이트키퍼 역할을 하던 방송사, 언론을 거치지 않고도 인터넷 기술을 토대로 자신의 목소리를 직접 다른 대중에게 전하고 공유하며 확산시킬 힘을 가지게 되었다. 이를 가능하게 한 것은 인터넷상의 빠른 정보와 중간 과정이 없는 새로운 소통 방식의 등장이다. 셋째, 인터넷의 발달과 함께 미디어 운영 비용이 없어졌다. 방송국의 비싼 녹화 장치와 송출 시스템이 없더라도, 집에서 컴퓨터 한 대만으로 나만의 방송국을 만들어 세상과 소통하게 되어 비용의 장벽이 사라진 것이다. 이를 바탕으로 다양한 형태의 인플루언서의 모습과 기능이 나타났고, 대중은 개인이 가진 영향력의 범위를 확장해 나가기 시작했다.

특히 페이스북, 유튜브와 같은 글로벌 소셜네트워크 플랫폼들의 탄생으로 일반 개인들이 전 세계 사람들에게 자신의 존재감을 알렸다. 이러한 활동이 활발해지고 따르는 사람들이 많아지면서 '인플루언서'라는 호칭이 다시금 나타났다. 이들은 양방향 소통성, 대중성, 다양성을 앞세워 기존의 일방적인 견해와 다른 자신만의 글과 이미지, 방송을 통해 대중과 소통한다. 과거의 인플루언서 개념은 사라졌고, 더 이상 계급, 학벌, 자본이 우선순위가 아니다. 개인의 재능과 공감 능력이 가장 중요해졌다.

이처럼 영향력의 민주화를 이루어낸 인플루언서들은 전 세계적으로 수백만, 수천만 명에 이르고, 다양한 사회적인 모습으로 대중과 공감하며 새로운 산업을 만들어내는 원동력이 되고 있다. 이들은 자신들의 영향력을 통해 새로운 마케팅, 광고, 유통을 개척하며 넥스트 미디어의 미래로 주목받고 있다.

항상 인식하고 있진 못하지만, 우리는 매일 콘텐츠를 만들며 이 시대를 살아가고 있다. 페이스북, 인스타그램, 블로그 등을 통해 글, 사진, '짤방', 동영상 등 자신이 흥미 있어 하는 분야의 콘텐츠를 수시로 만들어 내고 공유하고 있는 것이다. 그리고 내가 올린 포스팅 하나로 단 한 번도 만나보지 못한 많은 사람에게 영향을 미치고 있다.

꼭 팔로어를 수십만 명 보유하고 있는 유명 SNS 운영자만이 타인에게 영향력을 미치는 게 아니다. 반드시 예쁘고 멋진 모습만 올려야 하는 것도 아니다. 우리는 누군가가 올린 운동하는 인스타그램 포스팅 하나 때문에 다이어트를 시작하기도 하고, 감동적인 연설 영상을 본 뒤 인생의 새로운 계획을 세우기도 한다. 즉흥적으로 올린 사진 한 장으로, 누군가와의 추억을 기억하기 위해 올린 동영상 하나로도 우리는 타인에게 이미 많은 영향을 미치고 있다. 이런 의미에서 우리는 호모 크리에이티브(Homo Creative)이자 호모 인플루언스(Homo Influence)다.

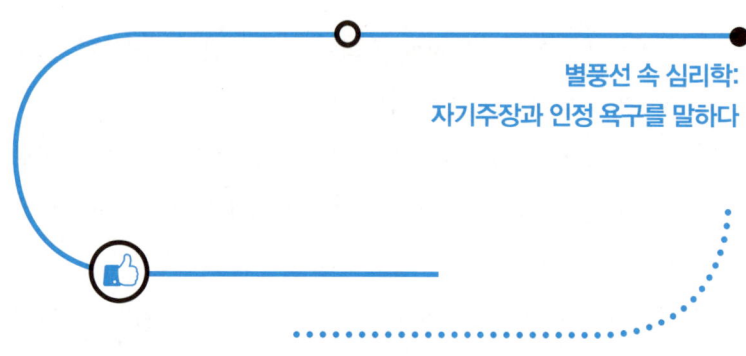

**별풍선 속 심리학:
자기주장과 인정 욕구를 말하다**

토마스 홉스(Thomas Hobbes)와 헤겔(Hegel)은 다음과 같은 두 가지 문화인류학적 원칙을 제시했다. 인간은 현재 자신의 사회적 위치와는 상관없이 다음 두 가지를 원한다는 것이다. 하나는 특정한 집단에서 '인정을 받는 것(Anekennung)'이다. 즉, 공동체 안에서 타인들에게 '나'라는 존재의 의미를 확인받는 것을 말한다. "나는 우리 회사에 꼭 필요한 사람이야", "나는 이번 일을 통해 더 많은 사랑을 받겠어"와 같이 우리 일상생활에 나타나는 행복과 고통은 이러한 인정욕구에 의해 좌우되는 경우가 많다.

또 다른 하나는 '자기주장(Selbstbehauptung)'이다. 이는 타인에게 나의 이야기를 전달하고 싶은 것이다. 인류의 역사는 이러한 커뮤니케이션의 욕구와 함께 흘러왔고, 인터넷 미디어가 발달하며 자기주장의 욕구를 배출할 수 있는 매체는 더욱 증가하게 되었다. 즉 인정받는다는 것은 사회적인 요소이고, 자기주장은 자아와 관련된 요소다. 이러한 두 가지 문화인류학적 원칙을 바탕으로 SNS에서는 특이한 공동체 현상이 발현된다. 바로 '자기주장'의 욕구가 강한 인플루언서와 '인정 욕구'를 원하는 팬들의 순환 구조다.

먹는 모습을 보여주는 먹방으로 유명한 아프리카 BJ 엠브로(MBRO)는 매일 저녁마다 카메라 앞에 온갖 음식을 차려놓고 먹방을 한다. 그는 사람들이 매번 놀랄 만큼 많은 음식을 먹으며 맛, 식감, 재료 등을 자세히 설명하고 평가한다. 그의 방송을 함께 보는 사람들은 보통 수천 명을 훌쩍 넘기는데, 화면에는 시청자 수와 채팅이 실시간으로 보인다. 시청자 중 한 명이 그에게 별풍선을 선물했다는 공지가 채팅창에 뜨자 엠브로가 웃으며 말한다. "감사합니다. ○○님" 이에 별풍선을 보낸 팬은 "맛있게 먹는 방송 앞으로도 계속해주세요"라고 말하고, 연이어 다른 팬들도 그에게 별풍선을 보낸다.

처음 보는 사람들은 이해하기 쉽지 않은 것이 바로 이 별풍선이다. 시청자 모금 방송이 아닌 이상, 방송을 보다가 별풍선(돈)을 보내는 행위 자체가 일반 사람들에게는 매우 낯선 것이다. 하지만 아프리카TV에서 이 별풍선이라는 '후원 시스템'은 매우 당연한 일이다. 시청자들은 별풍선을 개당 100원에 사서 자신이 좋아하는 BJ에게 선물한다. 별풍선을 돈으로 바꿀 수 있다. 일반 BJ는 별풍선 1개에 현금 60원, 베스트 BJ는 70원, 그보다 더 높은 등급의 파트너 BJ는 80원을 받는다. 이런 별풍선은 아프리카 BJ의 주 수입이 되며, 일부는 이를 전업으로 삼아도 될 정도로 많은 수입을 얻고 있다. 한 여성 BJ는 열혈팬으로부터 현금 3,800만 원 상당의 선물을 받아 화제가 된 적이 있다. 아프리카TV의 발표에 따르면 상위 100위 안에 드는 BJ의 연평균 별풍선 수익은 3억 원에 달하고, 연평균 수익이 10억 원에 달하는 고소득자도 있다. 별풍선이라는 가상화폐는 개인 방송의 수익성을 증명하고 이 시장을 더욱 매력적으로 보이게 한다.

시청자들은 별풍선을 보낼 때 "쏘는 맛이 있다"고 표현한다. 그렇다면 왜 자신이 좋아하는 BJ에게만 별풍선을 쏘는 것일까? 먼저, 유료 서비스인 별풍선을 보낼 경우 플랫폼상에서 다양한 혜택이 주어진다. 시청자는 해당 BJ의 팬클럽 게시판을 이용할 수 있게 되고, 정원이 꽉 차 들어갈 수 없는 '방송방'에 들어갈 수도 있다. 현재 하루에 보낼 수 있는 별풍선의 최대한도는 30만 개(부가세 포함 3,300만 원)이다.

하지만 그 무엇보다, 별풍선을 매개로 좋아하는 사람의 눈에 띌 수 있다는 인정욕구, 심리적 만족감이 크다. BJ는 방송 도중 별풍선을 보낸 사람에게 감사하다는 표현으로 인사, 윙크, 노래, 애교 표시 등을 한다. 그렇게 화면 속 인물과 실제로 대화하게 되는 것이 곧 힐링이라고 말한다. 또한 거액의 별풍선을 쏘았을 때 채팅창의 다른 사람들이 "대박", "이 사람 누구야"라고 수군거리는 반응을 보게 되면, 방송 중인 BJ 못지않게 주목받는 느낌이 든다고 한다. 별풍선 금액에 따라 팬클럽에서의 등급도 달라지는데, 가장 높은 등급인 '회장님'이 되기 위해 별풍선을 경쟁적으로 보내기도 한다. 이러한 재미에 지나치게 빠져 별풍선에 중독되는 사람들도 있다.

고려대학교 김성철 교수는 2017년, 전국 10~40대 남녀 중 개인 방송을 이용해본 경험이 있는 935명을 대상으로 시청자들이 별풍선을 쏘는 요인에 대해 조사를 진행했다. 조사 결과 개인 방송 후원 경험이 있다고 응답한 비중은 25.6%였으며, 이 중 78.7%가 비주기적인 후원자였다. 한 달 평균 후원 금액이 가장 많았던 구간은 5,000원 이하였다. 연구팀은 개인 방송 후원에 대한 촉진 요인을 다음 여섯 가지로 나눴다.

1. 자기 존재감 확인
2. 팬덤
3. BJ에 대한 긍정적 인식
4. BJ의 후원 유도에 대한 인식
5. 보상 필요성에 대한 인식
6. BJ 성장 및 개인방송 품질 향상에 대한 기대

조사 결과 중 가장 큰 후원 촉진 유인은 특정 BJ를 향한 '팬심'이었다. 내가 애청하는 방송이 지속되고, BJ에게 어떻게 해서든 도움이 되고 싶다는 인식이 강한 시청자일수록 후원 의도가 컸던 것이다. 특히 라이브로 진행되는 방송의 특성상 방송 중 후원 유도를 했을 때 사람들이 더욱 적극적으로 반응하기 쉽다. 또한 이번 조사 결과에서 '자기 존재감 확인'은 후원 의도에 크게 영향을 미치지 않은 것으로 드러나기도 했다. 아마도 거액의 별풍선을 쏘는 사람들에게 이러한 심리적 성향이 강할 가능성이 높다.

또한 연구팀은 개인방송 후원에 대한 저항 요인을 다음 8가지로 정리했다.

1. 지불 가치 부족
2. 타인의 부정적 평가에 대한 인식
3. 무료 대안 콘텐츠
4. 지불 불편함에 대한 인식
5. 지불 후 특혜 요구에 대한 부정적 인식
6. 경제적 부담
7. 보상 충분성에 대한 인식
8. 개인방송 무료 인식

이 중 후원을 망설이는 가장 큰 이유는 타인의 평가와 관련된 부분으로 '타인의 부정적 평가에 대한 인식'이었다. 별풍선을 쏜다는 것은 순전히 개인적 소비 활동임에도 주위 사람들로부터 부정적으로 평가될 수 있다는 부담감이 후원 의도를 저해한 것이다. 이는 최근 이슈화되고 있는 일부 1인 방송인의 선정성, 과격성 문제와 연결될 수 있다.

시청자들의 숨은 욕망을 채워주는 개인방송에 대해 보상하려는 인식이 분명히 존재함을 알 수 있다. 특히 개인에 대한 후원을 늘리기 위해서는 단순히 감사 표시의 후원 유도보다는 양질의 콘텐츠를 제공하고 팬덤을 관리하여 시청자들의 자발적인 지불 의식을 이끌어내는 것이 중요하다고 할 수 있다.

인플루언서가 만든 팬덤 현상

2017년 CJ ENM DIA TV가 주최한 인플루언서들의 축제 '다이아페스티벌'에는 이틀간 4만 명 이상의 사람들이 찾아와 행사 장소인 고척돔을 가득 채웠다. 다이아페스티벌은 콘텐츠를 직접 만들고 자유롭게 소통하는 데서 만족감을 느끼는 'C세대'를 응집시키는 새로운 문화콘텐츠 축제로 발돋움했다는 평가를 받는다. 또한 마이린, 간니닌니 등 DIA TV 소속 키즈 크리에이터들을 주인공으로 한 프로그램 〈보고 놀자〉 1화는 투니버스에서 방영되었을 때, 같은 시간대 전 채널 타깃 시청률 1위를 기록했다. 1대 캐리 언니가 주인공이었던 〈캐리와 장난감 친구들〉의 공연은 2016년 어린이 뮤지컬 최고의 흥행작이었다.

도티는 국내에서 가장 큰 초등학생 팬덤을 보유하고 있는 인플루언서다. 1인 방송 경험 5년차에 접어든 도티는 '디지털 네이티브'의 취향을 저격하는 방송을 게임인 '마인크래프트'를 통해 제작한다. 자신들이 좋아하는 게임으로 재미난 이야기를 들려주는 도티는 초등학생들에게 친한 형이자 그 자체가 장래 희망이다.

팬들은 자신의 우상인 도티를 소유하고자 그의 캐릭터가 그려진 인형, 티셔츠, 식품 등을 주저 없이 산다. 사람들이 인플루언서의 팬덤에 주목하는 주된 이유도 바로 이 '팬심'이다. 특정 인플루언서를 향한 팬심이 팬들의 소비에 강력한 영향을 끼치는 것이다. 한 케이블 채널에서는 이미 유튜브에 업로드되어 있는 도티의 콘텐츠를 그대로 방영하였는데, 높은 시청률을 보이며 '한국 케이블 티비 어워즈'를 수상했다.

이러한 팬덤 현상은 꼭 팔로어를 기준으로 생기는 것은 아니다. 앞에서 언급되었듯이 최근에는 작은 규모의 니치(Niche) 타깃을 대상으로 탄탄한 팬덤을 보유하고 있는 '마이크로 인플루언서'가 주목받고 있다. 이들은 소규모 팬들을 대상으로 확실한 소구 포인트(특장점, 셀링 포인트)를 지니고 있어 작지만 강력한 영향력을 발휘한다. 이러한 마이크로 인플루언서들은 다음과 같은 특징을 갖는다. 첫째, 자기가 사랑하는 걸 즐길 줄 안다. 둘째, 그것을 알리고 싶어 하는 순수한 열정으로 가득 차 있다. 셋째, 소셜네트워크 공간에서 처음 보는 사람과도 적극적으로 커뮤니케이션을 할 준비가 되어 있다. 이들은 기존 방송이 들어가기 어려운 틈새 영역을 파고들어 시청자들의 공감을 사고, 작지만 강한 팬덤을 가진다. IT, 책, 음악과 같이 취향이 뚜렷한 카테고리에서 이들의 영향력은 점점 커지고 있다.

이처럼 인플루언서들은 규모와 상관없이 팬들과의 소통을 통해 구축한 높은 친밀감을 바탕으로, 이들에게 온라인과 오프라인을 넘나들며 영향을 미친다. 이 점이 기존의 영향력자라 할 수 있는 셀럽과 온라인에 기반을 둔 인플루언서가 가진 팬덤의 차이점이다. 과거에 셀럽은 방송, 영화 와 같은 전통 매체를 통해 전달식 커뮤니케이션을 했지만, 새롭게 등장한 인플루언서는 디지털 플랫폼에서 자신이 만든 콘텐츠를 매개로 팔로어들과 직접 소통한다. 셀럽의 팬덤은 방송의 특성상 분산되고 불특정한 다수를 바탕으로 하지만, 인플루언서는 세분화된 공통 관심사를 기반으로 응집되어 있는 특정 소수를 바탕으로 한다. 그래서 인플루언서 생태계에서는 기존 미디어의 구조와는 전혀 다른 방식의 스타와 팬의 관계가 형성된다. 과거에는 연예인 한 명이 대중을 향해 메시지를 던졌다면, 지금은 유튜브 스타 수백 명이 팬 한 명만을 위해서도 커뮤니케이션을 하는 팬 중심의 생태계가 만들어진 것이다. 이런 의미에서 기존 미디어의 구조와는 전혀 다른 방식의 커뮤니케이션이 형성된다.

　기존 페이드 미디어(Paid Media, 돈을 주고 구매하는 미디어)와는 달리 현재는 언드 미디어(Earned Media, 자체적으로 보유한 미디어)의 시대가 되었다. 사용자 스스로가 커뮤니케이션의 연결고리 역할을 하면서 그 자체로 '하나의 미디어'가 되어 누구나 팬덤을 형성할 수 있게 되었다. 이처럼 누구든지 누구에게나 영향력을 미칠 수 있는 미디어 생태계가 만들어진 것이다. 그리고 이러한 영향력들이 서로 뭉쳐 새로운 형태의 '디지털 공동체'가 만들어지고 있다.

　페이스북이 2017년 4월 미국 캘리포니아 산호세 컨벤션센터에서 진행된 F8 콘퍼런스에서 새롭게 선보인 미션은 "커뮤니티를 이루어 모두가 더욱 가까워지는 세상을 향해(Give people the power to build community and bring the world closer together)"다. 이는 페이스북의 향후 10년간 모든 활동이 최종적으로 '공동체 건설(Building Community)'을 지향한다는 걸 의미한다. 디지털은 이러한 팬덤, 커뮤니티에 기반을 두고 확장하고 있으며 이러한 팬덤이 없는 인플루언서는 있을 수 없다.

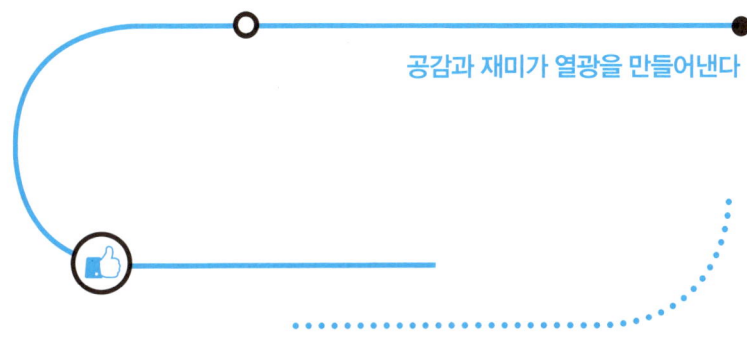

공감과 재미가 열광을 만들어낸다

성지환 72초TV 대표는 "만드는 입장에서 재미있는 게 가장 중요하다"고 강조한다. 그렇다면 그에게 재미있는 콘텐츠란 무엇일까? 그는 "다양한 작품을 하고 있지만 우리 콘텐츠의 기준은 '우리의 이야기'여야 한다"고 말했다. 최근 시즌3까지 나온 72초TV의 웹드라마는 누적 조회 수 1,500만을 넘겼다. '옆집 언니' 같은 주인공의 일상을 모바일로 지켜보던 20~30대 여성들이 '오구실'이라는 캐릭터가 보여주는 30대 직장인 여성의 잔잔한 이야기에 공감하고 반한 것이다.

이처럼 인플루언서들은 대중의 관심보다, 콘텐츠에 들어맞는 세분화된 타깃층을 가지고 있느냐가 중요하다. 1인 미디어는 자본 규모와 인프라, 정보력의 한계로 기성 미디어의 파워를 따라가기는 힘들다. 조금 성장한다 싶으면 비슷한 채널들이 생기고, 자본력 있는 기존 레거시 미디어가 잠식할 수도 있다. 그래서 결국 얼마나 세분화된 타깃을 가지고 버티컬한 타깃에 그들만을 위한 재미와 공감을 주는 콘텐츠를 만들 수 있느냐, 얼마만큼의 충성도 높은 팬을 보유할 수 있느냐가 중요하다.

10대들도 스마트폰을 보유하게 되면서 콘텐츠 소비의 주권은 더 이상 몇몇 방송 채널이 아닌 개인에게 넘어갔다. 유튜브와 같은 플랫폼에 1인 크리에이터들은 자신만의 방식으로 솔직하고 재미있는 콘텐츠를 올리기 시작했고, 팬들은 자신을 대변해주고, 소통하고 공감해주는 1인 미디어에 열광했다. 특히, 연예인처럼 너무 절대적인 존재가 아닌 친구 같은 1인 미디어 창작자들은 외롭고 힘든 시기를 겪고 있는 10대들의 큰 지지를 얻게 되었다. 앞에서 예로 든 허팝은 일반 아이들이 집에서 하면 엄마에게 혼날 법한 다양하고 규모가 큰 실험들을 신청받고, 대신해서 보여주고 있다. 시청자들은 이러한 허팝의 모습에서 큰 대리만족을 느끼며 친구인 동시에 자신이 닮고 싶은 존재로 여긴다.

이처럼 1인 미디어들이 만들어내는 콘텐츠를 보면 요즘 사람들의 관심사가 무엇인지 쉽게 알 수 있다. 최근 '욜로 라이프'에 대한 관심의 증가와 함께 이와 관련된 1인 미디어 콘텐츠들이 많아지고 있다. 사진작가 김종훈 씨는 유튜브 '캠핑 한 끼' 채널에 매달 3~5개씩의 캠핑 요리 영상을 올리고 있다. 그는 영상 속에 코펠과 버너를 이용해 한 끼 요리를 만드는 과정과 함께 자연경관, 바람, 새 지저귀는 소리 등을 담아낸다. 영상 조회 수가 높은 것은 아니지만, 일부 욜로 라이프를 꿈꾸는 사람들의 반응은 매우 높다. 바쁜 현대인들이 자연 속에서 '캠핑

한 끼' 영상을 보며 힐링과 대리만족을 얻는 것이다.

또한 개나 고양이와 같은 반려동물에 대한 관심이 높아지면서 '펫족'을 대상으로 한 콘텐츠도 인기다. 40만 명의 구독자들이 시청하는 '수리 노을'은 고양이들이 장난감을 가지고 노는 모습, 사료를 먹는 모습 등을 올린다. 고양이가 처음 목욕하는 모습을 담은 영상은 조회 수가 360만, 댓글은 5,300개가 달렸다. 이러한 펫 콘텐츠를 보고 공감과 재미를 얻는 사람은 지금도 늘고 있다.

이처럼 인플루언서의 콘텐츠가 우리를 사로잡은 이유는, 스마트폰이 우리 일상을 깊숙이 파고들면서 자연스럽게 매체 환경이 변해서이다. 기존 전통 미디어가 주입식의 일방적 정보 전달을 했다면 1인 미디어는 시청자와 창작자 간 쌍방향 소통을 통해 시청자들이 좋아할 만한 최신 트렌드를 빠르게 적용하여 콘텐츠를 제공하기 때문이기도 하다.

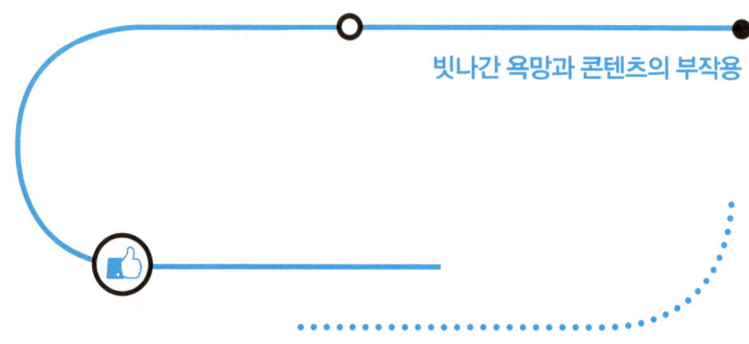

빗나간 욕망과 콘텐츠의 부작용

인터넷 방송이 주목받음에 따라 명암도 생겨났다. 아프리카TV에만 매일 6,000여 개의 방송이 생길 정도로 많은 사람이 자신을 적극적으로 표현하게 되었고, 기존 방송국에서는 다루지 않았던 지엽적인 내용, 혁신적인 방송들이 나오며 표현의 자유를 키웠다. 하지만 선정적이거나 가학적인 장면 등이 나오는 부작용도 함께 나타났다.

2016년에는 한 중소기업의 경리가 회사 돈을 횡령하여 자신이 좋아하는 BJ에게 1억 5,000만 원 상당의 별풍선을 보내 화제가 된 적이 있다. 해당 회사는 거래처 송금 내역을 확인하던 중 이 사실을 알고 경리를 추궁했는데, 사실 확인을 위해 은행에 가던 중에도 회사 돈으로 500만 원어치의 별풍선을 추가로 보내는 등 이해하기 힘든 행동을 보였다. 평소 소극적이던 그녀는 퇴근 후에 '인터넷 개인방송'에 빠져들었고, 소액으로 별풍선을 보내다가 회사 돈을 횡령하여 거액의 돈을 보낸 뒤부터 팬들 사이에서 '회장님'으로 불리게 되었다. 처음에는 재미로 시작했지만, 횡령을 하면서부터 그녀의 삶은 송두리째 바뀌었다. 일부의 경우긴 하지만 대출까지 받아가며 자신이 좋아하는 인플루언서에게 기부를 하는 등의 부정적 사례도 발생하고 있다.

  1인 방송을 시청하는 10대들은 선정적 콘텐츠의 유혹을 물리치는 데 어려움을 겪을 수 있다. 특히 모바일 스마트 기기를 통해 언제 어디서나 1인 창작자들의 콘텐츠에 접근할 수 있기에, 이들을 모방하는 사례도 많이 생기고 있다. 몇몇 1인 방송은 지나가는 사람을 희롱하거나 때리고, 갑자기 누군가에게 간장을 뿌리는 등 자극적인 콘텐츠를 만들었는데, 자칫하면 아이들이 이를 멋있다고 생각하고 따라 할 수도 있다. 1인 방송에서 반복적으로 들리는 욕설 및 비속어를 배운 아이들도 많다. 이러한 폐해를 줄이기 위한 방법으로 법적 규제들이 필요하겠으나, 무엇보다 많은 사람의 사랑을 받는 인플루언서들이 자발적으로 책임감 있는 콘텐츠를 만들고, 해당 플랫폼은 사회적 책임을 다하는 노력이 필요하다. 한 예로 아프리카TV는 어떤 내용이든 방송이 가능한 플랫폼을 지향하지만 선정성, 도박성 요소가 있는 방송에 대해서는 엄격한 제재를 가하고 있다.

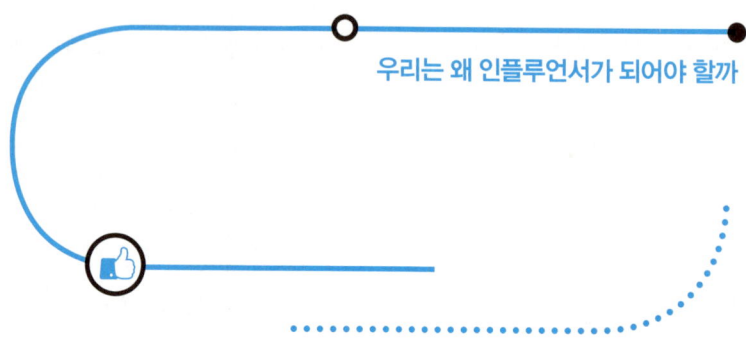

우리는 왜 인플루언서가 되어야 할까

유튜브를 통해 새로운 기회를 얻은 사람이 많다. 뷰티, 게임, 댄스 등에 소질이 있는 사람들은 동영상 제작을 전업으로 삼아 수익을 내고 있다. 그리고 유튜브를 통해 사람들과 소통하며 이제까지 몰랐던 세상을 접하기도 한다. 이 광활한 미디어의 장에서 우리는 어떤 영향력으로 세상과 소통할 수 있을까.

김난도 서울대 소비자학과 교수는 2018년 소비 트렌드를 전망하면서 소셜네트워크 서비스가 대중매체보다 화세가 되고, 1인 방송이 주류 매체보다 인기를 끄는, 즉 꼬리가 몸통을 흔드는 '웩더독(Wag the Dog) 현상'이 속출할 것이라 했다. 인플루언서들이 만들어내는 1인 미디어 산업이 콘텐츠 산업의 새로운 성장 동력으로 부상한 데 이어 2018년부터는 주류 미디어를 흔들 정도로 성장할 것이라는 관측이다. 일례로, 네이버 검색창에 '악어'를 검색하면 파충류 악어보다 게임 인플루언서 '악어(본명 진동민)'가 먼저 검색될 정도로 1인 미디어는 이미 우리 생활 깊숙이 들어와 있다.

인플루언서를 내세운 유튜브, 아프리카TV, 팟캐스트 등은 이미 이 시대의 새로운 문화 산업이 되었고, 인플루언서는 하나의 직업이 되었다. 그룹 버글스가 1979년에 발표한 〈비디오 킬즈 라디오 스타(Video Kills Radio Star)〉가 라디오 시대의 종말과 TV, 비디오 문화의 도래를 표현했다면 지금은 "BJ가 VJ를 넘어섰다"라는 표현이 나왔다. 그만큼 기존 미디어를 넘어서는 1인 창작자들이 영향력을 행사하는 시대가 온 것이다.

디지털 네이티브인 Z세대의 부상은 온라인은 물론 전체 소비 시장의 판도를 바꾸어 나가고 있다. 이제 막 시작된 인플루언서 경제는 Z세대와 함께 폭발적으로 성장하여 새로운 기회들이 탄생할 것이다.

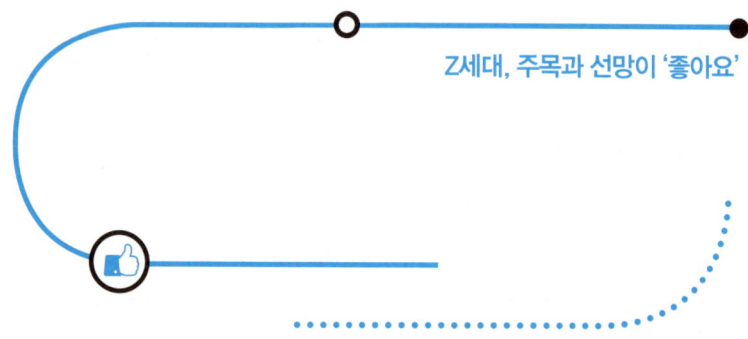

Z세대, 주목과 선망이 '좋아요'

요즘 아이들이 장래 희망을 적어낼 때 BJ 혹은 크리에이터를 적는 친구들이 많다고 한다. 실제로 MBC 예능 프로그램 〈무한도전〉에서 유재석이 놀이터에서 한 아이에게 "내가 누군지 알아요?"라고 묻자 아이는 "누구예요? 뭐 하는 사람이에요?"라고 물어 유재석을 당황하게 했다. 이에 유재석은 "개그맨, 많은 사람들을 즐겁게 해주는 사람이에요"라고 대답했고, 아이에게 "가장 재미있어하는 것은 뭐예요?"라고 물었다. 아이는 "도티"라고 대답했지만 유재석은 "도티가 뭐예요?"라며 알아듣지 못했다.

앞서 언급된 도티는 '초통령'으로 불리는 크리에이터다. 그는 구독자 200만 명을 보유하고, 유튜브 누적 조회 수 15억 뷰를 달성했다. tvN의 〈뇌섹시대 – 문제적 남자〉에서는 2017년 대한민국을 움직이는 3인 중 1명으로 소개되기도 했다.

2016년 DIA TV에서 진행된 '키즈 크리에이터 선발대회'에는 약 2,000명의 아이들이 지원했다. 그만큼 어린이들은 모바일, 유튜브로 영상을 보는 것(심지어 영상을 제작하는 것)에 익숙하다. 이제 아이들은 거실의 리모컨을 쥔 부모님의 취향을 따라가는 것이 아닌, 손안의 모바일로 자신들이 원하는 콘텐츠를 소비하고 있다. 그들의 눈높이에 맞추어져 있고, 방과 후에 언제든지 볼 수 있는 유튜브 영상들이다. 앞으로 TV가 없는 가구 수는 많아져도 스마트폰이 없는 집은 없을 테고, 동영상 1순위 디바이스인 스마트폰에 더욱 익숙해질 것이다. 우리는 이런 디지털 네이티브 세대를 'Z세대'라 부른다.

Z세대는 유년 시절부터 디지털 환경에 노출된 세대로 신기술에 민감할 뿐만 아니라, 이를 소비 활동에도 능동적으로 활용한다. 이들은 집안의 전화기보다 스마트폰을 만지며 자란 세대로, 디지털 디바이스는 이들에게는 가장 친한 친구이자 6번째 감각이다. 중국에서도 이들에 대해 주목하고 있는데 '95세대' 혹은 '1가구 1자녀 시대의 차세대 소황제 그룹'으로 불리고 있다.

이 세대는 중국, 인도, 베트남 등의 출생 인구 증가에 힘입어 전 세계 인구의 46%에 달한다. 이에 비해 미국 인구는 26%, 한국은 20%가 Z세대에 해당한다. 중국의 경우 Z세대의 인구는 1억 명이 넘는다. 'Born to Digital(디지털 세상에서 태어난)'인 이들이 자라며 바뀔 산업의 지형도는 어떨지 궁금하다.

Z세대는 밀레니얼 세대(Millennials generation, 1982~2000년 사이에

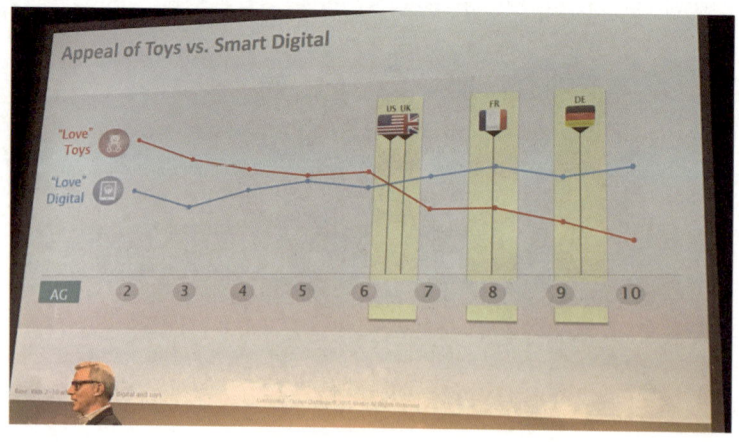

태어난 신세대)의 사고와 디지털의 기술이 결합한 세대다. 밀레니얼 세대의 사고를 물려받았지만, 디지털 속에서 태어난 이들은 훨씬 대범하고 인터넷 공간에서 자신을 알리는 데 적극적이다. 그리고 그 이전 어느 세대보다 '공유'에 익숙하다.

이러한 Z세대의 특징을 몇 가지 꼽아보았다. 국가나 지역마다 조금씩 다르겠지만, 앞으로 이들이 공통적으로 공유하는 문화적 특징은 다음과 같다.

첫째, 원 태스킹보다 멀티 태스킹에 능하다. 유튜브를 보는 동시에 문자를 보내고, 음악을 들으며 숙제를 한다. 이들에게 콘텐츠 소비란 동시다발적이다. 평균 5개의 기기를 동시에 사용하며, 이미지와 동영상으로 또래들과 실시간 소통한다. 이러한 멀티태스킹에 의해 같은 시간 동안 소비하는 콘텐츠의 양이 다른 세대보다 많을 수밖에 없다.

둘째, TV나 케이블보다는 유튜브, 페이스북 같은 디지털 플랫폼을 선호한다. 아시아 어린이의 77%가 TV보다는 인터넷에서 영상을 보는 것을 선호한다는 유튜브의 조사 결과가 있다. CJ ENM의 데이터분석팀 인사이트랩이 발표한 '2017 맘&키즈 타깃 인사이트 리포트'에 따르면, Z세대가 하루에 시청하는 동영상 콘텐츠의 30%를 스마트폰을 통해 보는 것으로 나타났다. 특히 학년이 높아질수록 비율이 높아지고, TV 시청 시간보다 스마트폰을 통한 동영상 시청 시간이 긴 것으로 확인됐다. 《애드위크》의 조사에서는 Z세대에게 소셜 플랫폼 중 무엇이 없이는 못 사느냐는 질문에 응답자의 50%가 유튜브를 꼽았고 1위를 차지했다.

셋째, 콘텐츠 소비가 많다. 미국 기준으로 Z세대는 콘텐츠를 소비하는 데 하루 중 7시간을 사용하는 것으로 나타났다. 디지털 플랫폼 접속 빈도 또한 매우 높은데, 리뷰 전문 사이트 〈인플루언스터(Influenster)〉에 따르면, Z세대의 70%는 최소 하루에 한 번 유튜브에 접속하여 콘텐츠를 소비한다.

넷째, 스마트폰은 중독이 아니라 도구이자 일상이다. 스마트폰은 이들에게 가장 친한 친구이며, 일상과 같다. Z세대는 동영상, 게임, 웹툰, 음악 등 멀티미디어 콘텐츠 관련 앱의 이용 비중이 높아 다른 미디어 디바이스보다 스마트폰 이용이 두드러진다. 이들이 모바일로 사용하는 주요 소셜네트워크 서비스는 텐센트의 QQ, QQ공간, 웨이보, 위챗 그리고 바이두의 티에바이다. 텐센트 산하 연구 기관인 펭귄인

▶당신은 유튜브에서 얼마나 자주 영상을 시청하나요?

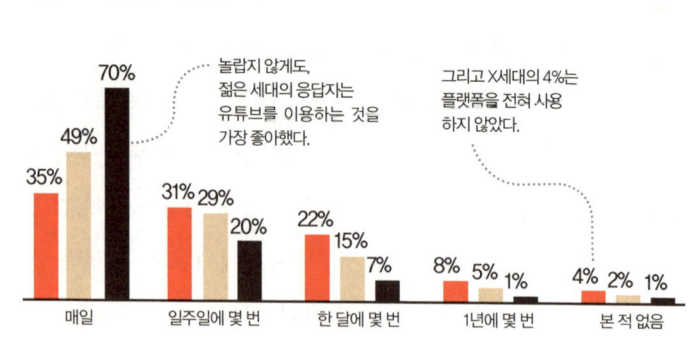

설문조사 방법: 인플루언스터 조사 응답자 8,439명

텔리전스의 발표에 따르면, 중국 Z세대의 동영상 시청 인구는 90.6%이며 이 중 월 10일 이상 시청자가 26.3%, 거의 매일 시청하는 비율은 2.8%이다.

다섯째, 콘텐츠를 직접 만들고 공유하는 것에 익숙하다. 미국 청소년 중 27%가 매주 그들만의 영상을 올리고 있다. 2017년 MIPTV(영상 콘텐츠 마켓)에서 발표한 세계 최대의 완구 업체 '마텔'의 글로벌 부사장의 발표에 따르면, 미국 Z세대의 약 49%가 디지털 콘텐츠를 직접 만들어 자신을 표현하는 것으로 나타났다.

여섯째, 아이들도 어른 못지않은 취향을 가지고 취미 생활을 즐긴다. Z세대의 취미 생활은 모바일을 이용한 여가와 오락 활동이 주를 이루고 있다. 동영상 시청과 게임, 음악 감상 등으로 모바일 디바이스를 통해 자신만의 여가를 즐긴다. 어릴 적부터 외부 소식을 빠르게 접해온 이들은 부모 세대의 가치관과 다른 자신들만의 독자적인 신념을 가지며, 취미와 흥미에 기반을 둔 소셜 활동이 빈번하다. 요가복 중에서도 키즈 라인이 나오고 있을 정도로 빠르게 자신의 취향을 선택한다. 또한 자기표현의 욕구가 강해 온라인에 후기를 남기고 적극적인 공유를 하고 있기 때문에 기업들은 이들의 온라인 동향을 차세대 소비 트렌드로 주목하고 있다.

일곱째, 서로 다름에 대해 인정한다. 온라인을 통해 세계와 소통하며 자란 이들은 선입견과 편견이 없는 것을 쿨하게 여긴다. 어릴 적부터 글로벌 스탠다드에 익숙해졌으며, 각국의 인플루언서들을 통해 타 문화의 솔직한 이야기에 쉽게 공감한다.

여덟째, 부모 세대보다 세상을 바꿀 수 있다는 자신감이 넘친다. 이들은 어렸을 때부터 스티브 잡스나 마크 주커버그의 일화, 촛불시위를 통한 탄핵 등 세상을 바꾼 이야기를 듣거나 보면서 자랐다. 이들은 다른 세대보다도 사회 의견을 개진하는 것에 거침 없으며, 적극적으로 세상을 바꾸기 위해 자신의 의견을 내비친다.

아홉째, 자신을 적극적으로 뽐낸다. 코딩(Coding), 댄스 등 자신만의 장기에 관심이 많으며 유튜브, 스노우 등을 통해 자신을 알리는 데 적극적이다. 이들은 디지털에서 자신을 적극적으로 알리면서, 사회적 관계를 맺는 것에도 익숙하다. 《애드위크》의 조사에 따르면, 친구들과 소식을 주고받기 위해서는 스냅챗을 이용한다는 의견이 35%로 가장 높았고, 페이스북 26%, 인스타그램 18%가 뒤를 이었다. 선호하는 미디어 플랫폼은 성별로 조금씩 차이가 있었는데, 남자 청소년들은 영상 중심 서비스, 여자 청소년들은 관계 지향적인 서비스를 더 친근하게 여겼다. 여자아이들은 인스타그램, 페이스북, 스냅챗과 같은 동영상·이미지 공유 기반의 플랫폼을 선호한 반면, 남자아이들은 트위치와 같은 게임 스트리밍 방송 플랫폼을 더 선호했다.

열째, 브랜드에 대한 거부감이 낮고, 오히려 이를 통해 자신의 라이프스타일을 말하고자 한다. 이들은 자신이 좋아하는 브랜드가 명확히 있다. CJ ENM의 '2017 맘&키즈 타깃 인사이트 리포트'에서 유아나 아동의 41%가 광고를 거부감 없이 끝까지 본다고 할 정도로 아이들은 다른 세대에 비해 콘텐츠 수용력과 집중도가 높다. 이들은 온라인상의 인플루언서에 대한 호감도가 매우 높기 때문에, 이들이 진행하는 광고 콘텐츠에 대해서도 긍정적 반응을 나타내는 것으로 드러났다. 《애드위크》는 또한 "79%의 Z세대들이 광고에 기반한 브랜디드 콘텐츠에 대해서 괜찮거나 불편하지 않다"는 응답 결과를 내놓았다.

열한째, 제품을 인터넷에서 사는 것에 익숙하다. 이들 세대는 매장에서 물건을 보고, 인터넷으로 주문하는 것을 당연하게 생각한다. 아직 구매력이 높지 않지만 인터넷 쇼핑에 대해 적극적이며, 생일 혹은 기념일 선물을 살 때 매장에 가지 않고 자신이 원하는 것을 좀 더 저렴하게 살 수 있는 인터넷을 살펴본다. 이들 중 66%가 주체적 소비자로서 상품 구매 전에 직접 검색하고 제품을 선택한다는 설문 결과가 있을 정도로, 거의 모든 소비재 품목에서 온라인 쇼핑을 선호한다. 유통업체는 이들에게 새로운 디지털 경험을 제공할 수 있는 신기술을 도입하는 것과 같은 방식의 전환을 맞이해야 한다.

열두째, 잠재적 소비력이 매우 높은 연령대다. 미국에서는 이들이 가진 소비력이 40조에 달하는 것으로 추정하고 있다. 또한 디지털 미디어 채널 마셔블(Mashable)에 따르면, 중국 또한 Z세대의 소비 규모가 이미 2014년에 약 40조에 달했다고 한다. 업계는 이들이 취업하여 본격적인 소비를 하게 되는 2020년 이후, 중국 디지털 소비의 판도가 달라질 것이라 전망하고 있다. 텐센트의 '빅데이터 보고'에 따르면 이들 중 상당수는 미적 부분에 매우 높은 관심을 가지고 있으며, 1%가 이미 성형수술을 받았고 11%가 성형수술 계획이 있는 것으로 결과가 나왔다고 한다.

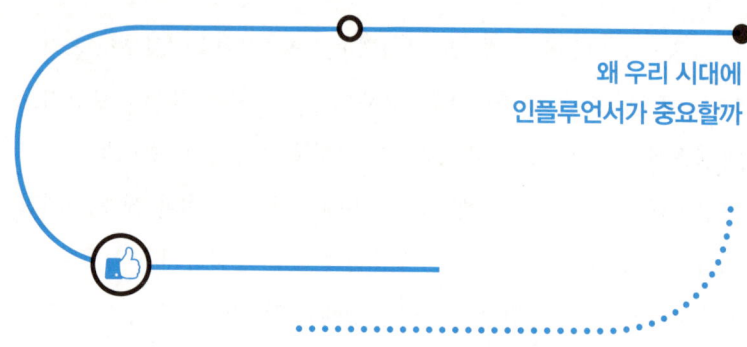

왜 우리 시대에 인플루언서가 중요할까

 모바일 기술의 발달은 TV, 라디오 등 과거 미디어의 역할을 현저히 감소시켰다. 이제 이들은 게이트키핑(Gate keeping, 언론이 뉴스를 선택하는 것), 어젠다 세팅(Agenda setting, 매스미디어가 선정한 이슈가 공중에게도 중요한 이슈가 되는 것)의 특권을 누리지 못한다. 페이스북, 유튜브, 트위터가 만들어놓은 판 위에서 개인이 가진 미디어 영향력이 이들을 넘어서는 경우가 등장했기 때문이다.

 디지털을 통해 개인의 콘텐츠 제작과 유통의 비용이 제로에 수렴하고, 개인과 시청자 집단이 장벽 없이 실시간으로 커뮤니케이션할 수 있게 되면서, 개인은 동떨어진 혼자가 아니라 전 세계의 수십만 명과 연결되어 영향력을 공유하는 수퍼 개인으로 거듭나게 되었다. 21억 명이 사용하는 세계 최대 소셜네트워크인 페이스북과 세계에서 가장 높은 광고 매출을 기록하는 구글을 통해 우리는 유명한 셀럽이 아니더라도 아나운서가 되고, 프로게이머, 예능 프로의 주인공이 될 수 있다. 진솔하고, 살아 숨쉬는 생생한 내용이 실시간 라이브를 통해 전 세계로 공유가 가능해진 것이다.

특히 이들 플랫폼은 소비자의 눈을 붙잡아두기 위해 세분화된 소비자의 니즈에 맞는 콘텐츠, 인플루언서를 매칭해준다. 페이스북은 2018년 1월, 사용자들이 언론사의 콘텐츠보다 가족이나 친구, 자신이 속한 그룹의 소식을 더 많이 볼 수 있도록 알고리즘을 바꾸겠다고 발표했다. 사용자들이 페이스북을 통해 '살아가는 데 좀 더 의미 있는 관계를 형성하도록' 플랫폼의 목표를 새롭게 설정한 것이다. 이와 같이 의미 있는 콘텐츠를 만들어 세상에 공유하고자 하는 개인의 영향력은 앞으로 더욱 강해질 수밖에 없다.

또한 시장의 관점에서, 세분화된 소비자의 팬덤을 보유한 인플루언서는 그 자체가 광고판이다. 수십만 명의 구독자를 보유한 유튜브 크리에이터가 길거리에서 수십만 장의 전단지를 뿌리는 것보다 훨씬 더 효과적이고 높은 수익을 부르기 때문이다. 자본의 관점에서도 인플루언서가 가진 효율적인 측면은 계속 입증되고 있다.

이제 대중(Mass)의 시대는 끝났다. 개인과 개인의 영향력이 모여 만들어지는 슈퍼 개인, 인플루언서의 시대가 왔다.

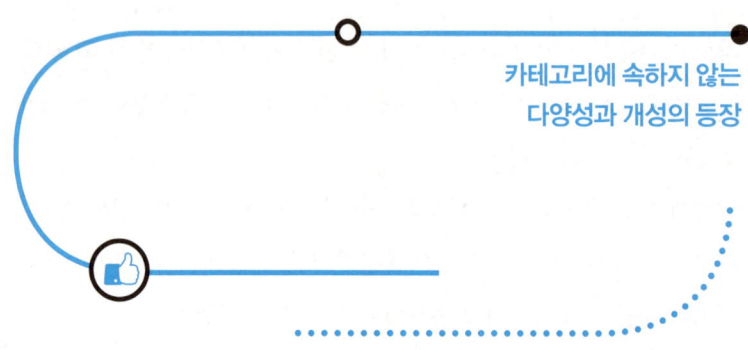

카테고리에 속하지 않는 다양성과 개성의 등장

국내 최대 MCN인 DIA TV는 Digital Influencer&Artist의 약자로, 디지털상의 인플루언서 및 아티스트를 발굴하고 있다. 이 중에는 동영상 위주의 1인 미디어 크리에이터뿐 아니라, 글이나 사진 등을 통해 디지털 세상에서 영향력을 가지는 개인들이 모여 있다. DIA TV 소속의 크리에이터들을 보면 세 살 어린이부터 일흔넷 할머니까지, 전직 미용사부터 중소기업 사장까지 다양한 사람들이 활동하고 있음을 알 수 있다. 인플루언서로서 각자 자기가 생각하는 바를 세상에 알리고 있다. 이들의 목소리를 통해 우리는 기존 미디어가 닿지 못했던 또 다른 영역의 이야기를 들을 수 있게 되었다.

〈도전 골든벨〉 우승자 출신이자 다국적 투자 은행 골드만삭스를 다녔던 김수영 씨와 대기업 출신 직장인 장재열 씨는 2015년부터 유튜브에서 '언니TV(과거 채널명 고생TV)'를 시작했다. 평소 청춘들의 고민과 멘토링에 관심이 많던 이들은 1인 미디어를 통해 꿈을 펼쳐 나가게 되었다. 이들은 자신들의 실제 경험을 바탕으로 실시간 라이브를 통해 고민 상담을 해주고 있다. 채팅방에는 "가슴 뛰는 삶을 살고 싶어요. 어떻게 해야 하나요?", "내게 화내는 사람들에게 어떻게 반응할까요?", "창업을 하다 백수가 되었어요" 등 10~20대들의 솔직한 질문이 올라오고 있다.

  미국의 싱어송라이터이자 메이크업 아티스트로 유명한 제프리 스타(Jeffree Star). 마이스페이스(2000년대 초반, 미국의 싸이월드라 할 수 있는 소셜네트워크)에 자신의 일상과 화장한 사진을 올리면서 사람들의 주목을 받기 시작했다. 성의 고정관념을 부수는 그의 과감하고 자신감 넘치는 화장법과 뛰어난 언변은 밀레니얼 세대의 큰 호응을 얻었고, 그가 올리는 포스트는 매번 5만 건 이상의 댓글이 달리며 세계에서 가

장 유명한 젠더리스 메이크업 아티스트가 되었다.

캘리포니아 출신인 그는 어린 나이에 아버지를 잃었고, 모델로 활동하던 어머니 밑에서 홀로 자랐다. 어린 시절 장난 삼아 어머니의 메이크업을 따라 해보다가, 중학교 때부터는 화려하고 개성이 돋보이는 메이크업에 빠지게 되었다. 한 인터뷰에서 그는 아티스트를 꿈꾸던 미성년일 때, 셀럽들을 만나기 위해 가짜 신분증으로 클럽을 드나들었다고 말했다. 그리고 그곳에서 만난 사람들이 해준 조언이 메이크업 아티스트, 모델 활동에 많은 도움이 되었다고 한다.

그는 현재 싱어송라이터, 패션 디자이너, 모델 등으로 일하고 있고, 많은 이들이 여전히 그가 올리는 영상에 열광한다. "What's up, everybody! Welcome back to my channel!"은 그가 영상을 시작할 때 외치는 말로, 그의 트레이드 마크와 같다. 한 번도 안 본 사람은 있어도 한 번만 본 사람은 없다는 게 그의 채널을 본 사람들의 평가다. 8년 전 시작한 그의 유튜브 채널의 구독자 수는 현재 600만 명에 달한다. 자신의 이름을 건 화장품 브랜드인 'Jeffree Star Cosmetics'는 10~20대 사이에서 큰 인기를 누리고 있다. 합리적인 가격과 뛰어난 발색력 등 높은 퀄리티를 자랑하며, 전 세계 여성들이 사랑하는 그의 화장품은 한국에서도 이미 유명하다. 포털 사이트에서 검색하면 그의 화장품을 추천하는 사람들의 포스팅을 여러 개 볼 수 있다.

사람들의 사랑을 받는 인플루언서는 자기가 사랑하는 걸 즐길 줄 알고, 그것을 알리고 싶어 하는 열정으로 가득 차 있으며, 초보들과 소통하고 호흡할 줄 아는 사람이다. 이들이 모이면 미디어의 다양성이 형성된다. 한국 시청자를 기반으로 국내에서 가장 높은 구독자를 보유하고 있는 크리에이터 '영국남자(구독자 230만)'가 있다. 그는 영국인이지만 한국에서도 거주하고, 어느 카테고리에 한정되지 않는 독창적인 포맷의 콘텐츠로 한국 사람들의 사랑을 받고 있다.

　기존에는 게임과 장난감 그리고 K-POP 장르의 인기가 많았다. 최근에는 다양한 정보를 제공해주는 크리에이터들이 등장하여, 네이버 지식인, 블로그를 대체해 나가고 있다. 아직은 영화나 생활 정보 등에 한정되어 있지만 머지않아 교육, 체험 분야도 성공을 거둘 것이다. 또한 미래에는 무한대로 만들어지는 인터넷 영상들이 보이스 스피커, AI 및 빅데이터와 결합하여 1인 맞춤형 방송 시대가 열리는 등 색다른 콘텐츠 실험이 인플루언서를 중심으로 진행될 것이다.

　인터넷을 사용하지 못하던 인도의 한 가정이 유튜브를 시작한 지 일주일 만에 동영상에서 보고 배운 대로 태양열 발전을 쓰게 된 경우도 있다. 미디어의 발달로 세상이 빠르게 변화하고 있는 것이다.

　웃고 즐기며 '시간 때우는' 용도였던 1인 미디어 콘텐츠 채널들이 지식탐구와 자기계발 욕구를 충족시키는 콘텐츠들로 속속 채워지고 있다. 8명의 한국인 댄서들이 K팝을 포함한 인기 가요 안무를 소개하는 채널 '원 밀리언 댄스 스튜디오'(구독자 600만 명)가 대표적이다. 채널이 만들어진 2015년 2월부터 유명 가수의 춤을 배우고 즐기려는 사람들이 몰려들어 영상 조회 수는 13억으로 늘었다.

　온라인 비디오 콘퍼런스이자 인플루언서들의 최대 축제인 비드콘(VidCon). 그곳에서 유튜브는 매년 '키노트(Keynote)'를 발표하고 있으며 그들의 미션인 "평범한 사람들이 자신의 목소리를 낼 수 있게 돕고 더 큰 세상과 만나게 하는 것(Give everyone a voice and show them the world)"을 강조하고 있다. 유튜브는 크리에이터들이 자신들의 미션과 함께하길 원하며 더 나은 사회로 변화시킬 수 있는 일에 동참해 주길 바란다. 이를 위해 유튜브는 선행을 하고자 하는 사람들 및 중요한 주제에 대한 이야기에 집중하는 기업인 업워디(Upworthy)와 손잡고 가장 효과적인 동영상을 제작하는 데 도움이 되는 일련의 도구와 권장 사항을 개발하고 있다. 이들이 말하는 사회 변화를 위한 동영상의 5가지 요소(Five Fundamentals For Social Change Videos)는 목소리, 이야기, 용기, 커뮤니티 그리고 행동이다. 아래의 다섯 가지 요소에 대한 설명은 유튜브 홈페이지 내용을 토대로 작성하였다.

첫째, 목소리가 곧 힘이다. 양성 평등, 인종차별 등과 관련된 동영상을 제작한다고 해서 반드시 스타일과 기법에 변화를 줄 필요는 없다. 내가 잘하는 게 코미디라면 사회 변화를 촉구하는 메시지에 유머 감각을 가미하여 효과를 높이면 된다. 혹은 미용 전문가라면 미용 기술을 활용한다. 거대한 사회적 담론을 다룰 때일수록 내 목소리를 내는 것이 중요하다.

둘째, 사실은 잊혀도 이야기는 남는다. 새로운 담론에 뛰어들 때는 많은 공부가 필요하다. 존경하는 사람이 제작한 동영상을 통해 아이디어를 얻고, 관련 지식을 알아보고, 사실을 수집하는 것이 좋다. 그러나 순수한 정보만으로는 사회 문제에 대해 사용자들의 관심을 끌어내기 어렵다. 눈에 띄는 장면과 감동적인 이야기가 중요한 아이디어에 생명력을 불어넣을 수 있다. 흥미로운 시각 효과를 사용하고 수집한 사실을 설득력 있는 이야기로 구성해본다.

셋째, 용기는 전파된다. 우리에게는 스스로 실망스러운 부분을 감추려 하고, 언급하지 않으려고 하는 본성이 있다. 자신의 치부를 공개하기란 결코 쉽지 않지만, 스스로 마음의 준비를 하고 용기를 낸다면 커뮤니티와의 유대감을 강화할 수 있고, 시청자들에게도 '나도 당당히 나설 수 있다'는 확신을 줄 수 있다. 또한 사람들 사이에는 차이점보다 공통점이 더 많다는 사실을 증명하고, 우리가 서로의 차이를 진정으로 이해하고 존중하는 계기를 마련할 수 있게 된다.

넷째, 커뮤니티는 복잡하다. 겸허하게 배워야 한다. 논란을 빚은 이슈를 언급하기란 쉽지 않다. 내가 잘못 알고 있는 사실을 커뮤니티가 지적해줄 때도 많다. 건설적인 의견을 수용할 방법을 모색하고 진지하게 대화하는 것이 중요하다. 악플이 달렸다고 해서 실망하고, 시청자를 함부로 배척하거나 차단하면 안 된다. 물론 실제로 수준이 낮은 시청자도 존재한다. 의견은 적당히 걸러서 듣되, 도를 넘었다고 판단되면 신고하면 된다.

다섯째, 도움을 주려는 사용자가 많다. 내 이야기를 귀 기울여 듣는 사용자들은 도움의 손길을 보낼 가능성이 높다. 도움을 줄 방향을 제시하는 동영상을 만들어보는 것도 좋은 방법이다.

주제가 무엇이든 다양한 방식으로 호소할 수 있다. 단순히 인식, 신념 또는 행동을 변화시키려 하거나 기부 등의 행동을 유도하는 것이 목적일 때도 있다. 어떠한 경우든 동영상 내용을 구상할 때 궁극적으로 이루려는 것이 무엇이며 시청자를 어떻게 참여시킬 것인지를 결정한 후 명확한 클릭 유도 문안을 제시해야 한다. 잠시 시간을 내서 현재 관심 있는 주제를 적어보고, 어떠한 동영상을 만들 수 있을지 간단히 아이디어를 내본다. 그리고 실제로 만들어보는 것이다.

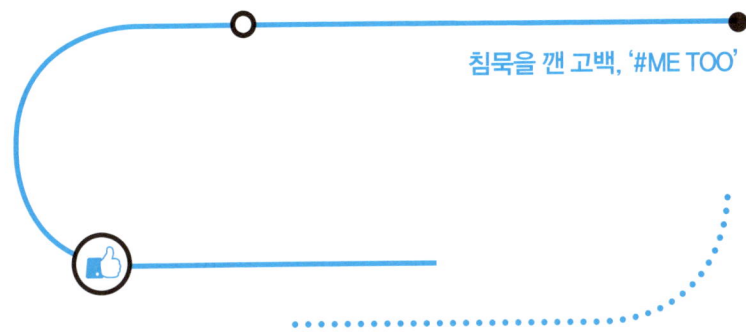

침묵을 깬 고백, '#ME TOO'

2017년 한 해를 달군 해시태그(SNS에서 검색이 가능하도록 단어 앞에 붙이는 #기호)는 자신이 당한 성적 피해를 세상에 알리는 '미투(Me too, 나도 당했다)'였다. 미국의 시사주간지 《타임》은 이 캠페인에 참여해 성범죄 피해 사실을 알린 여성들을 지칭하는 '침묵을 깬 사람들(The Silence Breakers)'을 2017년 '올해의 인물'로 선정했다. 미투 캠페인은 우리나라 여성들도 광화문 광장이나 온라인상에서 여성의 인권에 관한 목소리를 내는 계기가 됐다.

  미투 운동은 2017년 10월, 할리우드 거물 제작자 하비 와인스타인이 30년간 저질러온 성폭력이 드러나며 시작됐다. 애슐리 저드, 앤젤리나 졸리, 귀네스 펠트로 등이 그의 성추행을 연이어 폭로했고 파문은 종잡을 수 없이 커졌다. 이때 미국 배우 알리사 밀라노가 성추행이나 폭행을 당한 사람들에게 '미투(Me too)' 해시태그를 달고 SNS에 글을 쓰자고 제안하자, 9일 만에 트위터에서만 170여만 건의 해시태그가 올라오는 등 영향력이 엄청났다. 온라인 공간에서 성폭력 피해 경험을 털어놓고 연대하자는 이 캠페인에 여성들은 적극적으로 반응했다. 이는 연예계뿐 아니라 IT, 스포츠, 문화계 등 전방위로 뻗어나갔고, 미국을 넘어 유럽, 한국 등 전 세계로 퍼졌다. 미투 캠페인에 동참한 사람 대다수는 평범한 일상을 살아가고 있는 여성들이었다.

이어 유명 배우 케빈 스페이시도 성추행 파문으로 드라마 〈하우스 오브 카드〉에서 하차했고, 앵커 찰리 로즈, 미 상원위원 앨 프랭컨 등도 자리에서 내려왔다. 직장에서의 성폭력을 고발하는 사례들도 줄지 었고, 영국에서는 몇몇 정치인이 자살하는 일도 벌어졌다.

'미투' 해시태그 달기 운동은 교계로도 퍼져나갔다.《타임》은 많은 교인이 '처치투(Church Too, 교회에서 당했다)'라는 해시태그를 달고 SNS에 글(사진)을 올리고 있다고 보도했다. 교회에서 성적 피해를 당했거나 목격한 일 혹은 전해 들은 이야기를 올렸다. 이후 미투 운동은 여러 영역에서 동시다발적으로 터져 나오며 "더는 참지 않겠다"는 여성들의 목소리가 온라인을 덮었다.

미투 운동이 이토록 단기간에 폭발적인 힘을 가지게 된 이유는 무엇일까? 10년 전 미투 운동을 최초로 창시했던 사회운동가 타라나 버크는 "성폭력 피해자들은 수치심 때문에 이를 제대로 말하지 못한다. 그러나 '나도 그랬어'라는 말 한마디가 가진 공감의 힘은 수치심을 털어버릴 수 있게 한다"라고 설명한다. 하지만 당시 타라나 버크의 미투 운동은 소극적으로 진행되어 멀리 퍼지지 못했다. 그렇다면 10년 전과 무엇이 달라졌기에 이번 미투 운동은 전 세계로 퍼져 나갈 수 있었던 걸까?

과거에는 성범죄 피해를 당한 경우에도 수치심과 보복에 대한 두려움으로 인해 이를 숨기는 일이 많았고, 피해 사실을 밝혔음에도 불구하고 해결되지 않는 경우가 많았다. 하지만 최근에는 '공론화해야만 문제를 해결할 수 있다'는 인식이 커진 것을 들 수 있다. 이런 인식의 변화에는 SNS를 통한 끈끈한 연대가 있었고, 사람들이 온라인에서 가진 연대의 힘은 특정 지역, 문화를 넘어 사람들에게 용기가 되었다. 과거 커뮤니티 중심의 폐쇄적으로 운영되던 문화를 넘어 SNS의 목소리가 광장 밖으로 나오며 세상을 바꾸는 것이다. 개인의 목소리들이 모여 그 어떤 미디어보다도 강력한 영향력을 발휘하는 것이다.

하지만 이러한 인터넷상의 운동이 한때 유행으로 끝나는 것은 안닌지 지켜보며 이러한 운동의 지속 가능성을 고민해야 한다. 2016년, 캐나다 작가 켈리 옥스퍼드가 시작한 #ItsNotOkay(괜찮지 않아) 캠페인은 초기에 엄청난 반향을 끌어냈지만 금세 시들해졌었다. 디지털 공간을 연구하는 사회학자 젠슈라디(프랑스 툴루즈경제대)는 "온라인에서 시작된 캠페인이 성공하려면 보다 조직적인 네트워크가 필요하다"고 말했다. 피임, 낙태, 성차별 문제 등 여성의 전반적인 권리 향상으로 관심이 확대되고 보다 많은 일반 인플루언서들이 관심을 가져야 캠페인이 긴 생명력을 가질 수 있을 것이다. 이처럼 인플루언서들의 활동은 세상을 더 나은 방향으로 변화시키는 힘을 지니고 있다.

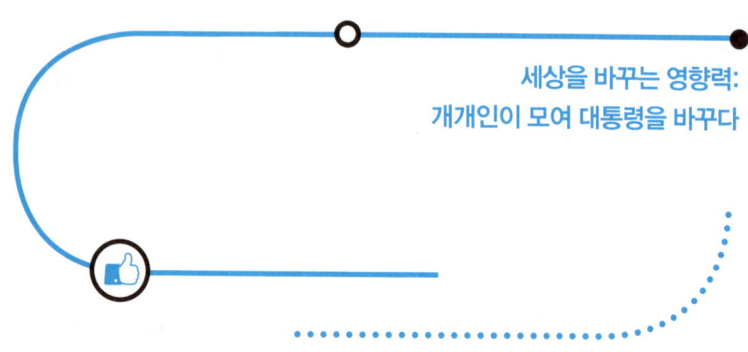

세상을 바꾸는 영향력: 개개인이 모여 대통령을 바꾸다

2016년 겨울, 대한민국 국민들은 시국에 대한 자신의 입장과 견해를 온라인에 쏟아냈다. SNS는 거대한 담론의 장이 되었다. 이 담론은 페이스북의 '좋아요'와 '싫어요'에 그치지 않고 광화문의 촛불로 밝혀졌다. 그 시작은 주요 언론이 터트린 태블릿 특종이었지만, 국회를 움직여 탄핵 소추안을 끌어내고 평화로운 시위를 유지하며 헌법재판소의 판결을 이끌어낸 것은 다름 아닌 개인이었다. 당시 SNS에서는 여러 가지 음모론과 거짓 뉴스가 터져 나왔다. 하지만 언론사의 정보력 못지않은 개인들의 팩트 체크 앞에 음모론은 힘을 쓸 수 없었다.

앞으로 더 많은 개인이 스스로 강력한 미디어가 되어 세상을 바꾸는 영향력을 가지게 될 것이다. 온라인이 가진 힘의 실체가 드러난 이상. 온라인상의 개인들이 모여 오프라인을 압도하는 사회적 사례는 더욱 다양해질 것이다.

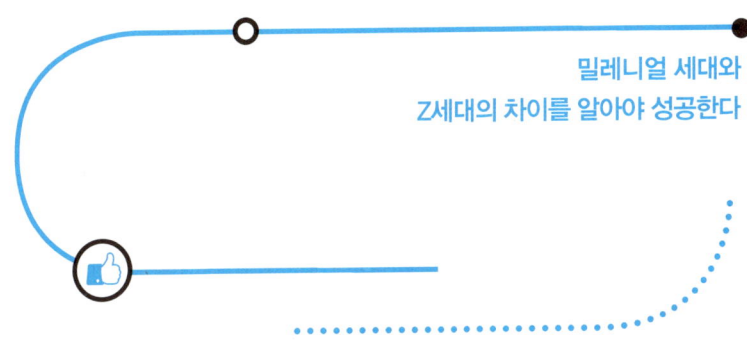

밀레니얼 세대와 Z세대의 차이를 알아야 성공한다

"밀레니얼 세대와 Z세대 각각에 대한 분석 없이 사업에 뛰어드는 것은 상대가 어떤 전술인지 생각도 않고 전쟁터에 나가는 것과 같다."(글로벌 컨설팅 기업 액센츄어 보고서, 2017년 9월)

디지털 콘텐츠의 주요 소비층은 1980년대 이후 태어난 밀레니얼 세대와 1995년 이후에 태어난 Z세대로 나누어진다. 기존에는 인터넷 시대의 주축이었던 밀레니얼 세대(1982~2000년생, 대략 18~36세)에 대해 많은 관심이 있었는데, 최근은 온리(Only) 모바일 시대가 되며 24시간 디지털 생활이 익숙한 Z세대(1990년대 중반~2000년대 중반 출생, 대략 13~21세)의 트래픽이 무섭게 성장하고 있다. 보통 이 둘을 뭉뚱그려 디지털 세대라고 하지만 이 둘을 같은 카테고리로 생각해선 안 된다.

예를 들어 밀레니얼 세대는 미국의 스냅챗(Snapchat)을 쓰고, Z세대는 중국의 립싱크 동영상 앱인 뮤지컬리(Musical.ly)를 쓴다. 이러한 차이를 모르고는 과거 밀레니얼 세대에게 베이비부머 세대의 마케팅 방식을 했다가는 실패하기 쉽다. 디지털 시장을 보다 정교하게 이해하기 위해서는 두 세대의 차이를 알아야 한다.

첫째, 셀럽과 인플루언서를 구분해야 한다. 두 세대 모두 텍스트보다 동영상 콘텐츠 소비에 친근하다. 하지만 밀레니얼 세대가 어린 시절에 TV를 보고 자랐다면 Z세대는 태어날 때부터 모바일을 통해 유튜브, 쥬니어네이버 앱을 보고 자랐다. 그래서 밀레니얼 세대는 방송 속 셀럽을 동경하고 그들의 패션, 언어, 모습 등에 영향을 받는다면, Z세대는 모바일 속 유튜브 혹은 인스타그램의 인플루언서들의 영향을 더 많이 받는다. 이들은 방송 셀럽보다 모바일 속 인플루언서들이 추천하는 제품에 더 끌리어 구매한다.

경제 잡지《포브스》는 이를 가르켜 "Z세대에게 유튜브 인플루언서는 그냥 스타가 아니다. 요리를 알려주고 운동을 가르치는 롤모델이다. Z세대는 이들에게 배우고 즐거움을 얻으며 탄탄한 신뢰 관계를 형성하고 있다"라고 하였다. 구글 트렌드 보고서에 따르면 Z세대 10명 중 7명은 셀럽보다 유튜브 크리에이터를 더 좋아하며, 10명 중 6명은 유튜브 크리에이터의 영향이 소비에 영향을 미친다고 답했다. 한 예로 전통적인 오프라인 사업인 어린이 뮤지컬 시장 또한, 2016년에는 유튜브 기반의 캐릭터인 '캐리와 장난감 친구들', 2017년에는 '핑크퐁'이 시장에 돌풍을 일으켰으며 2018년에도 '헤이지니', '유라야 놀자' 등의 유튜브 캐릭터 기반 뮤지컬이 어린이 뮤지컬 시장의 성장을 주도해나갈 것으로 보인다.

둘째, 사회적 가치에 대한 소비를 고려해야 한다. 미국을 기준으로 한 이야기이지만, Z세대는 앞선 세대보다 '자신의 소비가 사회에 어떤 영향을 미치는지'를 더욱 고민한다. 이들은 자신이 사용한 제품 사용기를 남기고 소셜 미디어에 공유하여, 시장에 나와 있는 제품에 대한 자신의 의견을 적극적으로 개진한다.

이들은 스토리가 있고, 진정성(Authenticity)과 가치를 가진 브랜드를 선호한다. 그래서 백화점에서는 Z세대가 원하는 물건을 찾기 어렵다. 그 대신 인터넷에서는 이들을 타깃으로 한, 스토리를 가진 제품들이 말을 건다. 제품 구입으로 어떤 사회적 가치를 보탤 수 있을지, 어떤 소비 경험을 공유할 수 있을지를 고민하는 Z세대에게 어쩌면 백화점은 더 이상 쇼핑의 장소가 아닐 수 있다.

예를 들면 모델 사진에 포토샵 처리를 하지 않는 의류브랜드 '아메리칸 이글'이나 안경 한 개를 판매할 때마다 한 개를 개발 도상국에 지원하는 온라인 안경 판매 '와비파커' 등이 Z세대의 사랑을 받고 있다. 특히 와비파커의 경우 구매 경험과 가치 소비를 동시에 추구하고 있다. 안경테 5개 주문이 들어오면 먼저 견본을 보내주고, 고객이 약 5일간 사용 후 마음에 드는 것을 골라 보내면 다시 렌즈를 끼워 배송해준다. 중간 판매 단계를 없애고 소비자들과 직접 소통하며 가격도 기존가의 3분의 1 정도로 낮추었다. 판매된 수만큼의 안경을 개발도상국에 제공하는 것뿐만 아니라 해당 국가 빈곤층을 대상으로 안경 제작 관련 교육 사업을 진행하고 있다. 이와 같은 스토리에 열광하는 Z세대는 와비파커를 구입한 후 인스타그램에 인증샷을 올린다. 이처럼 제품을 구매할 때 판매처의 철학을 살펴보고, 공감하고, 자신의 소비 형태를 공유하는 것이다.

미국 경영 전문지 《패스트컴퍼니》에 따르면 Z세대는 과시용 브랜드보다, 세상을 더 나은 방향으로 이끄는 기업의 제품에 적극적으로 반응하고 구매를 통해 지지 의사를 표명한다. Z세대에게 사랑받는 기업들을 보면, 이들은 기존 방식의 마케팅을 거의 하지 않는다. 소비자와 공감하고 소통하며 함께 고민한다. 현 시대의 마케터들은 전통적인 시장과의 접근에서 벗어나야 한다. 기업이 사회에 새로운 가치를 제공하는 것만으로도 Z세대는 열성 팬이 되고 브랜드 전도사(Evangelist)를 자처하게 된다.

셋째, Z세대일수록 브랜드보다 자신의 개성을 중시한다. Z세대는 과거 세대에 비해 브랜드의 유명도를 따지지 않고, 자기 스타일이 아니면 구입하지 않는다. 브랜드를 따라가는 건 오히려 촌스러운 것이라 생각한다. 1만 명의 밀레니얼 세대와 Z세대를 대상으로 한 액센츄어의 조사 결과에 따르면 밀레니얼 세대의 68%는 옷을 살 때 브랜드의 명성을 따지지만, Z세대의 73%는 브랜드를 벗어나 본인에게 어울리는 옷을 선택한다고 한다. 그래서 Z세대는 인스타그램의 해시태그 등을 검색하며 남들에게 잘 알려지지 않은 상품을 찾는다.

더불어 이러한 성향은 브랜드 충성도에도 영향을 미친다. "주로 이용하는 화장품 브랜드가 있는가"라는 질문에 밀레니얼 세대는 34%가 그렇다고 하였고, Z세대는 19%만이 그렇다고 답변했다. 이러한 경향 때문에 Z세대는 보다 다양한 브랜드 제품을 소비하고 쉽게 싫증을 느낀다. 밀레니얼 세대는 선호하는 2~3개 브랜드를 주로 이용하는 반면 Z세대는 제품마다 다른 브랜드를 이용하는 경향이 크다.

위 세 가지를 종합해보면, 마케터들은 미래 소비 주축이 되는 세대의 특징을 명확히 이해하고 마케팅을 해야 한다. 첫째, 브랜드는 디지털 인플루언서들과의 콜라보를 더 이상 서브로만 생각하지 않고, 적극 활용하여 Z세대와 교류해야 한다. 둘째, 제품의 사회적 가치와 메시지를 스토리텔링하여 소비자들에게 디지털 경험과 가치를 동시에 제공해야 한다. 셋째, Z세대가 자신의 개성을 표현하여 인스타그램에 공유할 수 있는 제품을 만들어야 한다.

성공적인
인플루언서는
어떻게 될 수
있을까

#2

1536 likes
username #photo #followme #bestchoice

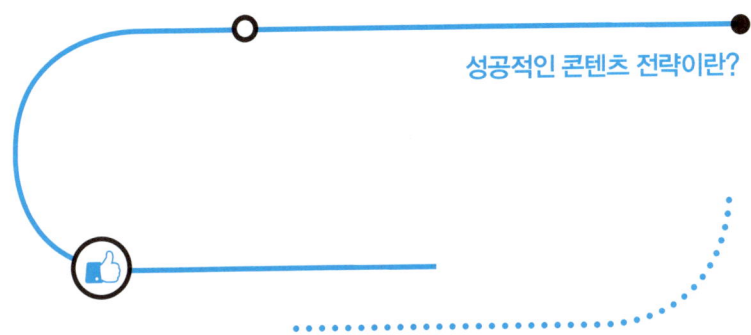

성공적인 콘텐츠 전략이란?

뷰티, 운동, 패션, 키즈 등 특정 '관심사'를 기반으로 소셜 미디어를 활용하는 인플루언서들이 계속 증가하고 있다. 이들은 자신이 올리는 콘텐츠에 관심이 있는 타깃 구독자를 보유하고, 그들에게 영향력을 미치고 있다. 오늘날은 실시간 방송 및 1인 콘텐츠 방송을 함으로써 생활 전반에 걸친 정보와 재미를 향유하고, 또 이것이 여러 수익원으로 연결되고 있는 중이다.

몇 년 전까지만 해도 개인이 동영상을 촬영하고 편집하려면 많은 장비와 도움이 필요했지만, 인터넷이 발달하고 장비가 간소화되면서 누구나 콘텐츠를 생산하고 업로드하여 공유할 수 있고 자신만의 인터넷 방송 공간을 꾸릴 수 있게 되었다. 이렇게 온라인에서 자신만의 콘텐츠를 생산해 사람들과 적극적으로 소통하는 사람을 인플루언서라고 부른다.

인플루언서가 되는 데 특별한 공식은 없다. 겁내지 말고 일단 SNS

채널을 개설하고, 핸드폰으로 재밌는 콘텐츠를 찍어보는 것에서 출발하면 된다. 여유가 있다면 윈도우 무비 메이커(Windows Movie Make), 곰믹스 등의 프로그램을 통해 간단히 편집한 후 유튜브에 업로드 해본다. 요즘은 모바일로도 동영상 편집이 가능하다. 동영상을 만드는 순간, 당신은 벌써 인플루언서에 가까워지고 있는 것이다.

  창작 활동을 꾸준히 하려면 자기가 좋아하거나 잘할 수 있는 것이 무엇인지 찾아야 한다. 남들과는 다른 나만의 콘텐츠를 어떻게 표현해야 사람들이 재미있어 하고, 많이 볼 수 있는지를 생각해보는 것이 중요하다.

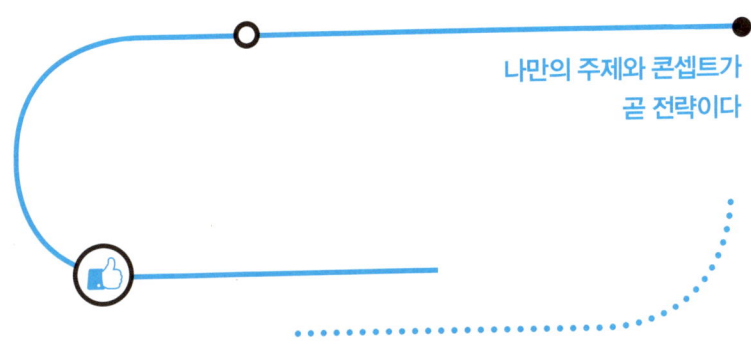

나만의 주제와 콘셉트가 곧 전략이다

인플루언서가 되기 위해서는 "나는 어떤 콘텐츠를 만들 것인가"라는 질문부터 해야 한다. 제작할 동영상의 주제 및 채널의 콘셉트를 정하는 것으로, 앞으로 운영할 채널의 성격이 정해진다. 이에 따라 구독자 및 조회 수의 성장 속도가 달라지기 때문에 무엇보다 중요하다. 이때 고려해야 할 것은 다음 두 가지다.

첫째로 '잘할 수 있는 주제'다. 무엇을 잘할 수 있는지 먼저 생각해봐야 한다. 그리고 가장 자신 있고, 장점으로 내세울 수 있는 주제를 찾아본다. 그런 다음에는 자신이 생각한 주제와 유사한 크리에이터를 찾아본다. 앞으로 경쟁하게 될 크리에이터이므로 꼼꼼하게 분석해서 동영상을 제작할 때 참고한다.

둘째로는 '인기 있는 주제'다. 그렇다고 해서 사람들이 좋아하고, 유행하고 있는 주제만 선택하라는 말은 아니다. 인기 있는 주제만 선택하다 보면 자신의 취향과 맞지 않아 정기적으로 콘텐츠를 제작할 때 한계에 부딪힐 수 있다. 그러므로 인기 있는 주제를 나열해보되, 그중 가장 잘 만들 수 있는 주제를 선택하는 것이 좋다.

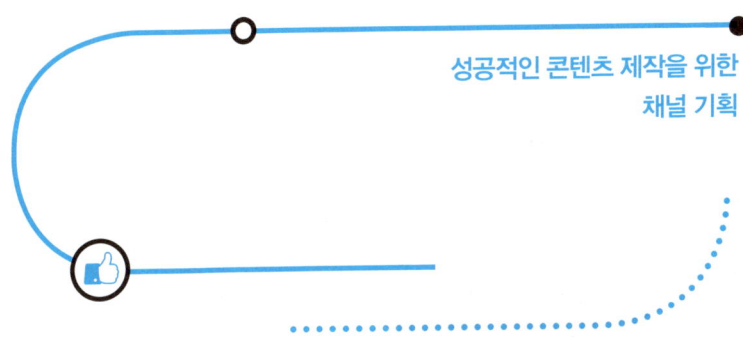

성공적인 콘텐츠 제작을 위한 채널 기획

주제를 선택했다면 이제 운영할 공간인 유튜브 채널을 어떻게 꾸밀지 고민해야 한다. 채널 콘셉트는 매우 중요하다. 앞으로 운영할 콘텐츠의 방향성이자 크리에이터로서의 방향성이기 때문이다. 먼저 미션, 소재 그리고 캐릭터, 이 3가지로 채널의 콘셉트를 구분해서 질문을 던져 보겠다.

채널 미션은 '당신이 궁극적으로 시청자에게 말하고자 하는 것은 무엇인가?'이다. 이어 채널 소재는 '당신의 채널 미션 달성을 위해 어떤 소재를 주로 다룰 것인가? 과연 그 소재를 다른 사람들도 좋아할까?'라는 물음과 같다. 그리고 캐릭터는 '당신의 다양한 장점 중 어떤 장점을 부각하여 동영상에 표출할 건가? 당신이 다른 크리에이터와 다른 점은 무엇인가?'라고 할 수 있다.

크리에이터는 매주 같은 요일에 업로드할 콘텐츠를 정하는 게 좋다.

▶ Hero-Hub-Help(피라미드 3단계)

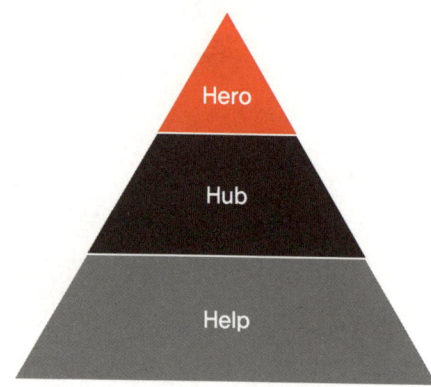

Hero
새로운 시청자를 확보하기 위한 기획으로, 대규모 프로젝트 콘텐츠 혹은 특정한 시기를 노리는 콘텐츠

Hub
정기적으로 업로드하는 콘텐츠 혹은 포맷/ 주요 잠재 고객을 위해 정기적으로 업로드 하는 '알림' 콘텐츠

Help
시청자들의 궁금증을 해소하고, 흥미를 돋 우기 위해 상시로 업로드하는 콘텐츠/핵심 타깃을 위해 상시로 업로드하는 콘텐츠

출처: http://brendangahan.com/hero-hub-hygiene/

시청자들은 이를 통해 보고 싶은 콘텐츠의 업로드 일정을 미리 파악할 수 있고, 정기적으로 시청하는 팬이 될 수 있다. 일정 계획뿐만 아니라 어떤 종류의 콘텐츠를 올릴지도 고려해야 한다. 예를 들어 '먹방 카테고리에 매일 라이브 생중계 방송 업로드하기', '일주일에 한두 번 맛집 탐방 방송하기', '한 달에 한 번 대형 음식 만들기 프로젝트 방송하기' 처럼 구체적으로 계획을 세워보는 것이 좋다.

매일, 매주, 매월 특정 단위로 계획해두고 채널을 운영한다면 단순 시청자들도 팬이 될 확률이 조금씩 높아진다. 유튜브에서는 일관성 있는 콘텐츠 프로그램 기획을 도와주는 'Hero-Hub-Help' 모델을 제시하고 있다. 위의 표는 콘텐츠 전략 구체화 방법을 소개한 것이다.

Hero 콘텐츠는 빼빼로데이나 크리스마스처럼 특별한 날에 업로드

하여, 해당 콘텐츠를 처음 보는 사람도 외부에 공유할 가능성이 높은 콘텐츠다. 새로운 시청자를 확보하기 위해 기획하는 대규모 프로젝트 콘텐츠 혹은 특정한 시기를 노리는 콘텐츠가 이에 해당한다. 채널을 꾸준히 시청하는 팬과 우연한 검색으로 시청하게 된 시청자 모두 재미와 호감을 느낄 수 있도록, 충분한 기획과 편집으로 한 달에 한두 번 Hero 콘텐츠를 제작하고 업로드할 것을 권장한다.

뷰티 크리에이터 씬님은 매년 핼러윈 시즌에 '핼러윈 메이크업 특집'을 유튜브 채널에 편성한다. '피에로 분장하기', '몰카로 다른 유튜버 놀라게 하기', '핼러윈 푸드 만들기' 등 사람들이 해당 기간 중 많이 찾고 좋아할 만한 콘텐츠를 만든다. 특히, 한두 달 전부터 콘텐츠를 기획하고 협찬사를 찾아놓는 등 시즌을 앞두고 있을 때는 훨씬 더 공을 들인다. 씬님의 팬들은 매년 그녀가 선보일 핼러윈 콘텐츠를 기대하게 되고, 그녀의 유튜브 채널을 반복적으로 찾는다. 최근 그녀는 핼러윈 시즌 동안 기획성 콘텐츠 13편을 업로드했는데, 총 조회 수는 400만에 달했다.

HUb 콘텐츠는 정기적으로 업로드하는 콘텐츠 혹은 포맷이다. 크리에이터가 되기 위해서는 동영상을 매일 혹은 매주 업로드하는 것이 좋지만 결코 쉬운 일이 아니다. 그렇기에 나와 팬들에게 익숙한 콘텐츠 스타일을(내가 익숙하게 만들어낼 콘텐츠 스타일을) 들어야 하는데 이것이 바로 포맷이며, 이 포맷에 맞는 콘텐츠가 Hub 콘텐츠에 해당한다. Hub 콘텐츠가 갖춰지면 시청자는 매주 올라오는 동영상을 시청하기 위해 채널에 방문할 것이고 구독자도 늘어갈 것이다. 이처럼 Hub 콘텐츠는 팬들과 지속적으로 상호 작용하는 콘텐츠라 할 수 있다.

'불'로 하는 실험은 뭐든지 한다는 콘셉트의 '닥터파이어'는 게임 무기 만들기, 쇳물 실험, 주물 제작 등의 콘텐츠를 만들어 올리고 있다. 특히 그의 채널에서 가장 인기 있는 콘텐츠는 매주 업로드되는 '게임 무기 만들기' 영상이다. 그는 오버워치, 클래시로얄, 마인크래프트 등 다양한 게임에 등장하는 무기들을 직접 만들어 올리고 있는데, 초등학생들이 매주 영상 업로드 날만 기다리고 있다고 할 정도로 인기가 많다. '쇳물로 만든 대포 카트', '진짜 폭발하는 자이언트 폭탄', '쇳물로 만든 플라잉머신' 등 무기 만들기 콘텐츠의 조회 수는 매회 50만 이상, 댓글 수는 3,000개가 넘는다. 팬들은 다음 아이템은 무엇일지 궁금해하며 적극적으로 아이디어도 준다. 이처럼 정해진 포맷을 가지고 콘텐츠를 주기적으로 업로드할 경우, 팬들을 다시 유입시키는 효과를 낳을 수 있다.

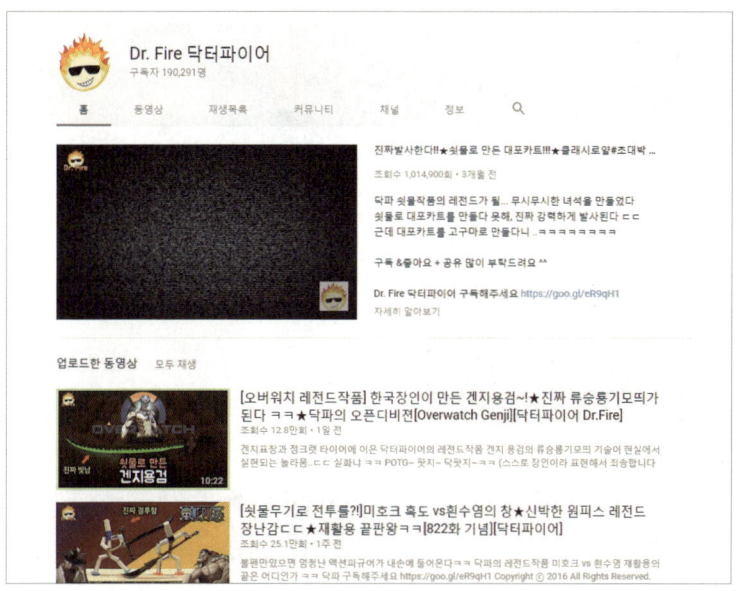

'닥터파이어' 채널에 정기적으로 업로드되는 '무기 만들기' 시리즈는 높은 조회 수와 팬들의 참여를 보여준다

    Help 콘텐츠는 시청자들이 궁금증을 해소하고, 흥미를 돋우기 위해 상시로 업로드하는 콘텐츠다. 비교적 쉽게 제작할 수 있으며, 실시간 라이브 형태의 방식도 여기에 해당한다. "검색을 통해 우연히 방문한 시청자에게 어떤 영감을 줄 수 있는가?", "어떤 질문에 답을 줄 수 있는가?"에 대해 고민해보고, 시청자들의 궁금증을 해소시켜줄 수 있는 콘텐츠를 제작해보자.

    초등학생들이 좋아하는 다양한 인기 크리에이터의 인터뷰, 키즈 챌린지, 놀이가 업로드되는 '마이린TV'는 10대들의 라이프스타일을 엿

10대들의 일상을 알 수 있는 마이린TV에는 초등학생 린이의 일상이 올라온다

볼 수 있는 채널이다. 초등학생이 주인공인 채널이지만 이미 구독자 40만 명에 누적 조회 수는 1억 3,000만을 넘는다. 마이린TV에는 매일 초등학생 린이의 일상이 올라오고 있는데, '치아 교정하러 갔어요', '엄마 몰래 폰을 숨겼어요', '마이린 집에 지진이 났어요' 등 솔직하고 정감 가는 내용의 콘텐츠가 올라와서 시청자들의 친근감을 얻고 있다. 이처럼 성공적인 헬프 콘텐츠를 제작하기 위해서는 구독자들의 구미를 당기게 하는 영상이 무엇일지, 피드백은 어떻게 할지 늘 생각해야 한다.

인플루언서가 되기 위해 필요한 것들은?

우리는 모두 인플루언서의 기질을 타고났다. 푹 빠질 수 있는 한 분야가 있다면, 여러분도 인플루언서가 될 수 있다.

나만의 정체성 정하기
내가 무엇을 잘하는지 생각해 본다. 또한 내가 시청자들에게 궁극적으로 말하고자 하는 바는 무엇인지 고민한다. 그리고 나의 정체성을 지키기 위해 디테일에 신경 쓴다.

꾸준한 포스팅
인플루언서로 성공하려면 최소 6개월 이상, 매주 정해진 시간에 업로드해야 한다. 이렇게 꾸준히 업로드하면 콘텐츠 주제에 관심을 보이는 팬이 생겨나고, 누적된 콘텐츠의 양이 쌓이고 조회 수 증가에도 탄력을 받는다.

적극적인 소통
매일 콘텐츠를 만들어야 하는 크리에이터가 팬들과 소통까지 한다는 일은 결코 쉽지 않다. 하지만 유튜브 크리에이터는 일반 연예인과 달리 팬들과 소통할 수 있는 수단이 매우 많다. 대표적으로는 댓글이 있다. 시청자가 남긴 댓글을 방송 중에 읽어줄 수 있고, 답글도 다는 것이다. 댓글 등을 활용한 이벤트를 진행할 수도 있다. 이외에도 유튜브 크리에이터가 팬들과 교류하고 소통할 방법은 무궁무진하다. 유명 뷰티 크리에이터 포니는 "콘텐츠에 대한 영감은 사람들의 댓글에서 얻는다"고 말했다.

앞선 트렌드
유튜브는 굉장히 빠르게 변하는 공간이다. 이러한 공간에서 과거에 다른 사람들이 했던 동영상 콘텐츠를 따라 하면 단기적으로는 많은 조회 수를 확보할 수 있겠지만,

장기적으로 구독자나 팬을 늘리는 데에는 한계가 있다. 그러므로 남들이 생각하지 못했던 것, 남들과는 다른 방식을 시도해서 개성 있고 참신한 크리에이터가 되어야 팬들의 지속적인 사랑을 받을 수 있다. 플랫폼의 트렌드를 읽는 것도 중요하다. 과거 미니홈피에서 블로그로, 블로그에서 유튜브로, 최근에는 인스타그램, 콰이 등으로 사람들이 '대이동'을 할 때 한발 먼저 움직이는 게 중요하다. 이를 위해서는 시청자들의 말에 늘 귀 기울여야 한다.

관련 분야 사람들과의 만남
유사한 일을 하는 사람들의 콘텐츠에 관심을 가진다. 다른 인플루언서들과 정기적인 모임을 가지고 정보를 공유하거나, 콜라보레이션 영상 제작을 통하여 신규 시청자들에게 본인의 콘텐츠를 알린다.

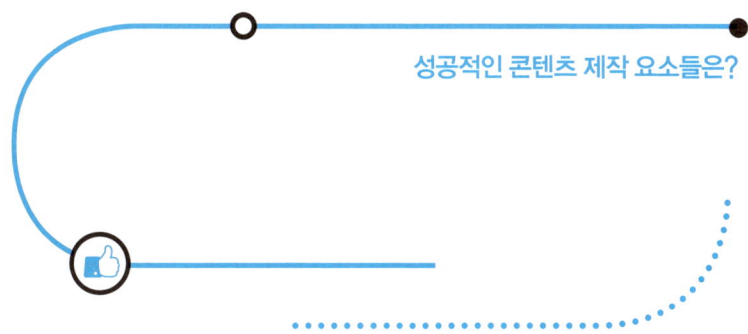

성공적인 콘텐츠 제작 요소들은?

"Content is King"은 마이크로소프트(MS)의 CEO였던 빌 게이츠가 1996년에 했던 연설의 제목이다. "방송이 그랬던 것처럼, 콘텐츠가 인터넷상에서 많은 돈을 벌게 해줄 것으로 기대된다"라며 콘텐츠의 중요성에 대해 강조한 것은 결코 우연이 아니었다. 21세기에 접어들고 스마트폰이 보급되며 미디어, 통신, 플랫폼이 통합되었고, 1인 1개 미디어 소유의 시대가 도래함에 따라 디지털 콘텐츠에 대한 수요가 폭발적으로 늘어나기 시작했다.

스페인 바르셀로나에서 열린 모바일월드콩그레스(MCW) 2017에서 프랑스 미디어 그룹 비방디의 대표인 아르노 드 뒤퐁텐느는 "19세기는 황금, 20세기는 오일러시의 시대였다면 21세기에는 콘텐츠를 향한 콘텐츠 골드러시(Content Gold Lush)가 펼쳐질 것이다"라고 말했다. 콘텐츠가 왕이라면 디지털 콘텐츠 생태계에서 사람들의 사랑을 받는 왕은 누구일까? 많은 사람이 콘텐츠의 중요성에 대해서는 충분히 공감하지만, 사람들에게 사랑받는 콘텐츠는 어떻게 만들어졌는지에 대해서는 아직 관심이 부족한 상황이다.

"감정은 행동을 유발한다"는 유명한 말이 있다. 우리는 신체적·정신적 각성을 유발한 이야기들을 다른 사람들과 공유하려 한다. 그러한 욕구의 밑에는 인간의 '소속 욕구'가 있다. 소속 욕구는 나와 다른 사람 간의 사회적 관계를 끊임없이 확인하게 한다. 그래서 사람들은 기쁨, 슬픔과 같은 특정 감정 상태에 이르면 이를 타인과 공유하는 과정을 통해 다른 사람들과의 관계를 재확인하고 이를 공고히 한다.

이러한 심리적 기저는 SNS를 작동시키는 기본적인 원리로, 사람들은 자신의 감정이 담긴 콘텐츠를 SNS로 연결되어 있는 이들에게 공유하며, 사람들은 이에 반응하여 '좋아요'를 누른다. 같은 장소에 있지 않아도 서로 같은 감정을 느낄 수 있게 해주는 콘텐츠에 사람들은 반응한다. 디지털상에서 자신의 콘텐츠를 널리 전달하고 싶다면, 이러한 감정을 건드리는 콘텐츠를 만들어야 한다. 다음은 성공적인 콘텐츠 제작을 위한 대표적인 요소들이다.

소재

유튜브, 페이스북과 같은 디지털 플랫폼에서는 소재 선정과 타이밍이 매우 중요하다. 유튜브 CEO 수전 워치츠키는 "지금 TV는 재창조(Reinvented)되고 있다. 벽에 붙은 TV 앞에서 특정 프로그램이 시작할 때를 기다리던 시대는 이제 끝났다"라고 했다. 이처럼 TV와는 달리 디지털에는 수만 개의 채널에서 매일 수십만 시간의 영상이 올라오고 있기에, 시청자의 선택을 받기 위해서는 사람들이 좋아할 만한 아이템을 타이밍에 맞춰 보여주는 시의성이 중요하다. 그 때문에 지금 시점에 어떤 소재를 다룬 영상을 업로드 할지는 매우 중요하다.

콘텐츠 제작 시 사람들이 좋아하는 보편적인 소재를 기획하는 사람이 있는가 하면, 극히 소수만이 아는 사실을 포착하여 콘텐츠를 기획하는 사람이 있다. 또한 사람들의 감정을 자극하는 소재들이 있고, 유용성을 제공하는 콘텐츠들이 있다.

이런 관점에서 현재 어떤 콘텐츠가 시의적절한지, 선택한 소재가 독자와 얼마나 깊은 관련이 있는지 고민해보는 것이 중요하다. 그만큼 시청자들에게 소비될 확률이 높아진다. 사람들은 지금 이 순간 나와 관련된 콘텐츠를 소비하기 쉽다.

키워드 리서치를 통해 타깃 키워드를 정하고 난 뒤, 실제로 해당 키워드 검색을 통해 어떤 사이트에서 어떤 콘텐츠가 상위 노출되고 있는지 확인한다. 대다수의 독자는 검색을 통해 블로그 및 웹사이트에 올려진 콘텐츠를 찾게 된다.

이때 주의해야 할 것이 있다. 잘 될 수밖에 없는 유행하는 아이템만 다루는 방식으로는 오랜 기간 생존하기 어렵다는 점이다. 매번 현 시점에서 시청자가 좋아하는 것들만 쫓는다면 콘텐츠는 금세 식상해져 버릴 것이다. 기획형, 발굴형, 확산형 등의 소재를 계속하여 개발하고 이를 연결해 나가야 한다. 오랜 기간 사랑받는 콘텐츠를 만들기 위해서는 사람들의 심리와 문화에 지속적으로 관심을 가지고 내가 타깃으로 한 시청자의 '취향'을 읽어낼 줄 알아야 한다.

인기 있는 소재는 어떻게 찾을까?

현재 유튜브를 비롯한 동영상 플랫폼에서 가장 인기 있는 1인 미디어는 게임, 키즈, 뷰티, 뮤직 카테고리이다. 최근에는 정보성 및 40, 50대를 위한 콘텐츠도 빠르게 성장하고 있다. 하지만 동영상 플랫폼의 유행은 수시로 바뀌기 때문에 지나치게 유행에 의존하기보다는 잘할 수 있는 명확한 주제를 명확히 찾는 것이 중요하다.

Entertain: 일상 속 재미, 코미디, 애완 동물과 같이 호기심 유발, 긴장감, 재미를 제공하는 동영상
Educate: 일상 속에 필요한 여러 정보와 신뢰성이 있으며 유용한 정보를 제공하는 동영상
Inspire: 스포츠와 음악, 스피치와 같이 감동과 설득이 있는 동영상

일반적으로 인기 동영상 콘텐츠는 이와 같이 분류할 수 있으며, 다음 웹사이트를 활용한다면 현 시점에 인기 있는 소재를 발굴할 수 있다.

구글 키워드 플래너
https://adwords.google.com/home/tools/keyword-planner
구글 키워드 플래너를 사용하면 전통적인 키워드와 보다 넓은 범위의 키워드가 포함된 구문, 그리고 그 과정에서의 각각의 경쟁률 평가를 확인할 수 있다. 이제 막 시작한 채널의 경우에는 구체적인 수요가 들어있는 롱테일 키워드(Longtail Keyword, 불특정 다수가 꼬리처럼 이어지는 법칙에서 파생된 말)로 시작하는 것이 경쟁이 높은 단어를 사용하는 것보다 경쟁이 낮아 유리하다. 유튜브 검색창의 자동 완성 검색어를 활용하면 가장 최상의 검색 구문을 쉽게 장악할 수 있을 뿐만 아

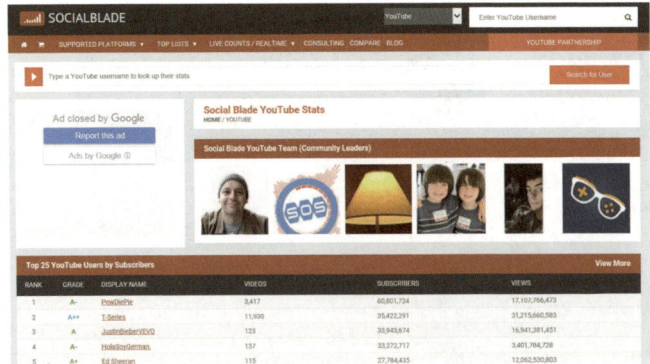

니라 영상에 소재에 대한 아이디어도 얻을 수 있다.

소셜 블레이드
http://socialblade.com/youtube

유튜브, 트위치, 인스타그램, 트위터와 같은 소셜네트워크 플랫폼 사용자들의 순위 및 지표들을 확인할 수 있는 곳이다. 특히, SB Score라는 종합 지표를 기준으로 유튜브 채널의 순위를 확인할 수 있다. 유튜브 크리에이터 및 MCN에서 가장 많이 사용하고 있는 사이트 중 하나다.

위즈 트래커
https://wiztracker.net

유튜브 크리에이터 사이에서 가장 보기 편하고 지표가 정확하다는 평가를 받는 웹사이트다. 특히 최근 가장 많은 조회 수의 동영상을 확인하거나, 유사한 주제를 찾고 싶을 때 유용하다.

구글 트렌드
https://trends.google.com/trends

구글 트렌드

구글 및 유튜브의 인기 있는 주제 및 검색어들을 찾을 수 있다. 최신 트렌드, 데이터 및 시각화 정보를 확인할 수 있는 웹사이트이다. 특히 지역별로 급상승 중인 키워드와 동영상을 확인할 수 있어 편리하다.

네이버 데이터랩

http://datalab.naver.com

네이버 빅데이터 포털로, 데이터 기반의 동영상 아이디어를 발굴할 수 있는 웹사이트다. 다른 사이트에 비해 국내 트렌드를 파악하는 데 도움이 된다.

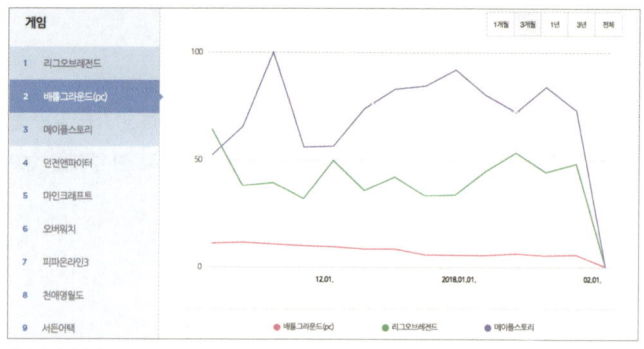

네이버 데이터랩

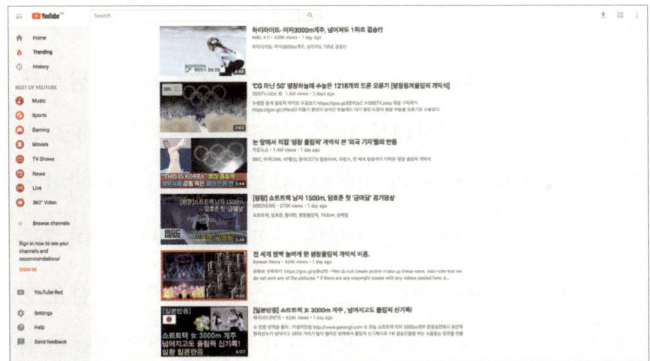

유튜브 실시간 인기 동영상

유튜브 실시간 인기 동영상
https://www.youtube.com/feed/trending
유튜브 메인 화면 왼쪽 메뉴 영역에서 홈페이지 '인기'를 클릭하면 확인할 수 있다. 최근 동영상 중 조회 수와 누적 시청 시간이 빠르게 상승하고 있는 동영상 위주로 표시되어 유튜브 내에서 어떤 동영상이 많은 사람의 관심을 끌고 있는지 빠르게 확인할 수 있다. 설정에서 장소(국가)를 달리하면 국가별 인기 동영상을 확인할 수 있어 원하는 국가의 트렌드를 파악할 수 있다.

감정

디지털 세상에서 사람들의 공유 욕구를 일으키는 감정이 있을까? 와튼비즈니스스쿨의 조나 버거 교수는 '생리적 각성'을 일으키는 감정이 공유 욕구에 어떤 영향을 미치는지에 대해 연구를 진행했다. 그리고 '심리적 각성 상태'가 인터넷 세상에서 공유 욕구를 활성화 시키는 것을 발견했다.

생리적 각성(Psyiological Arousal)은 의학적으로 자율신경계가 활성화된 상태다. 그리고 이 상태를 높게 만들어주는 감정은 바로 '웃게 만드는 감정'과 '울게 만드는 감정'이다. 성공적인 온라인 바이럴 콘텐츠들의 경우 대부분 자연스럽고 생생한 상황을 통해 사람들이 웃음을 터트리도록 만든다. '웃음'이라는 즐거운 콘텐츠는 자연스럽게 공유 욕구를 불러일으켜, 더 널리 알려진다. 앞서 말한 '감정은 행동을 유발한다'라는 유명한 명제가 있듯이, 감정을 자극받은 시청자들은 '좋아요'와 공유를 통해 해당 콘텐츠를 더욱 널리 퍼트린다.

감정을 쉽게 자극하는 콘텐츠에는 어린아이, 반려동물, 웃음이나 웃는 표정의 사람 등이 나온다. 실제로 SNS에서 가장 바이럴이 많이 되는 콘텐츠의 상당수가 이러한 장르다. 'Laughing Chewbacca Mask Lady'라는 콘텐츠는 평범한 여성이 〈스타워즈〉의 츄바카 마스크를 쓰고 신나게 웃음을 터트리는 영상인데, 페이스북에서는 수천 번의 공유가 이루어지고 유튜브에서만 조회 수가 1,000만이 넘는 등 전 세계적으로 열풍이 불었다. 이 영상을 따라 하는 사람이 늘었던 것은 물론, 실제로 이 콘텐츠가 올라온 2016년에 해당 마스크의 판매량이 폭주하여 완구 업체가 가장 주목했던 사례가 되었다.

포맷

방송에서의 포맷은 특정 방송 프로그램에서 에피소드마다 동일성을 지니는 핵심 구성안을 의미한다. 이 챕터에서의 포맷은, 디지털 플

랫폼마다 달라질 수밖에 없는 콘텐츠의 외형적 전달 방식을 말한다. 같은 내용의 콘텐츠라도 어떤 포맷으로 제작하느냐에 따라 그 결과는 확연히 달라질 수 있다. 해당 콘텐츠가 오디오 혹은 영상인지, 카드 뉴스 포맷인지에 따라, 시청자들에게 전달되는 플랫폼과 방식도 달라지는 것이다. 페이스북에서 동영상 콘텐츠가 급격하게 늘어나고 있지만, 20대 이상을 대상으로 한 정보 전달성 목적에서는 카드 뉴스가 전달력이 좋다고 평가되듯, 목적과 타깃에 따라 콘텐츠의 포맷은 다를 수밖에 없다. 이처럼 소재에 적절한 포맷을 선택했는지의 여부가 콘텐츠 확산에 직접적인 영향을 주게 된다.

이러한 포맷의 유형으로는 영상, 오디오, 스트리밍, 텍스트, 웹툰, 카드 뉴스 등이 있으며 최근에 페이스북과 유튜브는 라이브 스트리밍 콘텐츠 서비스를 강화하고 있다. 기술과 서비스의 발전에 따라 새로운 콘텐츠 포맷들이 등장하고 있으니, 소재에 어울리는 포맷을 두루두루 활용하는 것이 좋다.

세로 영상의 매력
같은 내용의 영상이어도 각각의 SNS에 맞춘 새로운 시도가 이어지고 있다. 페이스북의 세로 영상에는 뭔가 특별한 것이 있다. 먼저, 세로는 가로에 비해 주의 집중을 요구한다. 그리고 흔히 볼 수 있는 가로형의 정제된 느낌보다 날 것의 느낌을 주어 시청자들의 시선을 끌어당긴다. 페이스북 모바일 환경에서 시청자들의 눈을 끌고 싶다면, 세로 영상은 좋은 시도가 될 것이다.

정사각형 비디오
세로형 콘텐츠 못지않게, 최근 버즈피드, 바이스 등에서 사용하는 포맷 사이즈는 정사각형 비디오다. 페이스북에 따르면 가로형 영상보다 3배 이상 인게이지먼트(Engagement, 사용자 관여)가 높은 것으로 나타났으며, 이는 모바일 사용자들이 한 손으로 잡고 영상을 보기 편하기 때문이다.

플랫폼

콘텐츠를 어떤 포맷으로 만들지 정했다면, 그걸 시청자들에게 어떻게 전달하느냐 또한 매우 중요하다. 플랫폼의 사전적 정의는 '외부 생산자와 소비자가 상호 작용을 하면서 가치를 창출할 수 있게 해주는 것에 기반을 둔 서비스'다. 나의 콘텐츠가 사람들과 만날 수 있는 접점을 제공하는 곳이 바로 플랫폼이다. 콘텐츠를 제작한 후, 이를 적절한 플랫폼을 통해 유통하는 것에 따라 콘텐츠의 파급력은 달라진다. 또한 플랫폼의 성격에 영향을 받아 콘텐츠의 성격도 달라질 수 있으며, 제작에 들어가는 노력과 경험 또한 달라진다.

플랫폼은 콘텐츠의 특성과 포맷에 맞춰서 선택해야 한다. 동영상 콘텐츠에 관심이 많다면 유튜브와 페이스북을 활용하고, 이미지는 인스타그램·핀터레스트, 휘발성 콘텐츠는 스노우·스냅챗, 오디오 콘텐츠는 팟빵 혹은 네이버 오디오, 웹툰은 네이버 만화·다음 웹툰을 활용해볼 만하다. 이처럼 플랫폼이 포맷별로 분화함에 따라 콘텐츠 생산자도 목표 플랫폼에 최적화된 콘텐츠를 생산하게 된다. 유튜브, 페이스북, 인스타그램 등에 적합한 콘텐츠가 해당 플랫폼에서 더 많은 사용자 관여를 이끌어내고 더 높은 성과를 내기 때문이다. 플랫폼 역시 자신의 플랫폼에 최적화된 콘텐츠 생산자들을 촉진하기 위해 이들에게 기술적, 금전적 지원을 하고 이들의 네트워크를 활성화하려 한다. 유튜브는 일정 수준 이상의 크리에이터들에게 유튜브 파트너 프로그램(YouTube Partner Program, YPP)을 지원하고 있으며 크리에이터 지원팀을 별도로 운영하고 있다. 페이스북 또한 여러 행사를 통해 자사 플랫폼의 페이지 운영자들을 관리하고 있다.

또한 플랫폼은 사용자 수 기준으로 가장 많은 활동 유저를 가지고 있는 서비스를 이용하는 것이 좋다. 사람들이 페이스북을 이용하는 건, 이미 많은 이들이 페이스북을 사용하고 있다는 이유 때문이기도 하다. 이와 같은 네트워크 효과(특정 상품·서비스에 대한 어떤 사람의 수요가 다른 사람들의 수요에 의해 영향을 받는 효과)에 의해, 남들이 많이 사용하고 있는 플랫폼을 사용하면 더욱 많은 사람들에게 콘텐츠를 퍼뜨릴 수 있다. 또한 네트워크 효과는 자물쇠 효과(락인 효과)를 유발한다. 플랫폼에 한 번 자신의 모든 정보와 히스토리가 누적되면, 이를 다른 플랫폼으로 옮기기 쉽지 않아 한 플랫폼을 계속 사용하게 된다. 결국 싸이월드가 아닌 페이스북이 대한민국의 SNS를 점령한 것은 글로벌 플랫폼이 가진 확장성 때문이라 볼 수 있다.

이러한 플랫폼이 가지는 매력은, 창작자 입장에서는 유통 비용을 획기적으로 줄일 수 있다는 점이다. 네이버와 같은 검색 엔진은 물론 소셜 네트워크, 웹툰, 앱스토어 등 다양한 형태의 미디어 콘텐츠와 서비스를 최소 비용으로 유통할 수 있는 플랫폼이 일반화되었다. 이들은 콘텐츠 제작 후에 들어가는 비용을 급격히 낮추어 한계비용 제로의 특성을 갖는다. 전 세계적 한계비용 제로 플랫폼의 확장으로 콘텐츠 창작자들은 더욱 쉽게 타국의 이용자에 빠르게 접근할 수 있게 되었다. 이를 통해 국내에서도 제이플라(JFlaMusic, 구독자 600만), 원밀리언 댄스 스튜디오(1Million Dance Studio, 구독자 800만)과 같은 글로벌 팬을 둔 인플루언서들이 탄생할 수 있었다. 불과 몇 년 전까지만 해도 한국의 개인이 해외에서 유명해질 기회는 사실상 없었지만, 최근에는 계속 증가하고 있으며 역으로 해외 인플루언서들도 국내에서 인기를 얻는 경우들이 많아지고 있다. 인플루언서들이 플랫폼을 지렛대 삼아 글로벌로 진출하는 사례는 앞으로 더욱 많아질 것이다.

콘텐츠 스타일 및 구조

좋은 소재를 썼거나 사람들의 감정을 움직여 순간적인 폭발력으로 성공한 콘텐츠라 해도 그 인기가 지속되기는 매우 어렵다. 과거에는 콘텐츠의 생명 주기가 길었지만, 갈수록 짧아지고 있다. 지금 페이스북에서 바이럴 되고 있는 콘텐츠가 고작 2주만큼이라도 인기를 유지할 수 있을까? 쏟아지는 콘텐츠 속에서 며칠 혹은 몇 주만 지나도 히트한 콘텐츠의 지위나 인지도는 급격히 떨어진다.

치열한 소재 경쟁 속에서 성공하는 소재와 포맷 또한 결국 남들과 비슷해질 수밖에 없는데, 이때 중요한 것이 바로 브랜딩이라 할 수 있는 '콘텐츠 스타일과 구조'이다. 똑같은 소재와 포맷이더라도, 어떤 스타일과 스토리로 이야기를 풀어내는가에 따라 결과가 달라질 수 있다. 이를 통해 시즌제 제작이나 콘텐츠의 핵심 구성 방식을 IP(지식재산권)화 할 수 있다.

최근 콘텐츠와 플랫폼의 경쟁에서 콘텐츠가 다시 왕으로 올라오게 되면서 콘텐츠 제작자들은 어느 때보다도 주목받고 있다. 그 중에서도 자신만의 독특한 스타일을 가진 회사들이 그러하다. 이러한 콘텐츠 스타일을 가장 잘 만들어낸 곳이 바로 '72초TV'다. 일관된 콘텐츠 스타일은 소비자들의 마음 속 깊이 각인되어, 영상 초반 3초만 보더라도 같은 시리즈임을 알 수 있다. 스타일은 콘텐츠가 시리즈의 힘을 가질 수 있게 도와준다. 이를 위해 콘텐츠 회사는 저작권을 지키고 신뢰할 수 있는 브랜딩을 구축하여야 한다.

드라마뿐만 아니라, 인터뷰라는 세분화된 영역에서 자신만의 포맷을 창작하여 주목받는 미디어 스타트업들도 등장하고 있다. 페이스북에서 선풍적인 인기를 끌고 있는 셀레브의 인터뷰 영상은 셀레브만의 독창성이 담긴 스타일을 가지고 있다. 페이스북 인터뷰 영상은 '셀레브(Sellev)' 전과 후로 나뉜다는 기사 제목이 있을 정도다. 전통적인 영상 문법을 버리고 핵심을 담은 내용을 하얀 자막으로 처리해 화면에 가득 차게 하고, 영상의 진행 상태를 확인할 수 있는 차례를 배치하여 시청자들이 지금 이 영상이 어느 단계인지 시각적으로 볼 수 있게 했다. 여러 시도를 거쳐 적용한 16:9 영상 그리드, 플랫폼마다 최적화된 영상까지. 이렇게 차별화된 스타일을 구축하여 팬들이 다른 정보 없이 영상을 봐도 셀레브에서 제작한 콘텐츠라는 걸 알게끔 만들었다.

알고리즘

플랫폼에서 콘텐츠의 검색 및 추천은 알고리즘에 의해 작동된다. 같은 콘텐츠라도 개인마다 다르게 추천되며 콘텐츠가 더 이상 '검색' 되는 것이 아니라 '발견'되는 것으로 바뀌었다. 플랫폼들의 추천 서비스는 행동 데이터를 분석해 콘텐츠를 제공한다. 이러한 알고리즘을 얼마나 잘 파악하는지에 따라 시청자들의 콘텐츠 접근성을 높일 수 있다. 콘텐츠 창작자들은 이제 창작의 영역뿐만 아니라 기술적인 부분에 대해서도 공부할 필요가 생긴 것이다.

한 가지 예로, 유튜브의 경우 유튜브 알고리즘이 추천해주는 '추천 영상'을 통해 영상을 보는 비중이 가장 높으며 이는 50%가 넘는다(검색은 10%가 안 된다). 2016년부터 유튜브에 딥러닝이 적용되면서, 1차

72초 드라마의 오구실 시리즈

필터로 구독자들의 평가를 알고리즘에 반영하게 되었다. 알고리즘을 적극적으로 활용할 수 있는 방법으로는 첫째, 보편성이 강한 소재를 다루고 둘째, 영상은 가급적 길수록 좋으며 셋째, 평균 시청률은 60% 이상을 유지하고 넷째, 일주일에 최소 3회 이상 업로드해야 한다. 또한 영상 초기 48시간 이내에 최대한 많은 조회 수를 획득하는 것이 좋다. 알고리즘을 분석하는 커뮤니티에서는 영상 초기 48시간의 조회 수를 가지고 100일 이후의 조회 수를 92%의 정확도로 예측할 수 있다고 한다.

 과거에는 사람들이 모두 같은 콘텐츠를 보는 것이 익숙했다. 하지만 현재는 페이스북만 보더라도, 알고리즘에 의해 각각의 뉴스피드는 전부 다르게 뜬다. 처음 페이스북에 가입하게 되면 뉴스피드에는 아무것도 없는데, 포스팅을 하거나 친구를 추가하면 자신의 뉴스피드에 다른 사람들의 포스팅이 빠르게 올라온다. 누군가의 포스팅에 좋아요를 누르고, 댓글을 달고, 공유를 하는 순간, 알고리즘은 내가 어떤 콘텐츠를 좋아하는지 파악하기 시작한다. 이 과정에서 더 많은 친구를 맺고, '좋아요'를 누르고 댓글을 달수록 내게 뜨는 포스팅의 숫자가 늘어나는데, 보이는 순서도 알고리즘이 판단한다. 그리고 이에 대한 내 반응을 다시 알고리즘에 반영하여 콘텐츠를 더 정교하게 보여준다. 시청자가 무의식 중 하는 행동에 따라 뉴스피드에 어떤 콘텐츠가 나타날지 결정되는 것이다.

페이스북 알고리즘에 영향을 주는 요소는 굉장히 많다. 그 사람의 나이, 성별, 학위, 지역 같은 기본적인 정보 외에도 누구와 친구로 맺어져 있고 어떤 콘텐츠에 반응했는지에 따라 영향을 받는다. 심지어 특정 콘텐츠를 얼마나 오래 보았는지까지도 계산하여 콘텐츠가 노출되는 데 영향을 준다. 머신러닝(Machine Learning, 컴퓨터 학습 능력)이나 인공지능(AI) 등을 통해 알고리즘은 지금도 발전하고 있고, 어떤 사람이 그 순간 보고 싶은 콘텐츠가 무엇인지는 이미 그 사람보다 페이스북이 더 잘 알고 있을지도 모른다.

페이스북은 동영상과 라이브 콘텐츠가 뉴스피드에 더 많이 보일 수 있도록 공을 들였다. 최근 페이스북 CEO 마크 저커버그는 "우리는 사람과 사람을 연결하고 중요한 사람과 더 가까워지도록 페이스북을 만들었으며, 가족과 친구를 중심에 뒀다"며 "앞으로는 친구와 가족이 올

▶유튜브 알고리즘 예시

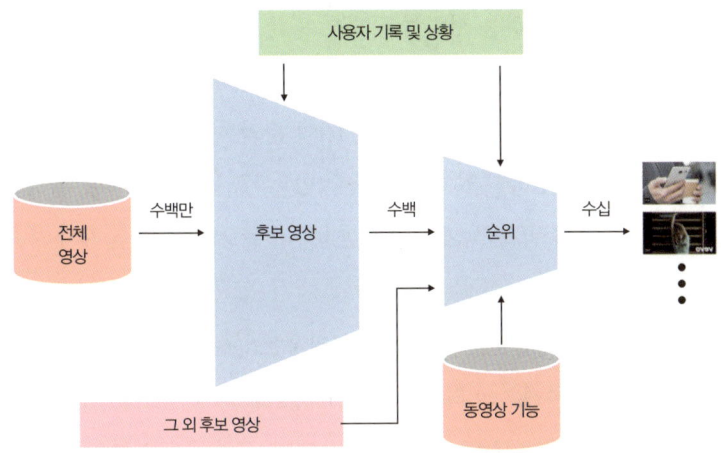

린 게시물을 더 많이 보게 될 것이며 이 기능이 정착될 경우 뉴스 같은 공적인 콘텐츠는 줄어들 것"이라며 2018년 들어서는 언론 매체보다는 친구나 가족처럼 가까운 사람들의 글을 더 노출하는 쪽으로 알고리즘을 바꿨다.

　앞으로 페이스북은 사람들간의 개인적인 연결에 방점을 두고, 가족이나 친구, 나와 연관된 중요한 순간들에 대해 더 많은 노출을 유도할 것이다. 이를 통해 사람들은 페이스북에서 '더 의미 있는' 시간을 보내게 될 것이며, '친구와 가족'에 대한 포스트 비중은 알고리즘에 의해 높아질 것이다. 주커버그는 사용자들이 자기와 상관 없는 먼 소식이 아닌 '의미'를 찾을 수 있기를 바란다고 말햇다.

후킹

　페이스북을 이용하는 사람들은 하루 평균 90m의 콘텐츠를 스크롤한다. 이는 자유의 여신상 전체 높이와 같다. 유튜브에는 매분 500시간의 콘텐츠가 올라오고 있고, 매일 10억 분의 시청 시간이 발생하고 있다. 이는 지구에서 달을 700번 갈 수 있는 시간이다. 이처럼 우리는 엄청난 콘텐츠의 범람 속에 살고 있으며, 이 중 사람들의 호기심을 끄는 콘텐츠만이 살아남는다.

　미국의 콘텐츠 마케팅 회사 퀵 스프라우트(Qucik Sprout)에 따르면 10명 중 8명은 콘텐츠의 타이틀만 읽고 있으며, 2명 정도만 내용도 함께 읽는다고 한다. 이는 콘텐츠의 내용뿐만이 아니라 외적인 부분도 중요하다는 걸 말한다. 콘텐츠의 내용 못지않게 콘텐츠를 매력적으로 포장하는 기술은 디지털 플랫폼에서 매우 중요하다. 이를 사람들은 보통 후킹 요소라고 부르며 대표적으로는 '제목', '섬네일(대표 이미지)', '설명'이 있다.

　콘텐츠의 제목은 간결하면서도 재미있게 작성하는 것이 좋다. 검색 결과와 함께 보이는 여러 광고·추천 콘텐츠 속에서도 시청자들의 눈에 더 잘 띄도록 제목을 작성해야 한다. 사람들이 흥미를 느낄 만한 제목을 짓는 것은 실제 조회 수 상승에 지대한 영향을 미친다. 이를 위해 콘텐츠를 표현하는 '한 문장'에 대해 고민하고, 사람들이 클릭하지 않고는 못 배길 만한 문장 혹은 단어를 생각하는 것이 콘텐츠 제목 전략의 핵심이다. 이는 뒷부분에서 더욱 자세히 나온다.

　유튜브 섬네일은 영상 검색 시 가장 먼저 보이는 화면으로, 재생 버튼을 누르기 전에 고정되어 있는 이미지다. 이는 사진과 텍스트를 조합해서 꾸밀 수 있고 보통 영상 하이라이트 부분을 캡처하여 사용하는데, 사람들의 관심을 끌 수 있는 이미지를 사용하는 것이 중요하다. 단, 지나치게 자극적이거나 내용과 맞지 않는 섬네일은 시청자의 이탈 및 플랫폼의 제재를 받을 수 있다.

영상 밑에 작성된 설명란은 제목이나 섬네일 외에도 사람들의 호기심을 끌 수 있는 영역이다. 영상 밑에 보이는 첫 두세 줄은 사람들의 호기심을 끌 만한 내용으로 작성하고 그 이후에 접혀 보이지 않는 칸에는 콘텐츠에 대한 충분한 설명을 곁들이는 게 좋다. 추가적으로 구독이나 페이지 링크를 넣어 추가 행동을 유도 할 수 있다.

메타 데이터의 경우 사용자들이 잘 알고 있고, 자주 검색하는 유명한 키워드를 중심으로 단어 혹은 문장으로 작성하는 것이 좋다. 또한 핵심 단어는 한국어 외에도 영어를 함께 넣어서 검색 시에 유용하도록 한다. 채널 운영 중에는 시간이 지나도 오래 검색될 수 있는 롱테일 키워드를 집중 공략하는 것이 장기적으로 도움이 된다.

콘텐츠 제목 전략

콘텐츠 제목의 목적은 스쳐 지나갈 수 있는 시청자의 이목을 끌어 해당 콘텐츠의 내용을 보고 싶게 만드는 것이다. 이목을 끄는 제목은 CTR(Click Through Rate, 클릭률)을 높이고, 이는 결국 알고리즘에 반영되어 콘텐츠 노출 랭킹 향상에도 도움이 되는 선순환을 가지게 된다. 다음은 클릭률을 높일 수 있는 몇 가지 심리학적인 제목 작성 전략이다.

부정적인 단어 활용하기

사람들은 부정적인 단어를 접하면 자연스럽게 불안함을 느낀다. '온라인에서 쇼핑을 할 때 해서는 안 될 실수 5가지'와 같은 제목을 보면 사용자들은 내가 평소 쇼핑할 때 했던 행동들이 실수가 아닌지 되짚어보게 되고, 그동안 잘못하고 있었던 건 아닌지 걱정하게 된다. 이러한 부정적 상황에서 사람들이 경각심을 느끼는 본능을 이용하여 콘텐츠 제목에 부정적인 단어를 포함시킨다면 기존보다 더 많은 공유를 얻을 수 있다.

간결하게 하기

구글 기준으로 콘텐츠의 제목은 영문 기준 공백 포함 65자, 한글은 32자가 넘어가면 제목의 끝부분이 잘린다. 그리고 제목이 길어도 어차피 검색창에서 문장 전체가 보이지 않는다. 그러므로 제목을 간결하게 만들어야 한다. 사람들이 한눈에 살펴보기 좋은 길이는 보통 6단어로 되어 있다고 한다. 평균적으로 검색 화면을 스캔할 때 제목의 첫 3단어와 끝 3단어를 기억하기 때문이다.

숫자 사용하기

"이번 화이트데이에 꼭 해야 할 20가지"
시간, 해야 할 일, 리스트 등을 숫자로 표현해본다. 사람들은 숫자가 포함된 제목을 보면 그 글이 정리가 잘 되어 있고, 보다 실용적일 거라고 생각하게 된다. 어떤 물품이나 일의 내용 따위를 일정한 순서로 나열하여 적은 기사를 리스티클(listicle)이라고 부르며, 이러한 방식의 제목과 기사를 적극적으로 사용하던 '버즈피드'는 한때 월 평균 순 방문자가 2억 5,000만 명에 이르기도 했다.

감정 유발하기

제목에 흥미로운 느낌을 주는 형용사를 사용한다. '엄청난, 믿을 수 없는, 오지는'과 같은 형용사는 시청자의 감정을 움직여 눈길을 사로잡는다. 그래서 보통 제목은 내용 중 가장 임팩트가 큰 부분을 쓴다. 또한 눈물, 행복, 슬픔과 관련된 제목을 사용하는 것도 시청자들의 반응을 이끌어낼 수 있다. 혹은 아주 도발적인 표현이나 의문사 등으로 감정을 이끌어낼 수 있다.

이러한 제목 전략도 중요하지만 무엇보다도 콘텐츠의 내용이 가장 중요하며, 내용과 상관 없는 제목 후킹만으로 사람을 끌어들이는 콘텐츠는 구독자 이탈을 낳을 뿐 아니라 알고리즘 상 불이익을 받을 수도 있으니 삼가는 것이 좋다.

팬덤

말콤 글래드웰은 그의 저서 《티핑 포인트》에서 티핑 포인트(Tipping point, 어떠한 현상이 서서히 진행되다가 작은 요인으로 한순간 폭발하는 것)의 세 가지 특징을 말한다. 첫째는 전염성이 있다는 것이고, 둘째는 작은 것이 엄청난 결과와 효과를 가져올 수 있다는 것, 셋째는 이런 변화가 극적인 순간에 발생한다는 것이다. 이를 온라인에서의 바이럴에 대입해보면, 온라인 콘텐츠는 기본적으로 사람을 통해 메시지로 전파되는데, 특정 가치나 취향을 공유하는 소규모 그룹의 지지를 얻을 때 폭발력을 가진다는 것이다. 즉, 콘텐츠가 널리 퍼지는 것에는 이에 공감하는 최초의 소규모 그룹의 지지가 필요하다는 말과 같다. 이러한 이유로 콘텐츠를 정기적으로 만들어 바이럴해야 하는 인플루언서들에게 '그룹의 지지'는 절대적으로 중요하다.

인플루언서는 이들을 지지해주는 시청자들이 있을 때 존재할 수 있다. 지속적인 인플루언서 활동을 위해서는 콘텐츠 제작과 채널 운영 못지않게, 팬들의 참여 유도 및 소속감을 증대시키도록 노력하는 것은

▶성공적인 인플루언서

매우 중요하다. 팬들과 끈끈한 관계를 만들기 위해서는 다음 세 가지가 참고하는 것이 좋다. 첫째, 사용자가 채널 운영자와 소통하고 있음을 느끼게 만든다. 둘째, 사용자들의 건의사항과 의견을 수렴하는 자세를 가진다. 셋째, 꾸준하고 즉각적인 피드백을 통해 '함께 만들어 가는' 채널의 느낌을 준다.

보통 SMR(Smart Media Representative, 영상 콘텐츠 앞에 송출되는 광고)의 클립 콘텐츠는 수명이 짧다. 이미 방송이 끝난 콘텐츠를 찾는 사람이 줄어들기 때문이다. 하지만 〈프로듀스 101〉 시즌2에서 강다니엘, 박지훈의 영상은 한동안 계속해서 네이버 톱 100에서 역주행했다. 연습생 팬덤이 형성되어 클립 순위 올려주기 경쟁이 붙었던 것이다. 팬들이 해당 콘텐츠를 널리 알리기 위해 여기저기 배포하고 반복 재생 및 스트리밍까지 하여 트래픽을 만든 것이다. 이처럼 강력한 팬덤을 기반으로 한 콘텐츠는 보다 오래 갈 수 있다.

이처럼 강력한 팬덤을 이미 보유한 인플루언서는 상대적으로 다른 인플루언서에 비해 유리할 수밖에 없다. 새롭게 시작하는 인플루언서는 이러한 틈바구니를 잘 뚫고 들어가 시청자들의 마음을 얻어야 한다. 이를 위해 이미 본인이 운영하는 다른 소셜네트워크 혹은 커뮤니티를 적극 활용하거나 콘텐츠 이용자와 소통하고 관계를 발전시키고, 팬덤을 축적하는 방법에 대한 더 깊은 고민과 노력이 필요하다.

이러한 팬덤으로 사회 활동에 긍정적인 변화를 가져올 수 있다. 2017년 6월, 마크 저커버그는 300여 명의 페이스북 그룹 관리자들이 참가한 커뮤니티 서밋에서 페이스북의 새로운 미션으로 '커뮤니티 구축'을 발표한 바 있다. 한국은 페이스북 월 사용자가 2,000만여 명에 달하며, 국민 대다수가 사회 문제에 관심이 높고 관심사를 공유하는 크고 작은 커뮤니티가 발달되어 있는 나라다. 또한 팬덤 문화가 강한 국가로, 인플루언서들이 이들의 영향력을 통해 사회 문제들을 해결해 나가는 시기가 곧 올 것이라 생각된다. 페이스북과 같은 플랫폼을 통해 커뮤니티 활동이 사회에 긍정적인 변화를 가져올 수 있을 것으로 기대된다.

이용자와의 인터랙션

럿거스대학교 경영개발센터 매니징 디렉터이자 《디지털 마케팅의 전략적 기초》의 저자인 에릭 그린버그(Eric Greenberg)는 그의 저서에서 "온라인 콘텐츠는 기본적으로 소셜하고 쌍방향적인 대화의 속성을 지닌다"고 했다. 사람들은 온라인 비디오와 웹의 시리즈물에 끌리는데, 텔레비전을 통해서는 불가능한 인터랙션(상호 작용)이 가능하기 때문이라는 것이다. 이처럼 인플루언서에게도 온라인상에서 시청자들과의 관계는 매우 중요하다. 앞서 말한 팬덤을 만들기 위한 과정 중

하나라고도 볼 수 있다.

더불어 시청자의 행동을 유발을 유도하는 인터랙션 또한 중요하다. 페이스북 같은 소셜 미디어에서는 사람들이 공유를 많이 할수록, 댓글이 활발할수록, '좋아요'를 많이 누르면 누를수록 더 많은 사람에게 콘텐츠가 도달한다. 인플루언서는 본인의 콘텐츠 안에서 정기적으로 멘트 혹은 자막을 통해 채널 '구독'의 장점과 필요성을 적극적으로 어필하는 것이 자신의 영향력과 콘텐츠 확산에 도움이 된다.

CTA(Call to Action, 사용자의 반응을 유도하는 행위나 요소)을 추가하는 것도 방법이 될 수 있다. 영상이나 이미지에 블로그 게시물 또는 웹사이트에 대한 링크를 포함하는 것을 말하는데, 링크를 클릭하여 더 많은 정보를 얻으려는 시청자를 초대할 수 있다. 또한 플랫폼의 기능을 활용하여 설문조사나 다음 영상 추천 등을 요청할 수도 있다.

이와 같이 시청자와의 다양한 인터랙션을 통해 관계를 구축하고 추가적인 행동을 유도하는 것은 인플루언서의 활동 범위를 넓혀가는 데 도움이 된다.

업로드 시간

콘텐츠 소비 환경의 입장에서 보면, 시청자는 콘텐츠가 얼마나 좋은지보다, 내가 콘텐츠를 볼 여건이 되는지가 더 중요할 수도 있다. 즉 콘텐츠가 업로드되는 시기, 포맷, 연령 제한 등에 의해 시청자의 시청 가능성이 변동될 수 있다. 이 중 가장 중요한 것이 바로 업로드 시간이다. 콘텐츠가 페이스북이나 트위터와 같이 시간 순서에 큰 영향을 받으며 배열되는 경우, 아무리 좋은 콘텐츠도 해당 타깃이 볼 수 없는 시간대에 올리면 그 확장성이 떨어질 수밖에 없다. 유튜브 또한 알고리즘적 특성상 가장 최근에 올라간 영상을 위주로 추천하기 때문에, 콘텐츠를 업로드 하는 시간 및 요일, 날짜 등에 전략적인 고민을 하는 것이 중요하다.

즉, 타깃에 따라 콘텐츠 업로드 시간은 달라진다. 초중등학생을 대상으로 할 때는 이들이 하교 후 학원에 가는 오후 4시경이 최적의 타이밍이며, 성인의 경우 출퇴근 시간을 노리는 것이 좋다. 온라인 미디어 매체 쿼츠의 '미디어 이용 습관' 조사 결과에 따르면 온라인을 통해 쿼츠의 뉴스를 소비하는 시간대는 '아침(74%)'이라고 한다.

유튜브를 기준으로 업로드된 콘텐츠의 조회 수를 요일별로 분석해보면, 일주일 중 금요일 저녁과 토요일에 조회 수가 가장 높게 나오며 일요일 오후부터 월요일까지의 조회 수가 가장 낮게 나오고 있다. 이는 페이스북에서도 비슷한 양상을 띤다.

해외 트래픽을 높일 수 있는 방법

디지털에서 콘텐츠를 유통할 때 누릴 수 있는 가장 큰 장점은 바로 직접적인 글로벌 진출이 가능하다는 것이다. 인플루언서들의 콘텐츠 또한 마찬가지인데, 언어적 장벽을 넘어설 수 있는 콘텐츠라면, 적극적으로 글로벌에 도전해볼 것을 추천한다. 다음은 해외 트래픽을 높일 수 있는 다섯 가지 방법이다.

첫째, 다양한 언어를 제목, 설명, 태그에 활용하라. 유튜브는 전 세계에서 두 번째로 큰 검색 서비스다. 검색의 기반이 되는 것은 영상의 제목, 설명, 태그다. 이 세 가지 데이터를 번역하여 추가하는 것만으로도 해외에서의 검색 확률을 높일 수 있다. 한국어 이외에 영어는 필수이고 스페인어, 포르투갈어까지 사용할 수 있다면 더욱 좋다.

둘째, 유튜브의 '영상 번역 도구'를 활용하라. 유튜브에서는 콘텐츠의 '제목'과 '설명'을 사용자의 언어에 맞게 현지화(Localization)시킬 수 있다. 이 기능을 활용하면 세계 각국의 사용자들에게 최적화된 언어 경험을 제공해줄 수 있다.

예를 들어 영상을 업로드할 때 '유튜브 영상 번역 도구'를 사용하여 제목 및 설명 부분에 '영어', '스페인어', '포르투갈어' 등 전 세계 언어를 각각 입력할 수 있다. 그러면 미국인이 접속 시 해당 영상 자막이 영어로 보이고, 스페인 사람이 영상을 보면 스페인어가 뜬다.

뉴미디어 기업 바이스(VICE)의 경우 스페인어 및 포르투갈어 자막을 제공한 결과 해당 언어 사용자의 동영상 일일 시청 시간이 2배 증가(스페인어의 경우 3배까지)하였다고 한다. 언어 최적화는 생각보다 큰 효과를 발휘한다. 만일 영상을 일일이 번역을 할 여력이 안 된다면 '커뮤니티 제공 자막' 기능을 사용하면 된다. 각국의 팬들이 자발적으로 영상을 번역해줄 수도 있다.

셋째, 글로벌한 콘텐츠에 대해 고민하라. 영상 기획 시부터 외국인도 몰입할 수 있는 포인트를 정하는 것이 중요하다. 최소한 효과음이나 그래픽 효과에서 영어를 사용하거나 동일한 영상을 각각 한국어 버전과 영어 버전으로 만드는 방법이 있다. 유튜브 '뽀로로' 채널에는 각

▶ 요일별 온라인 콘텐츠 소비 변화(유튜브의 한 채널 예시)

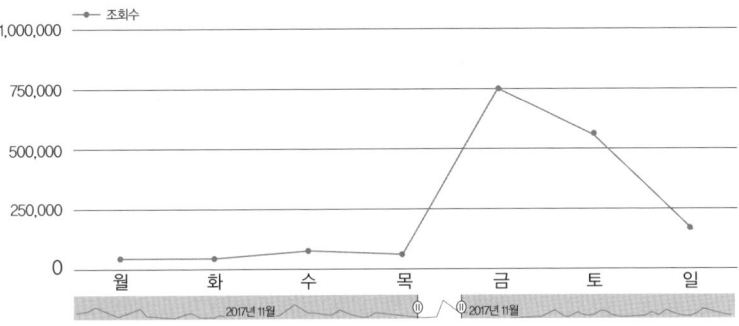

국의 아이들이 즐길 수 있는 다양한 버전의 콘텐츠가 올라오고 있다. 허팝의 경우 거주 국가와 상관없이 이벤트에 당첨된 어린이에게 직접 택배를 가져다주는 '허팝 택배'를 진행하기도 했다.

'구글 트렌드'와 같은 사이트를 활용할 수도 있다. 구글 트렌드에서는 국가별로 실시간 급상승 중인 키워드, 영상, 채널을 확인할 수 있다. 이를 통해 유튜브에서 어떤 영상이 주목받는지를 알고 해당 요소를 콘텐츠 제작에 활용할 수 있다.

유튜브에서 전반적으로 영어권 콘텐츠가 가장 많으나, 최근 구독자 Top 50위 채널을 보면 스페인 채널이 영어권 채널보다 더 많은 경우를 볼 수 있다. 더불어 최근에는 T-Series와 같은 인도의 콘텐츠들이 빠른 속도로 성장하고 있음을 알 수 있다.

넷째, 유튜브 광고를 집행하라. 만일 자금 여유가 있다면 유튜브 광고를 집행해볼 수도 있다. 다양한 광고 형태(대표적인 광고 툴인 트루뷰 인스트림, 디스플레이 등)를 통해 내 채널의 존재도 모르는 세계인들을 대상으로 홍보하는 것이다. 앞서 언급한 작업이 선행된 후에 광고가 집행되어야 효과가 있다. 어설프게 진행하면 비용만 버릴 수 있다.

 다섯째, 성과 분석을 하라. CMS 툴, 애드워즈, 유튜브 애널리틱스(Analytics)의 다양한 지표를 통해 성과를 측정하고 비교할 수 있다. 다음은 유튜브가 최근에 공개한 '해외 진출의 성공을 측정하는 방법'이다.

- 번역된 동영상을 그룹으로 묶어서 번역한 언어 사용 국가들을 대상으로 시청 시간, 조회 수의 변화를 분석
- 번역한 언어 사용 국가들의 잠재 고객 보유 지표의 변화를 분석
- 번역한 언어의 동영상 정보 언어와 자막의 시청 시간, 조회 수의 변화를 분석
- 트래픽 소스에서 유튜브 검색과 추천 동영상 비중이 다국어 검색어와 다양한 언어의 동영상을 통해 들어와 변화되는 것인지 분석
- 번역한 동영상에서 번역한 언어의 댓글량과 내용 분석

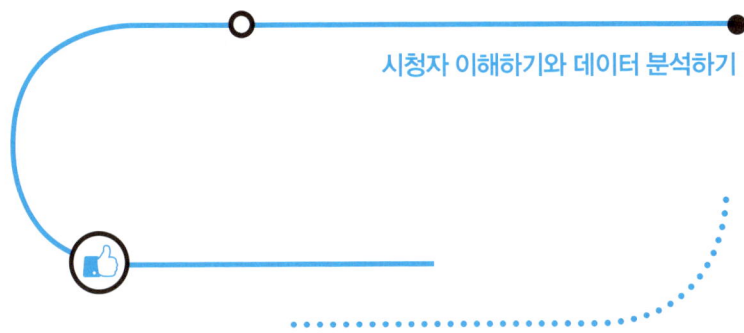

시청자 이해하기와 데이터 분석하기

온 가족이 TV 앞에 둘러앉아 방송 프로그램을 보던 것은 이미 옛날이야기다. 지금은 한집에 살아도 구성원 각자 컴퓨터, 모바일, 태블릿 PC 등 서로 다른 매체를 통해 콘텐츠를 시청하기 때문이다. 아버지는 거실 TV로, 엄마는 모니터로, 자녀는 방에서 스마트폰으로 각자 자기가 원하는 콘텐츠를 골라본다. 이렇듯 지금의 시청자들은 장소, 시간, 상황에 따라 파편화되어 있다. 이들을 세분화하고, 깊이 이해하지 않는다면 시청자의 눈길을 끌기 어려운 시대가 되었다.

결국 치열한 경쟁과 세분되는 시청 환경 속에서 자신의 고객을 선별할 수 있는 기준을 찾고, 시청자의 소비 환경까지 고려하여 이들에게 맞춤화된 콘텐츠를 제공하는 제작자만이 살아남을 수 있다. 콘텐츠를 소비하는 사람들의 인지 속도는 점점 빨라지고, 크리에이티브 역시 사람들의 속도에 맞춰져야 한다. 페이스북에 따르면 인간의 뇌는 계속

진화하고 있으며 1분에 HD 영상 40개 분량의 시각 정보를 처리할 수 있는 수준에 이르렀다고 한다. 이러한 시청자의 변화를 이해하고 콘텐츠를 제작한 후 그 결과를 측정 및 반영하는 창작자 혹은 브랜드만이 인사이트를 얻게 되고, 미래의 미디어가 나아가야 할 방향을 찾게 될 것이다. 그리고 그 길을 찾은 이들만이 생존할 것이다.

먼저 인플루언서는 시청자의 모바일 사용 환경에 따라 이들이 선호할 콘텐츠 유형을 분석하고 이에 따른 크리에이티브 전략을 구상해야 한다. 출퇴근 및 등하교 시간에 콘텐츠를 소비하는 사람은 지하철 몇 정거장 이동 중에도 짧게 볼 수 있는 스낵형 콘텐츠를 선호한다. 특히 동영상 시청 시에는 와이파이 접속이 쉽지 않아 상황에서 짧은 길이의 저용량을 선호한다. 직장이나 수업 중 짬짬이 영상을 소비하는 사람은 무료함을 달래줄 수 있는 상호 작용이 가능한 반응형 콘텐츠를 좋아한다. 마지막으로, 집에 누워 한참 콘텐츠를 보는 시청자는 상대적으로 긴 몰입을 할 수 있는 콘텐츠를 선호한다. 따라서 스토리가 있거나 라이브와 같이 대화가 있는 콘텐츠를 주로 시청한다.

이처럼 사용자의 모바일 사용 환경과 유형을 이해할 때, 최적의 플랫폼을 선정하고, 콘텐츠 전략을 수립할 수 있다. 시청자의 환경에 따라 스낵형, 반응형, 몰입형 등 다양한 포맷에 적절히 적용하는 것이 필요하다. 더불어 짧은 동영상 시청은 한국은 물론 전 세계적 트랜드인 만큼, 콘텐츠 제작자라면 점차 빨라지는 사람들의 인지 속도에 발맞출 필요가 있다.

시청자 환경	출퇴근/등하굣길과 같은 이동 중	일과 중에 틈틈이 서 있거나 앉아 있을 때	집에서 누워서 한참 동안
콘텐츠 유형	스낵형 콘텐츠	반응형 콘텐츠	몰입형 콘텐츠
플랫폼	페이스북	인스타그램 스토리	유튜브
콘텐츠 전략	짧고 심플한 영상, 짧은 카피, 화면 분할, 모션디자인, 아트디렉팅, 큰 자막 사용, 보기 쉬운 세로 화면, 무음 콘텐츠	잠깐 즐기기 좋은 콘텐츠, 이미지 중심, 공유하기 좋은 콘텐츠	상대적으로 시청 시간이 긴 몰입형, 플레이리스트로 여러 편을 몰아 보는 콘텐츠, 대화형, 라이브

    콘텐츠 제작자는 세대별 선호하는 콘텐츠의 연출에 대해서도 고민할 필요가 있다. 10대는 다른 세대들보다도 '재미'의 요소에 강하게 반응한다. 그래서 꾹TV, 허팝과 같이 즉각적으로 웃음을 주는 콘텐츠를 선호한다. 특히 최근에는 스노우, 콰이, 틱톡과 같은 동영상 메신저를 활용하여 재미있는 상황을 연출하는 콘텐츠 선호도가 급격히 높아지고 있다. 20대는 아침 막장 드라마식의 과도한 연출보다는 깔끔한 영상미와 현실성 있는 내용에 크게 반응한다. 지금까지 많은 방송 콘텐츠들은 과도한 감정 신, 음악, 액션 등 타임라인 전체에 부수적인 요소들이 많이 들어가 있다. 하지만 이러한 콘텐츠는 작은 화면의 모바일 시청 환경에서는 역효과를 일으키며, 진정성이 없으면 피로감이 느껴진다. 〈연애플레이리스트〉나 〈전시적 짝사랑 시점〉과 같은 웹 콘텐츠들은 현실적인 연애 소재와 솔직함으로 20대들의 공감을 얻고 있다.

30대는 주로 자기계발 및 동기 부여와 관련된 내용을 선호하며 정보와 지식을 전달해주거나 감동을 주는 콘텐츠에 반응한다.

또한 시청자들이 사용하는 앱 또한 세대별로 차이를 보인다. 앱 분석 업체 와이즈앱에서 조사한 스마트폰 사용자의 세대별 사용 현황에 따르면 10대와 20대는 유튜브를, 30대와 40대는 카카오톡, 네이버, 유튜브의 고른 사용 빈도를 보였으며, 50대 이상은 카카오톡 사용 시간이 높았다. 이처럼 한국 이용자들이 가장 많이 사용하는 앱은 유튜브다. 10대의 유튜브 한 달 총 사용 시간은 1억 3000만 시간에 달하고, 4300만 시간인 카카오톡보다 3배나 많다. 1위는 전 세계적으로 21억 명의 이용자를 가진 페이스북이 차지하고 있다.

세계적인 마케팅 석학 필립 코틀러는 "21세기에는 '고객의 연결성'에 주목하며 지금 시대에서는 시장의 권력이 젊은 사람, 여성, 네티즌에게로 이동하고 있다"고 한다. 마케팅의 초점은 시장이 아닌 고객에게 있다는 것이다. 이처럼 인플루언서들은 자신의 콘텐츠를 보는 시청자들을 이해하고, 진정성 있는 커뮤니케이션으로 이들과 온오프라인으로 연결되어야 한다. 초연결의 시대가 확장되면서 인플루언서는 물론 시청자 개개인의 좋아요 혹은 댓글 하나가 가진 힘은 더욱 강력해질 것이다.

분석

성공한 인플루언서들에게는 공통점이 있다. 이들은 전 세계 유저들의 피드백을 확인하고 데이터를 분석하여 이를 콘텐츠 기획에 반영한다. 이들은 실시간으로 데이터를 확인한다. 이들의 업무는 아침에 일어나 SNS의 지표를 확인하는 것부터 시작한다. 조회 수나 시청 시간, '좋아요' 같은 주요 지표가 잘 유지되는지, 시청자들은 어떤 댓글을 남겼는지, 새로 적용한 콘셉트는 어떤 반응이 있는지를 바탕으로 오늘은 어떤 콘텐츠를 만들지 고민한다. 디지털에서는 이처럼 실시간 피드백이 있고 즉각적인 수치 확인이 가능하기에 분석은 인플루언서에게 선택이 아닌 핵심 활동이다.

'72초TV' 성지환 대표는 독자들을 더 잘 알기 위해 데이터 분석을 한다. 그가 목표로 하는 콘텐츠의 방향성은 일상을 콘텐츠로 만든 다음 단계에서 우리의 콘텐츠를 다시 일상으로 가져가는 것이다. 이를 위해 그는 데이터 분석의 중요성을 강조한다. 유튜브의 '크리에이터 스튜디오', 페이스북의 '페이지 인사이트', 트위터의 '트위터 애널리틱스'와 같은 분석 도구는 내 콘텐츠를 누가, 무엇을, 어디서, 언제, 어떻게 그리고 왜 시청하는지에 답을 한다. 이를 통해 기존의 시청자들을 찾아내고, 새로운 기회를 발견할 수 있다.

지속적인 데이터 분석은 매우 중요하다. 한 번 '대박 콘텐츠'를 만드는 것만큼이나 좋은 콘텐츠를 꾸준히 만드는 것이 중요하기 때문이다. 콘텐츠를 제작해야 하는 인플루언서에게 실질적인 성과를 안겨 주는 건 데이터 해석력에 달려 있다고 해도 과언이 아니다. 데이터 분석을 한다는 것은 시청자를 이해한다는 노력이기 때문이다. 분석 툴 속 숫자 너머 시청자에 대한 인사이트를 도출하여 새로운 콘텐츠 기회를 창출하고, 비즈니스적 가치를 창출할 수 있어야 한다. 페이스북은 사용자 로그인 기반이기 때문에 타깃을 측정하고 분석하는 것이 정교하다는 장점을 가진다.

플랫폼과 콘텐츠의 숫자가 많아지면서 콘텐츠 제작자는 멀티 플랫폼 전략을, 플랫폼은 멀티 콘텐츠 전략을 구사하게 되었다. 콘텐츠 제작자는 하나의 콘텐츠를 낮은 비용으로 여러 채널과 플랫폼에 효과적으로 배포해야 하고, 이를 위해 각 콘텐츠에 대한 메타 데이터와 콘텐츠 분석을 데이터베이스화해야 할 필요가 생겼다. 또한 콘텐츠와 시청자 수가 많아지고 관여도가 높아짐에 따라 다양하고 방대한 데이터들을 각 플랫폼별로 분석할 필요성도 높아졌다.

인플루언서의 활동은 다양한 지표로 확인해볼 수 있다. 인플루언서의 인기도를 측정·예측하려면 종합적인 데이터 분석이 필요하다. 데이터는 곳곳에 흩어져 있으니 이를 잘 취합하여 해석해야 한다. 콘텐츠 도달률을 넘어서 구독자와 '화학적 반응'을 일으켰는지에 대한 지표, 실제 전환율 등을 측정하며 최적화시켜 나가야 한다. 이용자의 피드백에 적절히 반응하고, 그동안 쌓은 데이터를 어떻게 해석하느냐가 생각보다 큰 영향을 미친다.

동영상 플랫폼에서 가장 중요한 지표는 조회 수가 아니라 시청 시간이다. 조회 수가 높을지라도, 해당 영상의 총 러닝타임 대비 시청 시간이 얼마나 축적되는지, 이탈률이 적은지가 플랫폼의 콘텐츠 노출 알고리즘에서 가장 중요한 역할을 한다. 유튜브 크리에이터 도티는 유튜브 키즈랩에서 자신이 가장 중요하게 생각하는 분석으로 '시청 시간'과 '이탈률' 분석을 꼽았다. 유튜브에서는 영상이 10분짜리라면 10분 동안 시청자들이 어떻게 시청했는지 그래프가 나온다. 시청자가 이탈하면 그래프가 떨어진다. 이를 통해 도티는 영상 중 어느 부분이 재미가 없었는지, 어디에 좀 더 긴장감을 주어야 하는지를 찾게 된다. 그는 이와 같이 지속적으로 데이터를 보면서 이용자 반응에 따른 콘텐츠 개선의 중요성을 강조했다.

분석 지표

조회 수: 기간별 조회 수 분석을 통해 채널의 트래픽 규모를 꾸준히 체크한다.
구독자: 구독자 증가 수와 감소 수 분석을 통해 향후 팬 확보를 위한 계획을 수립한다.
시청 시간: 사용자들이 비디오를 시청하는 총 시간의 변동 추이를 통해 내 비디오의 경쟁력을 확인한다.
잠재 고객: 비디오 평균 시청 지속시간 분석을 통해 콘텐츠의 경쟁력을 확인한다.

인플루언서는
어떻게
수익을 창출할까

#3

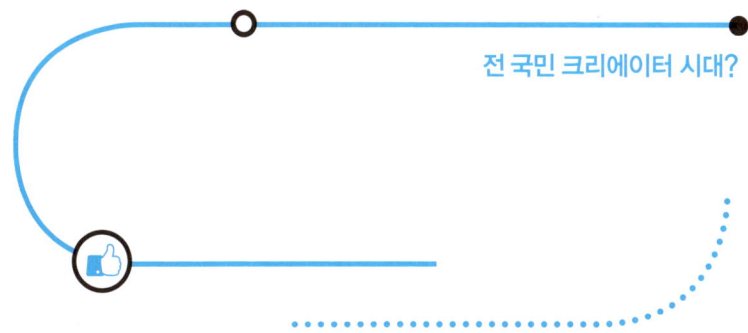

전 국민 크리에이터 시대?

인플루언서는 이제 하나의 직업이다. 한국고용정보원은 '미디어콘텐츠 창작자(크리에이터)'와 '창작자에이전트(MCN)'를 미래의 직업으로 소개하며 한국직업사전에 올렸다. 광고 기반 플랫폼에 개인의 영상 콘텐츠를 제작하여 업로드하고, 이를 통해 수익을 창출하는 이들을 한마디로 표현하자면 "즐기고 소통하며 돈을 번다"라고 할 수 있다. 나만의 특별한 콘텐츠를 마음껏 표현하는 창조적 직업을 갖고, 미디어 플랫폼에서 활동하며 수익을 올리는 것이다.

이미 시장에서는 수백만 명의 구독자를 지니고 억대 수익을 올린 크리에이터가 생겨나고 있다. 일종의 기획사 역할을 하는 MCN(Multi Channel Network) 사업자들이 이들의 수익 창출을 도우며 급격히 성장하고 있다. 인플루언서는 비록 1인이지만 콘텐츠 사업에서 새로운 수익 모델과 가능성을 만들어가는 것이다.

크리에이터 세상에는 연령이나 직업 제한은 물론, 그 어떠한 제한도 없다. 최연소 크리에이터 유튜브 크리에이터 서은이야기의 신서은 양(4세)부터 최고령 박막례 할머니(72세), 전 세계를 휩쓴 방탄소년단과 셀럽파이브로 센세이션을 일으킨 송은이까지 바야흐로 전 국민 크리에이터 시대가 도래했다.

다음은 인플루언서로서 수익을 낼 수 있는 방법에 대해 다룰 것이다. 더불어 셀럽에서 인플루언서로 넘어오는 사람들, 그리고 이러한 인플루언서 활동의 부정적인 측면에 대해서도 생각해볼 수 있을 것이다.

인플루언서가 수익을 창출하는 다양한 방법들

시원시원하게 메이크업을 알려주는 씬님, 자신만의 특별한 요리법을 전하는 소프, 이들은 요즘 광고주들의 디지털 마케팅 섭외 1순위다. 지금 뜨는 연예인 메이크업, 초간단 야식 조리법 등 시청자가 원하는 콘텐츠를 SPA 패션 브랜드처럼 빠르게 만들어내어 시청자들이 바로 소비할 수 있도록 제공한다. 이는 단지 소셜네트워크 서비스에서 인기를 얻거나 커뮤니케이션에 영향력을 발휘하는 수준이 아닌, 브랜드에 실질적인 수익을 발생하게 할 수 있는 마케팅 방법이 되었다. 인플루언서를 통한 상품에서 높은 구매 전환율의 성공 사례가 나오며, 기존의 기부 아이템과 플랫폼 수익에 의존하던 인플루언서의 수익 모델은 다 변화되고 있다. 인플루언서가 수익을 창출하는 다양한 방법들은 뒤에 MCN의 수익 모델에서도 다루어진다.

기부 아이템

　아프리카TV는 '별풍선', 카카오TV는 '쿠키', 유튜브는 '슈퍼챗'이라는 각각의 시청료 기부 시스템이 있다. 유튜브는 글로벌한 매체이므로 세계인들이 미국 달러, 유로, 파운드, 엔화, 호주 달러 등을 쓰고 있다. 방 안에 앉아서 외화벌이를 할 수 있는 것이다.

　별풍선은 1개에 100원이다. 아프리카TV에서 2007년 11월 별풍선을 도입한 이후로, 매년 억대 연봉을 받는 BJ들이 늘어나고 있다. 상위 100명의 월평균 별풍선 수익은 2,000만 원으로 연봉은 2억이 넘는다. 상위 10위 안에 들면 연 10억 이상을 버는 것으로 알려져 있다.

　아프리카TV의 별풍선은 초기에만 해도 시청료의 개념이었다. 하지만 점차 '커뮤니케이션'의 도구가 되었다. 예를 들어 별풍선의 개수를 1004, 112와 같이 전달하거나 해당 BJ의 기념일을 상징하는 숫자를 보내기도 한다. 단순한 기부를 넘어선 정서적인 측면도 지니고 있으며, 시청자가 고객이 아닌 '커뮤니티의 일원'이라는 자격을 획득하는 기능도 한다.

동영상 수익

　유튜브는 거대한 동영상 광고 플랫폼으로, 개인도 성실히 노력한다면 동영상 업로드로 돈을 벌 수 있는 생태계를 만들었다. 유명 크리에이터들이 주목받는 이유는 그들의 뛰어난 창의성 때문이기도 하지만, 그들이 매달 버는 높은 수익도 한몫하고 있다. 유튜브의 영상 앞에는 15초, 30초 혹은 그 이상 길이의 광고가 붙는데, 국내에서는 평균적으로 조회 수당 1원의 수익을 영상 제작자가 가져간다. 국내 토박이 한국인이지만, 글로벌에서 99%의 조회 수가 나오는 크리에이터인 ToyMonser(토이몬스터)는 유튜브 동영상 광고로 월 1억 원 이상의 수익을 내고 있다.

유튜브나 네이버에서 72초TV의 '오구실' 콘텐츠를 보면 오구실 콘셉트의 화장품 광고가 뜨는데, 이는 플랫폼 사업자가 광고를 파는 게 아니라 72초TV가 자사 콘텐츠의 프리롤 광고(동영상을 재생하기 이전에 광고를 삽입하는 방식)를 광고주에게 직접 판매하는 방식이다. 이는 기존 네이버 광고보다 수익률이 좋아 조회 수당 광고 단가를 높일 수 있기 때문이다. 유튜브 또한 이와 비슷한 방식의 '콘텍스트 애드(Context Ad, 제공 프로그램과 광고를 문맥적으로 연결하는 방식)'를 판매하고 있다. 이는 개인 인플루언서가 할 수 있는 건 아니며, 동영상 수익을 높이고자 하는 콘텐츠 제작사가 시도하는 일이다.

브랜디드 콘텐츠

브랜디드 콘텐츠라 함은 본래 '광고의 한 형태로, 브랜드를 홍보하기 위한 목적으로 브랜드가 직접 투자하여 제작한 콘텐츠'를 일컬었다. 하지만 인플루언서 마케팅에서 브랜디드 콘텐츠는 보통 '인플루언서들이 광고주의 지원을 받아 제작하고 소비자들이 기꺼이 시간을 소비할 만한 가치가 있는 콘텐츠'를 말한다. 즉, 브랜드와 소비자 사이의 교감을 목적으로 인플루언서가 제작한 콘텐츠다.

미국의 대표 MCN 중 한 곳인 풀스크린(Fullscreen)의 조사에 따르면 만 13~17세의 Z세대는 밀레니얼 세대보다 인플루언서와 브랜디드 콘텐츠를 수용하려는 경향이 높다. Z세대가 밀레니얼 세대보다 브랜드디 콘텐츠와 인플루언서를 더욱 적극적으로 받아들이려는 경향이 있다는 것이다. 이처럼 Z세대와 적극적으로 커뮤니케이션하려는 브랜드에게 인플루언서와의 마케팅 콜라보레이션은 매우 효과적일 수 있다. Z세대는 인플루언서의 브랜디드 콘텐츠를 더 많이 소비하고 공유하고 있으며, 더 많은 친구를 태그하기 때문이다.

이때, 인플루언서는 시청자들과의 신뢰를 지키는 것이 가장 중요하다. 브랜드의 돈을 받고 만드는 콘텐츠인 경우 제품을 좋아하는 척한다거나 과장된 메시지를 전달한다면, 평소 인플루언서의 진정성을 믿던 팬들은 돈에 눈이 멀었다며 떠날 가능성이 있다. 그렇기 때문에 인플루언서는 브랜드와의 콜라보레이션을 진행할 경우 팬들에게 솔직하게 터놓고 얘기하되, 콘텐츠를 재밌게 만들어 팬들을 불편하지 않게 하는 것이 중요하다. 광고이긴 하지만 더 열심히 만든 콘텐츠라는 노력이 보인다면, 시청자들도 기꺼이 기뻐하며 반겨준다.

미디어 커머스

인플루언서 마케팅에서 커머스는 미디어 커머스, 비디오 커머스, V 커머스 등 다양하게 불린다. 여기서는 가장 포괄적인 의미를 지닌 '미디어 커머스(Media Commerce)'라고 부르겠다. 미디어 커머스란 방송과 쇼핑이 결합된 전자 상거래 방식으로, 상품과 콘텐츠 그리고 플랫폼을 접목한 전자상거래 방식이다. 소셜 미디어의 성장과 함께 생겨난 미디어 커머스는 콘텐츠 바이럴 인플루언서들이 콘텐츠를 만들고 스폰서드 광고로 구매 전환 효율을 검증해 나가는 중이다.

시청자들이 1인 방송을 보다 보면, 인플루언서가 쓰는 제품들이 궁금해지며 '나도 저거 갖고 싶다'는 생각을 하게 된다. 이러한 소비자들의 마음을 읽은 브랜드들이 인플루언서와 함께 신제품을 개발, 출시하거나 유통, 홍보 단계를 협업하는 일들이 늘어나고 있다. 가장 대표적인 사례가 뷰티 브랜드 끌렘(CLAM)의 '2D 4'로 제품 기획 단계부터 제작까지 전 과정을 뷰티 인플루언서 '레나' 및 아이돌들과 함께 작업하고, DIA TV의 모큐드라마 〈더쿠션: 덕후션〉으로 방영하여 소비자 입장에서 제품을 알기 쉽게 소개했다. 또한 화장 어플 'MakeupPlus'는 메이크업 아티스트 '포니' 필터를 출시하였다.

인플루언서가 자신의 방송에 직접 나와 물건을 팔고, 기존 디지털 광고 CPC(Click Per Cost, 클릭당 비용)가 평균 100원이라고 가정할 때 최대의 효율로 이를 1원까지 낮춰 비용 대비 높은 퍼포먼스를 만들고 있다. 커머스는 제작사와 인플루언서가 매출을 나누는 관계이기에 서로 수평적이고, 제품 판매에 대한 공감대가 있어야만 브랜드와 콘텐츠의 질이 유지될 수 있다. 시청자들은 인플루언서를 통해 '익숙한 듯 새로움'을 얻고 '패완얼(패션의 완성은 얼굴)' 연예인이 아닌 내게 익숙한 인플루언서의 실제 사용 후기를 더 친근하게 여긴다. 그렇기에 구매로 이어지기도 쉽다.

앞에서 언급되었듯이 아마존은 '아마존 인플루언서 프로그램'을 통해 유튜브, 인스타그램, 트위터에서 활동하고 있는 인플루언서를 대상으로 개별 도메인을 지급하여 인플루언서가 팔로어에게 해당 제품 구매를 직접 유도할 수 있게 하고 있다. 온라인 쇼핑몰 구축용 애플리케이션을 제공하는 쇼피파이(Shopify)에서는 인스타그램의 사진 속 제품을 판매하기 위한 쇼핑 툴을 론칭했다. 이 쇼핑툴을 사용하면 인스타그램 사진에 해당 제품들의 명칭과 가격이 표시되고, 탭(TAP)하면 상세 정보와 함께 온라인 쇼핑몰로 넘어가 해당 제품을 구매할 수 있게 된다.

하지만 이러한 미디어 커머스 시장이 쉽지는 않다. KT는 글로벌 뷰티 UCC를 지향한다는 '두비두'라는 이름의 미디어 커머스 플랫폼을 내놓았다. 크리에이터는 이 플랫폼에 영상 콘텐츠를 올리면 재생당 광고 수익을 받고, 자신이 선전한 제품이 판매되면 수익을 정산받을 수 있다. 하지만 시장의 기대와 달리, 안드로이드앱 기준 다운로드가 50만도 되지 않아 사업을 접었다.

미디어 커머스가 가장 발달한 곳은 중국이다. '왕홍(중국에서 인터넷 스타를 일컫는 말)'으로 대변되는 중국의 인플루언서 시장은 미디어 커머스의 전성기를 맞이하고 있다.

크라우드 펀딩

해외 유명 MCN인 스튜디오71 소속의 익스플로즘 엔터테인먼트(Explosm Entertainment)라는 유튜브 채널은 Cyanide&Happiness(청산가리&행복)라는 다소 잔혹하면서도 괴이한 애니메이션을 만드는 채널이다. 이들이 채널을 운영한 지 8년가량 되었는데 2017년에는 이들의 유튜브 채널에 등장하는 캐릭터를 이용한 카드 게임(The Cyanide&Happiness Adventure Game)을 만들기 위해 미국의 대표 펀딩 사이트인 킥스타터(Kick Starter)에서 펀딩을 모았다. 결과는 1만 5,000명으로부터 578만 달러(58억 원)였다.

유튜브 크리에이터인 킴닥스는 〈겨울왕국〉, 〈인어공주〉, 〈라푼젤〉, 〈미녀와 야수〉 등 디즈니 만화를 보고 영감을 받아 '디즈니 프로젝트'를 진행하였다. 그녀는 각박한 현대 사회를 살아가는 사람들을 위해 "여러분의 삶 속에 잃어버린 동화를 찾아줄게요"라는 주제로 총 5부작 콘텐츠를 제작했다. 그녀는 직접 제작비를 투자해 전문 콘텐츠 제작사 '킴닥스 프로덕션'을 설립하고, 크라우드펀딩의 수익금 일부를 '성모자애드림힐' 보육원 아이들에게 동화책으로 기부했다.

이처럼 인플루언서들의 활동 규모는 더 커질 수 있다. 또한 펀딩을 통한 새로운 시도와 사회 문제를 해결하는 사례도 종종 나오고 있다. 국내에서는 미디어자몽이 '자몽콘텐츠펀딩'으로 인플루언서들의 창작을 지원하는 중이다.

글로벌 무한한 시장 그리고 왕홍

2016년 대한민국의 출생아 수는 40만 6,200명으로 사상 최저치를 기록했다. 신생아 숫자는 현재도 감소 중이며 고령 인구가 유소년 인구를 추월했다. 합계 출산율은 1.17명으로 이 또한 지속적으로 낮아지고 있다. 이러한 환경에서 글로벌 시청층을 타깃으로 영상을 제작하는 중요성은 더욱 커지고 있다.

인도는 인구수 14억 2,000만 명으로 세계 인구수 2위의 대국이다. 연간 2500만 명이 출생하고 있고, 평균 연령이 만 29세 정도로 가장 젊다. 특히 인도, 인도네시아, 중국 등과 같이 인구가 급격히 늘고 있는 재력 있는 국가들의 경우 모바일 보급률이 높아, 디지털 환경에서 인플루언서들이 공략하기 좋은 시장이 형성되고 있다. 국내 MCN 사업자인 DIA TV의 경우에도 1,300명의 인플루언서 전체 조회 수의 약 51%가 글로벌에서 나올 정도로 그 비중이 높으며 매달 증가하고 있다.

조금 다른 이야기이지만 전세계인의 아이돌로 거듭난 방탄소년단(BTS)의 팬 분포도를 살펴보면 필리핀 팬이 제일 많다. 한국이 두 번째고 인도네시아, 베트남 등 동남아와 남미, 미국 등에서 폭넓게 인기를 얻고 있다. 다른 가수들의 경우 주로 한국과 동남아 중심으로 팬층이 형성되어 있는데, BTS는 필리핀 팬이 가장 많다는 점은 의미하는 바가 크다. 싸이의 강남스타일 전파 경로를 분석한 논문이 있는데, 요약하면 "필리핀이 글로벌 확산의 기폭제 역할을 했다"는 내용이다. 이들은 K-POP에 익숙하고, 영어를 공용어로 쓰며 세계 곳곳에 거주하고 있다. 영향력이 만만치 않은 것이다.

국내 시장 규모의 한계로 인해 인플루언서들은 수익을 극대화시키기 위한 방법으로 해외 진출을 계속 시도하고 있다. 그중에서 단연 가장 주목받는 시장은 중국의 왕홍이다.

왕홍은 중국 인터넷상에서 인기 있는 인플루언서로, 중국 미디어 커머스 시장에서 중요한 역할을 하고 있다. 왕홍은 라이브 방송을 통해 자신이 사용한 제품을 소개하고 사용하는 법을 알려주면서 시청자들의 질문에 응답한다. 왕홍에 대한 중국 소비자들의 신뢰도는 매우 높으며, 제품 구매에 중요한 영향을 주고 있다.

왕홍은 한국의 유튜브 크리에이터와는 다른 존재다. 보통 뷰티 크리에이터와 동일시하는 경우가 있지만, 동영상 창작자라기보다 생방송 BJ, 얼짱, 블로거에 가깝다. 또한 한국 크리에이터들에 비해 훨씬 단순한 사진 및 동영상 콘텐츠를 제작하고 있다. 한국의 뷰티 크리에이터들이 10분 내외의 매우 정제된 콘텐츠를 만든다면 왕홍은 1시간 동안 매장을 둘러보며 수다를 이어간다. 왕홍은 대부분 '라이브'라는 특성을 활용해서 홈쇼핑처럼 순간 판매에 강해 미디어 커머스와 잘 맞는다. 그 때문에 특정 유통 회사에 소속되어 해당 회사의 제품 판매 활동을 하는 전속형 왕홍들이 많다.

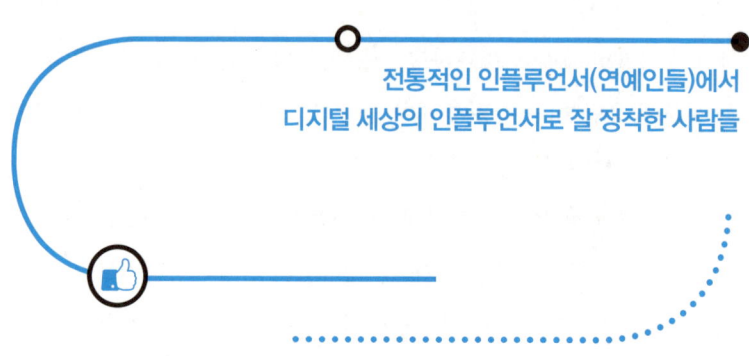

전통적인 인플루언서(연예인들)에서
디지털 세상의 인플루언서로 잘 정착한 사람들

아메리칸 뮤직 어워즈(AMAs) 무대에 방탄소년단의 〈DNA〉가 울려 퍼졌다. 2012년, 싸이가 '강남스타일'로 공연한 이후 5년 만의 일이다. 당시만 해도 한국 뮤지션이 가까운 시기에 다시 오르기는 힘들 것이라 여겨졌다. 2017년 5월에는 방탄소년단이 빌보드어워드에서 미국 최고의 아이돌 저스틴 비버를 꺾고 '톱소셜 아티스트상'을 받았다. 그해 9월에 낸 새 앨범은 빌보드 앨범 차트 7위라는 대기록을 세웠고, 이후 ABC '지미 키멜 라이브', NBC '엘런 드제네러스 쇼' 등 미국 최고의 토크쇼에도 출연했다. 이들의 트위터 계정 팔로어 수는 대한민국에서 가장 많은 1,100만 명(2017년 12월 기준)을 넘고, 뮤직비디오 유튜브 조회 수는 1억이 넘는다.

 음악이 가진 보편적 매력과 인간적 매력, 그리고 팬덤과의 소통을 무기로 대중을 사로잡은 거라고 볼 수 있다. 방탄소년단이라는 그룹의 기획 단계부터 해외를 공략한 건 아니었다. 기획사 대표인 방시혁은 인종, 국가와 상관없이 청소년, 젊은이들 모두가 공감할 수 있는 콘텐츠를 구상했다. 이것이 이들의 콘텐츠가 해외에서 공감을 일으켰던 이유 중 하나다. 방탄소년단의 이름도 미국에서 흔히 쓰이는 Bullet Proof(총알 보호장치, 방탄)이라는 의미로 10~20대 청춘의 고통, 압박감을 막아주고자 하는 의미에서 나왔다.

방탄소년단도 데뷔 초에는 소셜 미디어를 잘 쓰지 않았다. 소셜 미디어를 통해 발생할 수 있는 리스크에 대해 우려했던 것이다. 하지만 방시혁 대표는 휴대전화를 쓰지 못하게 하는 식의 통제를 하지 않았다고 한다. 마음대로 해보라고 풀어주었더니 멤버들은 자연스럽게 트위터 덕후가 되었다. 이들이 몇 차례 트위터를 쓰자 사람들이 반응하기 시작했다. 팬들은 그들이 평소 생활하는 모습을 그대로 찍어 올리는 '방탄밤'을 좋아했다. TV나 뮤직비디오 속 멋지고 준비된 모습이 아닌, 일반인과 같이 자연스럽고 솔직한 모습에 감동한 것이다. 7명이 번갈아 가며 올려서 콘텐츠의 양도 많았고, 다른 아티스트에 비해 올리는 주기도 짧다. 이들이 지금까지 올린 트위터 수는 1만 개가 넘는다.

해외 팬들은 트위터로 공유되는 방탄소년단의 뮤직비디오를 보고 난 뒤, 자연스럽게 소셜 미디어 계정으로 들어가 실시간으로 쏟아지는 콘텐츠에 흥미를 느끼고 다른 콘텐츠도 계속 소비했다. 그렇게 방탄소년단 트위터 계정의 팔로어 수는 불과 6개월 만에 500만 명으로 증가했다. 이처럼 하나로 통합된 소셜네트워크 계정은 BTS의 팬들을 한곳으로 모으는 시너지를 발휘했다.

팬덤의 힘은 주목할만한 부분이다. 한국 대중음악의 세계화에 대해 말할 때, 태생적 한계로 여겨졌던 '언어, 지역'의 장벽을 무너뜨리는 결정적 요인이 되었기 때문이다. 아메리칸 뮤직 어워드가 방탄소년단의 미국 진출의 정점이 아니라 시작일 가능성이 높은 이유다. SNS를 통해 자발적으로 방탄소년단을 홍보하며 열광하는 팬덤, 국적과 인종을 초월한 이들의 움직임은 미국 음악 시장에서의 새로운 유형의 팬덤이자, 기존 미디어가 미처 알지 못했던 매력적인 시장이다. K-POP이 아티스트뿐만 아니라 팬덤까지 결합해 단지 '한류'가 아닌 개별 문화권을 중심으로 한 하위 문화로의 이행, 그리고 그것을 넘은 새로운 모델의 등장으로 나아가고 있는 것이다. 많은 사람이 새로운 시대의 도래를 미처 따라잡지 못하는 사이, K-POP은 훨씬 더 크고 다양해지고 있다.

한국콘텐츠진흥원의 '미국 콘텐츠 산업 동향'(2014)에 따르면 미국 내에서 K-POP을 듣거나 보는 경로는 유튜브(81.5%)가 압도적이었다. 2014년 케이콘(KCON) 이후 북미와 남미 등에서 폭발적으로 늘어난 방탄소년단의 팬덤 A.R.M.Y는 온라인을 통해 강한 결속력과 유대감을 공유하고 있다. 그들은 더 이상 국내 팬덤, 혹은 미국 내 한인 커뮤니티에 부속되지 않고 SNS를 매개로 다양한 인종과 민족, 도시로 확장하고 결합하고 있다. 유튜브를 통해 방탄소년단의 뮤직비디오를 접한 팬들의 댓글을 보면 그중에 "스스로 목숨을 끊고 싶었는데, 노래를 듣고 힘이 났다"라는 댓글이 있다. 방탄소년단의 소셜 미디어를 통한 공감과 소통은 이들을 세계적 인플루언서로 만들었다.

BTS(방탄소년단)를 통해 얻은 SNS 구축 전략 인사이트

1. 확실하게 기억에 남는 브랜드를 구축하라
2. 발견될 수 있게 계속 콘텐츠를 쏟아내라
3. 통제하지 말고 자연스러운 모습을 보여주라
4. 팬들이 계속 보고 돌아오게 만들어라

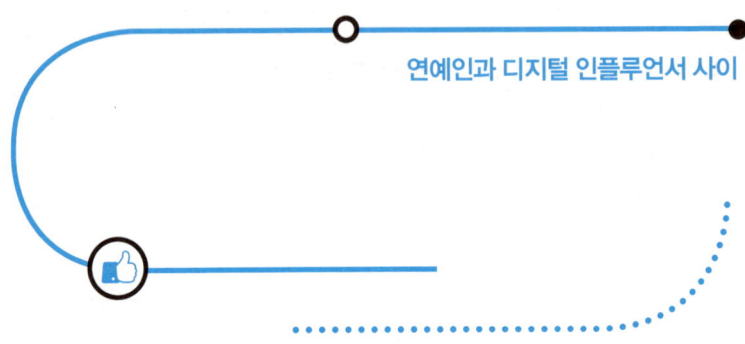

연예인과 디지털 인플루언서 사이

유명한 연예인이라고 해서 유튜브를 비롯한 SNS에서 쉽게 성공할 수 있는 것은 아니다. 과거 여러 개그맨들이 모여 팟캐스트 유튜브 채널을 만들었지만 별 반응 없이 사라졌고, '이수근의 행동대장'도 호응을 얻지 못했다. 최근 들어 송은이와 김숙, 루나, 강유미 같은 연예인들이 디지털 세계의 문을 꾸준히 두드렸고, 마침내 셀럽에서 디지털 인플루언서로 업을 바꾸었거나 혹은 이 두 세계를 넘나드는 사람들이 등장하고 있다.

'송은이, 김숙의 비밀 보장'

송은이는 몇 년 전 팟캐스트 '비밀보장'을 만들었다. 처음에는 출연할 수 있는 TV 프로그램이 없어 시작했던 이 팟캐스트가 인기를 얻었고, 그 결과 두 사람은 방송 및 라디오 프로그램인 '송은이, 김숙의 언니네 라디오', '비디오스타', 온스타일 '뜨거운 사이다' 등에서 다시 활약하게 됐다. 그리고 송은이가 기획한 팟캐스트 '김생민의 영수증'은 KBS에서도 방영하게 되었다. 송은이는 이제 TV에 나오는 연예인인 동시에 팟캐스트 진행자, 기획자, 콘텐츠 크리에이터가 되었다.

'좋아서 하는 채널 강유미'

'좋아서 하는 채널 강유미'를 운영 중인 개그맨 강유미는 자신의 일상을 주제로 소소한 재미를 주는 콘텐츠를 만든다. 베트남 과자 먹방, 셀럽파이브 춤 하루 만에 배우기, 연애 타로점과 같이 기발하면서도 우리 일상에서 멀지 않은 주제로 콘텐츠를 만든다. 또한 유튜브 크리에이터 라뮤끄와 콜라보로 음악 속의 메이크업 등 엉뚱한 콘텐츠를 만들거나 지인들을 불러 아프리카TV처럼 솔직한 대화를 나누기도 한다.

강유미는 개그맨보다 유튜브 크리에이터라는 직업을 더 추천한다고 말한 바 있다. 그녀의 유튜브 수익은 아직 기존의 방송 출연료보다 적지만, 팬과 함께 콘텐츠를 만들어 간다는 점에서 뿌듯함을 느끼고 있다고 말했다.

'루나의 알파벳'

SM 소속 걸그룹 에프엑스의 멤버인 루나는 그룹 활동에 맞춰 시즌제로 유튜브를 운영하고 있다. TV 속에서는 편히 말하지 못했던 화장품에 대한 열정과 자신만의 화장법 등을 보여준다. 아이돌이 개인 유튜브 채널을 운영하는 건 흔치 않은 사례인데, 채널을 운영한 지 벌써

2년이 넘었다.

연예인을 활용한 커머스 서비스

이처럼 연예인들이 1인 미디어 시장에 진출하게 되며, 유명 인사를 인플루언서로 활용하여 상품을 판매하는 업체도 생기고 있다. 유명 인사나 연예인이 1인 미디어가 되어 상품을 직접 판매하는 '맷고'(Metgo.net)가 바로 그 예다. 맷고를 운영하는 미디어 커머스업체 오데프는 연예인 매니지먼트 업체인 A9 미디어와 계약을 진행해 소속 가수 채연이 프랑스산 주얼리 타투를 홍보 판매하기도 하였다. 아직 서비스 초기라 활동하는 연예인이나 판매하는 제품이 많지는 않다.

이처럼 연예인들이 인터넷 방송의 영역에 들어온 뒤, 인터넷과 TV의 경계는 더욱 흐려지기 시작했다. 그리고 이 경계에서 작은 가능성이 열리면서 기존 셀럽들에게 새로운 변화가 시작되고 있다. 이는 2018년 가장 핫한 영역이 아닐까 한다.

인플루언서에서 방송인으로

 이와 반대로 인플루언서에서 방송인으로 확장하는 경우도 있다. 불과 몇 년 전만 해도 방송 사업자들은 기존의 제작 방식을 고수하거나 1인 미디어를 경시하는 경향이 있었다. 하지만 콘텐츠 수요자들의 시청 형태가 빠르게 변함에 따라 1인 미디어는 방송 시장에서도 대접받게 되었다. 요즘은 온라인 방송에서 벗어나 지상파, 케이블TV에서 활동하는 인플루언서의 모습을 쉽게 볼 수 있다.

 초통령이라 불리우는 양띵은 KBS2 키즈 프로그램 〈ㅋㄷㅋㄷ코딩TV〉로 지상파에 출연했다. 코딩TV는 정규 교육 과정으로 채택된 코딩을 배우는 프로그램으로, 파일럿 방송 직후 좋은 반응을 얻어 2018년 2월부터 정규 편성이 되었다. 이 프로그램에는 어린이들의 영원한 언니오빠 '헤이지니'와 '럭키강이'도 출연 중이다. 헤이지니는 KBS2 〈TV 유치원〉 메인 MC를 맡고 있다. 헤이지니는 유튜브뿐만 아니라,

방송 출연 등을 통해 재미와 교육을 보다 많은 아이들에게 전하고자 한다. 특히 2018년부터는 IPTV, 뮤지컬 등 본격적으로 유튜브 밖으로 진격 중이다.

CJ ENM DIA TV는 2017년 1월 MCN 전문 방송 채널 '다이아 티비(DIA TV)'를 개국했다. 기존 방송 사업자이자 MCN 사업자로서 MCN 전문 TV 채널을 확보해 모바일 기기나 PC로만 접하던 1인 방송의 대중화를 주도하겠다는 포부이다. 혼자 보던 1인 크리에이터 콘텐츠 소비 형태를 온 가족이 함께 즐길 수 있도록 하여 MCN 산업을 활성화하려는 것이다. 이밖에도 JTBC는 MCN 크리에이터 서바이벌 오디션 〈워너비(WANNAB)〉라는 프로그램을 선보이기도 했다.

SBS의 모바일 콘텐츠 제작소 '모비딕'의 대표 모바일 콘텐츠인 〈양세형의 숏터뷰〉는 2017년 추석에 지상파 프라임 시간대에 편성되기

〈ㅋㄷㅋㄷ코딩TV〉 방송 장면

도 했다. 모바일에서만 볼 수 있던 프로그램이지만, 시청자들의 반응이 좋았기에 가능했다. 콘텐츠가 좋으면 모바일과 브라운관의 경계를 넘나들 수 있다는 것을 보여준 사례다.

러시아 상트페테르부르크 출신의 안젤리나 다닐로바는 평소 빅뱅과 엑소 등의 노래를 즐기고, 한국 음식에 관심이 있어 간간이 SNS에 관련 포스팅을 올리던 평범한 고등학생이었다. 그러다 대학에 진학한 그녀는 상트페테르부르크에 있는 한국 식당에 찾아가 비빔밥과 찌개를 맛있게 먹고 '먹방' 사진 하나를 올렸다.

그리고 아무 일 없이 시간이 흘렀는데, 2015년 어느 날 한국의 한 블로거가 우연히 이 사진을 발견했다. 그 블로거는 '한국 남자랑 결혼

안젤리나를 이슈에 오르게 한 먹방 사진

뮤지션에 도전 중인 안젤리나

하길 원하는 러시아 모델'이라는 설명을 붙여 포스팅을 했다. 그녀가 한 말의 진의와는 상관없이 SNS와 언론은 이를 퍼 날랐다. 그녀는 한국에서 유명인이 되었다. 이를 통해 1,000명 수준이던 그녀의 인스타그램 팔로어는 며칠 만에 2만 명이 되었다. 그녀는 '러시아 엘프', '세젤예(세상에서 제일 예쁜)' 같은 애칭으로 불렸다.

그녀의 인스타그램이 한국 사람들 사이에서 유명해지자, 2016년 초 연예 기획사는 러브콜을 보냈다. 방송에도 여러 번 출연할 기회가 생겨 2016년 tvN의 〈바벨 250〉(7개국 남녀가 참여한 글로벌 공통어 프로젝트)에 출연하기도 하고, 2017년에는 〈걸스다이어리 싱글백서〉에도 출연했다. 초반에는 언어 장벽으로 어려움도 많았지만, 그녀는 〈빛나는 은수〉 같은 드라마에서 엑스트라로도 출연하며 계속하여 방송에 도전했다. 그리고 마침내 〈신전래동화〉에서 주연급 역할을 맡으며 영화배우로도 데뷔했다. 최근에는 R&B 소울 가수로 활동할 준비도 하고 있다.

현재 그녀는 인스타그램에서 60만의 팔로어를 가진 SNS 스타다. 한국 문화를 진심으로 사랑하는 그녀에게 많은 사람이 열광했고, 한국이미지커뮤니케이션 연구원은 그녀에게 '2018 한국 이미지상'에서 한국 이미지 꽃돌상을 수여했다.

그녀의 인생은 인스타그램에 올린 '찌개 사진' 하나로 바뀐 것이나 마찬가지다.

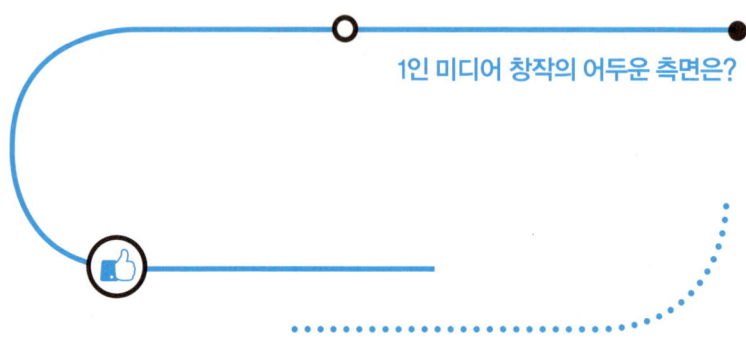

1인 미디어 창작의 어두운 측면은?

《이미지와 환상》의 저자 다니엘 부어스틴은 '유명함(fame)'과 '위대함(greatness)'의 경계는 점점 흐려져 간다고 말한 바 있다. 이전에는 위대한 영웅이 유명세를 누렸지만, 지금은 오히려 유명한 사람을 위대하다고 생각한다는 것이다. 이미지와 진실 중 이미지의 힘이 강해지고 있는 것이라고 볼 수 있다.

  SNS를 통해 우리는 한 세상이 아니라 두 세상에서 살게 되었다. 사람들의 가치관과 행동은 실제 모습과 디지털 세상에서 보이는 모습이 다를 수밖에 없다. SNS에서는 목소리가 공명 현상으로 확대되어 퍼져 나간다. 그리고 우리에게 착 달라붙은 모바일은 24시간 우리에게 이야기를 건넨다. 실제 소리보다 더 크게 들리는 착각이 들 수밖에 없다.

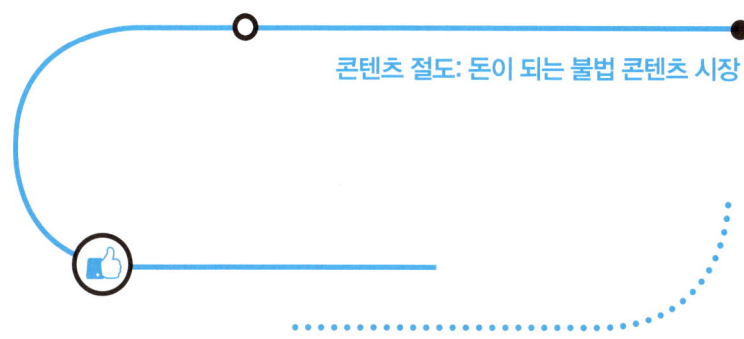

콘텐츠 절도: 돈이 되는 불법 콘텐츠 시장

누구나 콘텐츠를 만들고 공유할 수 있는 1인 미디어 시대에, 콘텐츠 절도는 큰 골칫거리다. 동영상의 조회 수가 돈이 된다는 것이 알려지면서 각종 도용 수법이 생기고 있으나 아직 마땅한 제재 수단이 없는 상황이라 창작자들의 대처할 수 있는 방법은 많지 않다.

동영상 수익화의 가장 대표적인 플랫폼 유튜브는 콘텐츠 검증 기술 CID(Contents IDenfication)을 제공해 타인이 불법으로 올린 콘텐츠를 원저작자가 차단 혹은 추적, 수익화할 수 있도록 했다. 또한 저작권 침해 영상 신고 기능을 통해 직접 저작권 소유를 주장할 수 있다. 유튜브는 콘텐츠 검증 기술에 인공지능을 도입하여 머신러닝을 통해 원작과 불법 콘텐츠를 걸러내는 기술을 높이고 있다.

하지만 창과 방패처럼 도용 수법이 교묘해지면서 저작권을 피하는 여러 꼼수들이 나오고 있다. 재생 속도를 조절하거나, 파워포인트 슬라이드 형식으로 영상을 구성하는 등 영상에 변형을 주어 콘텐츠 검증 시스템이 전혀 다른 영상으로 인식하게 하는 경우다. 혹은 자막을 입히거나 해상도를 크게 낮추어 2차 저작물로 인식되게 하는 경우도 있다.

이러한 콘텐츠 절도를 통해 조회 수나 구독자 수를 쉽게 올리는 사례들이 늘어남에 따라 유튜브 계정 자체를 거액에 파는 일도 늘고 있다. 구독자 1만 명 규모의 채널은 중고 거래 사이트에서 100만 원에 거래가 되고 있으며, 해외에서 구독자 100만 명인 채널은 5억 원 규모로 거래가 이루어지는 경우도 있다.

사실 이 논쟁을 좀 더 확대해 보면 아프리카TV의 게임 BJ나 유튜브 크리에이터들이 1차 저작물인 게임을 활용한 스트리밍 방송인 2차 저작물에도 적용이 된다. 대부분의 게임 스트리머들은 원 저작권자인 게임 회사의 허가를 구하지 않은 채 방송을 하는데(일일이 허락을 구할 수 없는 것이 현실이다), 이 또한 불법이라 할 수 있다. 그러다보니 게임사인 '캄포산토'에서 '파이어워치' 플레이 영상을 올린 퓨디파이에게 저작권 침해 신고를 하는 경우들이 발생하는 것이다. 원 저작권자의 허락을 구하지 않은 2차 저작물은 불법이며, 게임 회사와 스트리머 사이에서는 아슬아슬한 줄타기가 이어지고 있다.

아직 국내에는 콘텐츠가 도용되어 영리 목적으로 사용되더라도 삭제 요청 외엔 별다른 제재 방법이 없다. 모든 불법 콘텐츠를 추적하는 것이 실질적으로 불가능하고 소송에 비용이 많이 들기 때문이다. 이는 1인 창작자 개개인으로 대응하기보다는 플랫폼 차원에서 이러한

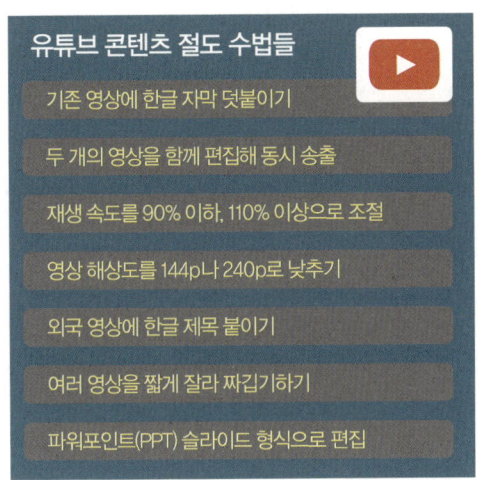

출처: http://www.segye.com/newsView/20171129005718

행태를 근절하도록 유도하여 건전한 생태계를 만들어가는 것이 중요하다.

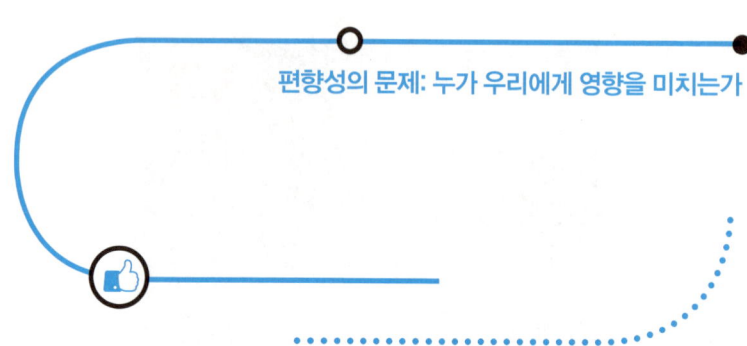

편향성의 문제: 누가 우리에게 영향을 미치는가

대중을 위한, 대중에 의해, 대중을 위한, 대중의 인플루언서들은 다양한 사회 의견에 힘을 보태고, 민주 사회에서 개개인의 목소리를 높이는 데 긍정적인 영향을 미치고 있다. 최근에는 자신들의 영향력이 가진 사회적 가치의 중요성을 인식하고, 사회적 메시지 전달, 기부, 지지 등으로 민주 사회를 고양시키고자 하는 의식이 높아지고 있다.

하지만 자신의 의견을 쉽게 전달할 수 있다 보니 혐오 발언이나 무분별한 주장을 해서 자칫 사회적인 문제를 일으키는 상황도 발생한다. 이런 경우, 이들을 지지하는 10대들은 인플루언서들의 발언을 그대로 받아들이고 따라 할 수가 있다. 인플루언서 입장에서는 의도치 않았으나 듣는 시청자 입장에서는 오해할 수 있고 과거의 발언 등이 문제 될 수 있으니 늘 신중해야 한다.

또한 유튜브를 열면 맞춤형 동영상이 뜨고, 네이버에 연결하면 좋아할 만한 기사가 뜨는 알고리즘 추천에 의해, 개인이 소비하는 콘텐츠에 편향성이 생길 수 있는 것 또한 문제다. 소셜 미디어 기업들은 진화하는 알고리즘과 빅데이터를 활용해 사용자에게 최적화된 맞춤형 콘텐츠를 제공한다.

이는 소셜 미디어가 민주주의를 위험에 빠트릴 수도 있다는 것을 말한다. 사용자들은 계속 성향이 비슷한 콘텐츠를 보고, 비슷한 사람들끼리 어울리게 되어, 편향성을 강화하게 된다. 유유상종 효과라고 불리는 '반향실(eco chamber) 효과'다. 노스캐롤라이나대의 제이넵 투펙치 교수는 "소셜 미디어는 사용자를 '둥지 집단(peer group)'으로 몰아넣어 온건한 시각도 극단적 시각으로 변화시킨다"고 강조했다.

더불어 가짜 뉴스와 유언비어, 역정보를 통해 여론을 조작하고 왜곡하는 경우들이 늘고 있다. 이럴 때 인플루언서들의 발언 하나, 포스팅 하나가 시발점이 될 수 있으니 유의해야 한다.

2012년 러시아 대선 당시 블라디미르 푸틴 대통령은 블로거를 대거 고용해 여론을 조작했다. 같은 해 한국의 국가정보원은 댓글 부대를 동원해 여당 후보에게 유리한 방향으로 여론을 조작했다. 인플루언서들은 자신이 미칠 영향력을 인지하고, 사회적 책임감 속에서 자체적인 콘텐츠 순화 등을 토대로 사회와 공존하도록 해야 한다.

시청자들 또한 인플루언서의 모습을 판별해낼 수 있는 기본적 기준을 만들어가야 하며, 온라인상의 가짜 뉴스와 허위 정보, 유언비어를 가려낼 줄 아는 디지털 독해력을 기를 수 있어야겠다.

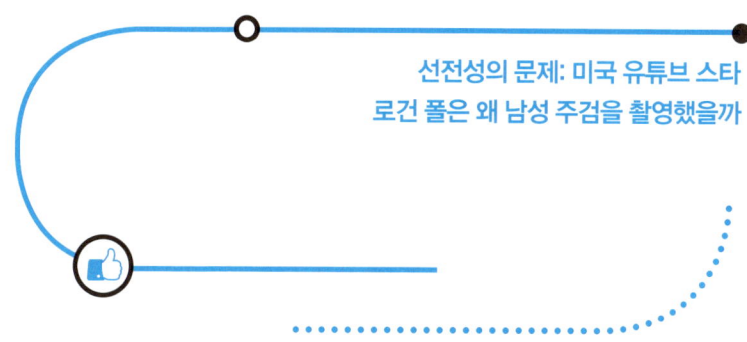

선전성의 문제: 미국 유튜브 스타 로건 폴은 왜 남성 주검을 촬영했을까

미국 유튜브 스타 로건 폴이 자신의 유튜브 채널에 자살로 추정되는 남성의 주검이 담긴 동영상을 올려 파문을 일으켰다. 폴은 2017년 연말 친구들과 일본 후지산 아오키가하라 숲을 방문했다. 이 숲은 '자살 숲'이라고 불릴 정도로 많은 사람들이 목숨을 끊는 곳이었는데, 폴은 나무에 목을 맨 주검을 발견하고 얼굴만 모자이크 처리한 채 이를 유튜브 영상에 내보냈다.

그는 이 영상을 올리며 쇼의 한 장면을 연출하듯이 했고, 주검을 관찰해서 묘사하고 죽은 시점을 추측하기도 하면서 시청자들의 흥미를 끌었다. 그는 자살에 대한 경각심을 높이기 위해 영상을 업로드했다고 하지만, 동영상을 시청한 700만 명 중에는 충격을 받은 사람이 많았다.

논란이 불거지자 그는 영상을 삭제하고 사과했지만, 소셜 미디어에서는 그를 비난하는 거친 후폭풍이 들이닥쳤다. 포브스는 물론 BBC

와 같은 유력 매체들에서도 그의 행동을 비난하는 기사를 내보냈다.

소셜 미디어 스타인 인플루언서들이 무한경쟁에서 살아남기 위해 자극적인 콘텐츠를 추구하는 상황에서 발생한다. 특히 라이브 방송과 같은 경우, 일이 벌어지고 난 후에는 이를 되돌릴 방법이 없다. 아프리카 TV에서 활동하는 한 BJ는 게이클럽에서 라이브 방송을 송출해 '강제 아우팅'이라는 비판을 받았고, 중국에서는 초고층 빌딩의 외벽을 올라가 촬영하다가 추락하여 사망하는 사건이 발생하기도 했다.

플랫폼 차원에서도 모든 콘텐츠를 검열하는 것이 쉽지는 않다. 유튜브만 하더라도 1분에 500시간, 하루에 약 70년 치 분량의 영상들이 업로드되고 있기 때문이다.《월스트리트저널》은 구글, 페이스북 등 IT 기업이 최근 채용을 확대하고 있는 콘텐츠 검열 관리직이 새로운 극한 직업으로 떠오르고 있다고 보도한 바 있다. 하루에 한 명이 약 8,000건의 테러리즘·폭력·성인물 등 혐오 콘텐츠를 심의하고 있는데, 이에 따른 정신적 스트레스가 엄청나다는 것이다. 이는 그만큼 혐오 콘텐츠가 증가하고 있다는 것을 보여준다. 최근 유튜브, 페이스북은 인공지능을 통해 유해 콘텐츠를 원천 차단할 수 있는 방법을 찾는 데 몰두하고 있다.

"네 약점을 스스로 인정하면, 아무도 그것을 이용하지 못해(Once you've accepted your flaws, no one can use them against you)."
미국 드라마 〈왕좌의 게임〉에 등장하는 캐릭터 티리온 라니스터의 대사다. 사람들은 보통 '잘못했다, 나의 실수다, 진심으로 사과한다'와 같은 한마디를 하지 못해서 쉽게 끝날 일을 긁어 부스럼으로 만든다. 어떻게든 덮어보고 숨기려다 더 큰 화를 당하기도 한다. 바로 이때, 이미 저지른 실수를 숨기고 인정하지 않는 게 아니라, 솔직히 인정하고 받아들여 더 이상의 추가 바이럴을 발생시키지 않는 것이 중요하다. 만일 계속해서 실수에 대해 변명하려 한다면 자신의 모든 평판을 잃을 수 있다. 이는 참 쉽지만 어려운 것이기도 하다. 구설수에 오르기 쉬운 인플루언서들은 티리온의 말을 새겨들을 필요가 있다.

유튜브나 페이스북에 올린 개인들의 영상이 하나의 산업으로 성장하고 있다. 기존 미디어들이 대중을 상대로 한 기획과 일방적 전달의 유통 방식에 머물며 10대, 20대와의 관심에서 멀어지고 있을 때, 개개인의 개성이 담긴 1인 미디어는 소셜네트워크 활용에 적극적인 젊은 세대의 니치(Niche)한 취향을 저격하여 그들의 마음을 사로잡았다. 이러한 1인 미디어들의 개별 영향력이 커지자 사람들은 이들을 크리에이터(1인 창작자) 혹은 인플루언서(영향력자)라고 불렀다. 디지털상의 영향력을 가진 이들을 모아 전문적으로 관리해주는 곳이 생겼는데 이를 MCN(다중채널 네트워크)이라 부른다.

PART 4

비즈니스 매개자들은 인플루언서들과 어떻게 협업할까

인플루언서
생태계의 중심은
MCN이다

#1

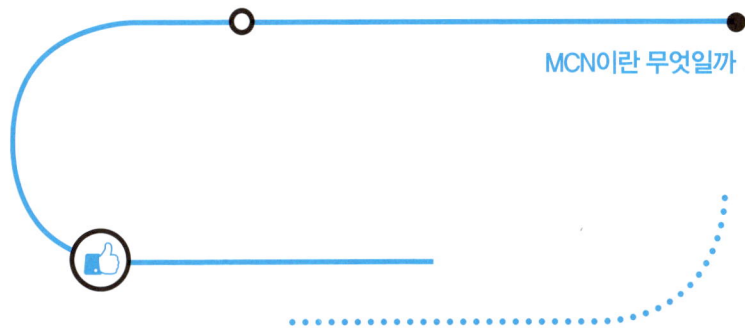

MCN이란 무엇일까

MCN의 시작

최초의 MCN(Multi Channel Network)은 유튜브 생태계에서 시작했다. 2005년 동영상 공유 서비스로 등장한 유튜브에서 퓨디파이(PewDiePie, 구독자 5700만), 스모쉬(Smosh, 구독자 2300만)와 같이 인기가 높고 수익을 내는 채널들이 생기자, 2009년부터는 이들을 모아 전문적으로 관리하는 회사들이 등장했다. 가장 대표적인 회사로는 메이커스튜디오(Maker Studios), 머시니마(Machinima), 풀스크린(Full Screen) 등이 있다. 유튜브는 이들을 MCN(Multi Channel Network)이라 부르고, 2013년에는 채널들을 집단으로 관리하고 수익을 분배할 수 있는 롤업(roll-up) 기능을 MCN에게 제공했다. MCN들은 이 롤업 기능을 통해 수천, 수만 명의 채널을 제휴하며 폭발적인 성장을 하게 되었다.

국내에서는 2013년 7월 CJ ENM에서 크리에이터그룹(현 DIA TV)

이라는 이름으로 대도서관을 첫 번째 크리에이터로 영입하며 MCN 사업을 시작했다.

　MCN들이 월 수십억 조회 수를 보유한 네트워크로 성장하며 미디어 시장의 새로운 루키로 떠오르자, 기존의 레거시 미디어들은 2014년부터 MCN에 적극적으로 투자 혹은 인수를 하기 시작하였다. 가장 대표적인 사례가 디즈니(Disney)의 메이커스튜디오 인수로, 당시 인수 가격은 9억 5,000만 달러였다(메이커스튜디오의 실적 부진으로 최종적으로는 6억 7,500만 달러로 거래됐다). 워너브라더스는 머시니마(Machinima)를, 버라이즌은 어섬니스티비(AwesomenessTV)의 지분을 인수했다. 한국에서도 2015년 트레저헌터, 샌드박스, 레페리 등 MCN들이 잇따라 등장하며 산업이 주목을 받고 투자를 유치받았다.

국내에서 CJ ENM이 최초로 MCN 사업을 시작하였다

하지만 과열된 투자가 이어지며, 일부 MCN의 수익성 및 비즈니스 모델의 지속성에 대한 의구심이 제기되기도 했다. 이에 각 MCN은 그들이 가진 디지털 역량을 바탕으로 자체적인 오리지널 콘텐츠를 만드는 데 집중하며 채널 제휴 중심의 사업 비중을 줄여 나가고 있고, 수익 모델을 다각화하고 수익률을 높이며 밀레니얼 세대와 Z세대를 사로잡는 디지털 콘텐츠 미디어 회사로 성장하고 있다.

유튜브는 이러한 MCN을 "다양한 유튜브 채널들과 제휴한 서드파티 사업자로서 시청자 개발, 콘텐츠 프로그래밍, 크리에이터 간 협업, 디지털 저작권 관리, 수익화, 세일즈 등의 서비스를 제공한다"라고 정의한다. 최근에는 MCN 스스로도 진화 중이며, 자신들의 업태를 나타낼 때 Studio, Network, TV, Tube, Entetrainment 등의 용어를 쓴다. 제작사, 방송사, 디지털 채널, 연예기획사 등 다양하게 정의하고 있는 것이다.

MCN의 역할

인플루언서 주변을 둘러싼 환경에는 여러 주체들이 있다. 유튜브, 페이스북으로 대변되는 플랫폼, DIA TV나 트레저헌터와 같은 MCN 사업자, 이들에게 큰 수익이 되는 광고주 외에도 다양한 에이전시, 영상 제작사, 세무사 등이다. 그렇다면 인플루언서가 이들을 직접 만나 사업을 진행해도 될 텐데, 어째서 이 생태계 가운데 MCN이 있는 것일까?

▶MCN의 역할

매니지먼트	협찬	제작	정서 및 리스크 관리
컨설팅	광고	오프라인 행사	투자
홍보	유통	콜라보레이션	정산
마케팅	기획		

MCN마다 주안점과 기능의 차이는 있지만 기본적인 역할은 다음과 같다.

첫째, 탤런트(재능)가 있는 개인을 조기에 발굴하고, 이들의 채널이 자리 잡을 수 있도록 컨설팅 및 협찬 등을 통한 초반 제반 사항을 지원한다. 단, 제작은 오롯이 창작자의 몫이며 지원 가능한 사항은 창작자 채널의 성향, 성장 속도 등에 따라 차등된다.

둘째, 인플루언서들이 지속적으로 활동할 수 있도록 매니지먼트하고 양질의 콘텐츠 생산을 장려하는 창작 생태계를 지원한다. 이를 통해 이들이 운영하는 채널이 매력적으로 성장할 수 있도록 한다.

셋째, 인플루언서들의 채널을 광고주에게 팔릴 수 있도록 패키징, 업셀링(Up-selling, 소비자가 구매하려던 것보다 높은 가격의 상품을 구매하도록 유도하는 판매 방식) 및 크로스셀링(Cross-selling, 고객이 구매하려던 것과 관련된 상품을 구매하게 만드는 판매 방식)을 하여 영업한다. 일반적으로, 광고주를 통한 브랜디드 콘텐츠 수입이 인플루언서에게 가장 큰 수익이 된다.

넷째, 다양한 플랫폼에 콘텐츠를 유통시켜 유통 수익을 확보한다. 신규 유통을 통해 새로운 구독자층을 발굴하고 수익원을 확대한다. 플랫폼에는 유튜브, 네이버TV, 데일리모션과 같은 SNS 기반 플랫폼뿐 아니라 케이블TV, IPTV, 모바일 앱 등 다양한 콘텐츠 유통 창구 전체를 뜻한다.

다섯째, 오프라인 행사 같은 추가 사업을 공동 진행한다. 인플루언서와 함께 다양한 부가 사업을 얼마나 할 수 있는가는 MCN이 가진 역량에 달려 있다. 광고 수익 및 유통 수익만으로는 MCN 스스로 생존하기 어렵다. 이를 극복하기 위해 MCN은 끊임없이 신규 비즈니스 모델을 발굴해야 한다.

MCN에서 일하는 재미: 슈링크(Shrink)

분야를 막론하고 콘텐츠 제작자들과 장기간 협업하여 일을 한다는 것은 쉽지 않다. 특히 MCN처럼 다양하고 수많은 창작자들과 신뢰 관계 속에서 비즈니스가 만들어지는 경우는 특히 더 그렇다. 업계 밖으로 보이는 화려함과 안에서 겪는 수많은 노고 속에서 찾는 재미의 균형 속에 MCN에서 일하는 매력이 있다.

슈링크(Shrink)라는 단어가 있다. 이 말의 사전적 정의는 '정신과 의사'다. 이들은 무엇을 직접 창작하는 사람이 아니라 다른 사람들이 무엇을 원하는지, 잠재의식 속에 어떤 욕망을 가지고 있는지 알아내는 데 뛰어난 재주를 가진 사람이다. 콘텐츠를 창작하는 사람들의 창의와 혁신이 돈이 되려면 전혀 다른 능력을 지닌 사람들의 도움이 필요한데, 바로 MCN의 인플루언서 담당자들이 이들의 슈링크가 되어 이들이 장기간 지치지 않고 콘텐츠를 지속적으로 만들고 이들의 수익을 극대화할 수 있도록 돕는다. 일종의 연예인 매니저와도 비슷하다고 볼 수 있다. 콘텐츠 창작자의 재능을 발굴하는 사람, 유행을 감지하고 아이템을 제시하는 사람, 사업을 확장하기 위해 저돌적으로 밀어붙이는 사람, 인플루언서의 인지도를 높이기 위해 마케팅을 하는 사람, 이들 채널의 성장을 돕는 컨설턴트까지, 인플루언서 담당자들의 역할은 다양하다. 이들은 가장 가까이에서 이들의 성장을 돕는, 그리고 함께 성장하는 슈링크이자, 마라톤의 페이스 메이커(pace maker, 마라톤에서 우승 후보의 기록을 단축하기 위해 전략적으로 투입된 선수)라고 할 수 있다.
다음은 MCN에서 일하는 몇 가지 재미다.

창의적인 사람들과의 만남
MCN에서 일을 하다 보면 필수적으로 다양한 크리에이터(1인 영상 제작자)들과 만나게 된다. 파트너로서, 제휴를 위해 혹은 제작 의뢰를 하기 위해 만나게 되는데, 창의성과 열정으로 가득 찬 크리에이터와의 만남은 언제나 즐겁다.
크리에이터들은 저마다의 제작 및 채널 운영 노하우를 갖고 있다. 콘텐츠 운용 효율화, 플랫폼 알고리즘, 콘텐츠 최신 트렌드 등 이들이 가진 노하우는 때로 MCN 사업자들도 모르는 것이 많다. 그래서 현장에서 이들과 이야기하는 것만으로도 많은 인사이트를 얻을 수 있다. 또한 이들의 배경이 매우 다양하다는 것도 흥미로운 점이다. 학생, 애니메이션 감독, IT 종사자부터 애널리스트, 간호사, 미용사, 고깃집 사장님까지 매우 다양한 분야의 분들이 크리에이터로 활동하고 있다. 《변신》을 쓴 프란츠 카프카도 본업은 보험공사 직원이었다고 한다.

보람과 자부심
MCN 사업의 핵심은 파트너인 크리에이터들과의 동반 성장이다. 이는 소속된 회사뿐만 아니라 크리에이터의 성장에 기여한다는 관점에서 본인의 성장은 물론 큰 보람이 있다. 본인이 발굴한 크리에이터를 지원하고 성장하는 모습을 볼 때의 그 뿌듯

함은 이루 말할 수 없을 것이다.

더불어 새로운 미디어 환경을 만든다는 커리어적인 자부심도 있다. 내가 만들어가는 것이 길이 되는 그 짜릿함은 이루 말할 수 없다.

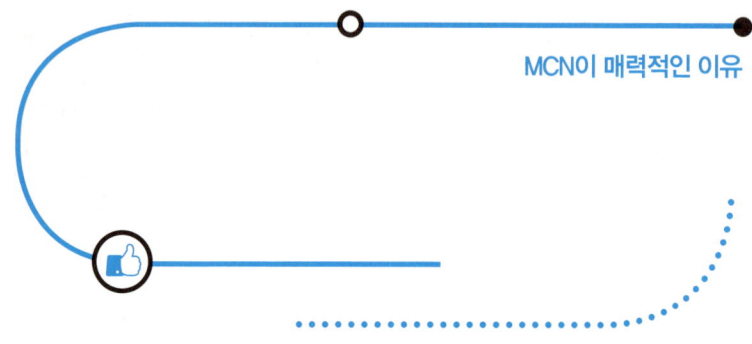

MCN이 매력적인 이유

데이터를 통한 미래 세대의 이해

MCN 콘텐츠의 핵심 시청층은 10~20대. 유튜브에 따르면 아시아 지역 77%의 아이들은 TV보다 인터넷 미디어를 선호하며, 이들의 하루 디지털 콘텐츠의 시청 시간은 174분에 달한다. 닐슨 코리아의 조사에서도 19~24세 대상의 동영상 콘텐츠 소비 접근성 1위 플랫폼은 TV가 아닌 유튜브였다. 이러한 디지털 세대는 트렌드에 민감하며, 텍스트보다는 동영상·이미지에 민감하고, SNS를 통해 정보를 습득하고 자신의 일상을 공유하는 데 익숙하다.

MCN은 이러한 디지털 콘텐츠 시청자들을 알 수 있는 데이터의 보고(寶庫)다. 미국 MCN 풀스크린의 창업자인 조지 스트롬폴로스는 한 인터뷰에서 MCN의 매력으로 "시청자의 반응을 즉각 알 수 있는 실시간 데이터를 얻기 용이하다"는 점을 꼽았다. CJ ENM DIA TV에서도

1,400명의 크리에이터들과 1억 2,000만 명의 구독자로부터 얻는 월 18억 조회 수의 데이터를 분석하고 있다.

여기서의 데이터라 함은 시청 연령, 시청 지속 및 누적 시간, 국가 통계, 구독자, 디바이스, 기간별 수익, 커뮤니티 속성(댓글, 좋아요, 공유) 등 숫자로 표현될 수 있는 모든 정량적 지표는 물론, 댓글 및 투표를 통해 얻는 정성적 데이터들을 포함한다. 이러한 지표들을 활용하면 시청자들의 디지털 콘텐츠 소비 형태를 정확히 파악하고 실시간으로 전략을 세울 수 있다. 특히 게임, 뷰티, 키즈, 음악, 푸드, 글로벌 등 장르를 세분화하여 타깃별로 데이터를 볼 경우 산업 트렌드를 파악하는 데 많은 도움이 된다. MCN은 젊은 세대의 콘텐츠 소비 패턴을 파악하고, 이를 바탕으로 보다 정밀한 타깃형 콘텐츠를 기획하여 시청자를 계속 늘려나갈 수 있다.

디지털 콘텐츠 유통업

MCN은 기본적으로 유통업의 성격을 가진다. 유통업에서 가장 중요한 것은 먼저 정보 우위(정보의 비대칭성), 그리고 교섭력 우위(자본의 힘에 의한 교섭력)이다. 정보 우위의 개념은, 유통업체(MCN)가 지니는 수요자(브랜드, 광고주 혹은 시청자) 정보와 공급자(인플루언서) 정보의 양과 질적 보유 수준에 대한 차이를 의미한다. 즉, 정보의 비대칭성을 통해 상대방보다 더 많고 깊은 정보를 가지고 있을 때 유통업체가 존재할 수 있듯, 개인 인플루언서에 비해 경험과 자본이 큰 MCN이 가지는 정보의 차이가 생기는 것이다.

▶MCN의 수익 모델 사업 전략

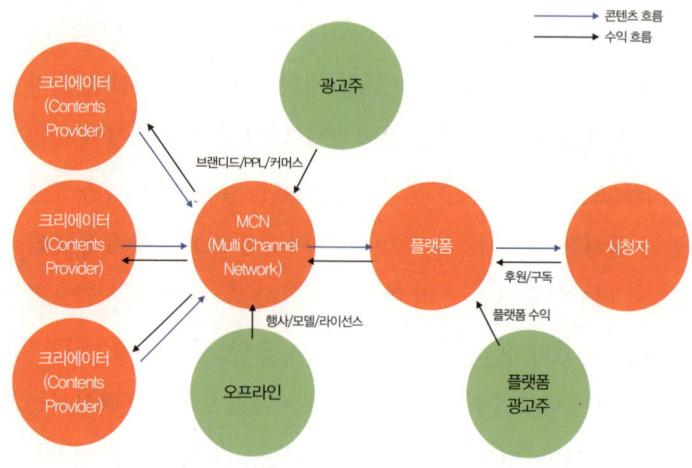

　또한 이를 통해 유통업체(MCN)가 교섭력 우위를 지니게 되면, 공급자(인플루언서)들이 수요자(브랜드, 광고주)에게 직접 판매를 전개하는 것보다, 유통업자인 MCN을 통해서 거래를 하는 경우가 '총량이익효과'가 더 높게 발생한다. 보통 MCN이 인플루언서의 시장 단가, 보유한 여러 사례를 통해 광고주와의 협상에서 교섭력 우위를 지닐 수 있게 되는 것이다. 여기에서 유통업자인 MCN의 존재가치가 성립된다.

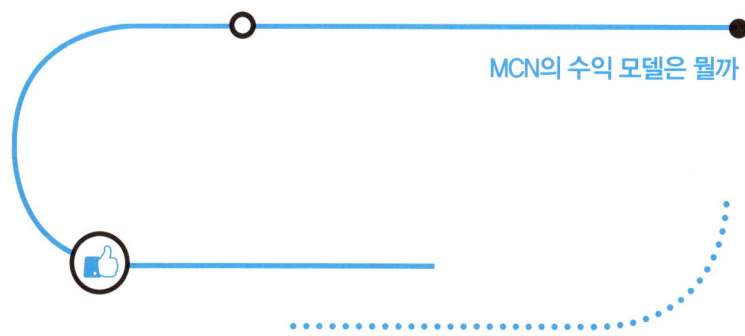

MCN의 수익 모델은 뭘까

MCN 사업자들은 플랫폼 수익과 브랜디드 콘텐츠 수익에 의존하던 'MCN 1.0'을 넘어 'MCN 2.0' 시대를 맞아 수익원 다변화에 적극 나서고 있다. 크리에이터들의 해외 진출을 돕고 캐릭터 라이선스 사업과 오리지널 콘텐츠 제작 등으로 영역을 넓히는 중이다.

현재 MCN들의 가장 큰 고민은 급성장하는 조회 수만큼의 이를 통한 수익원을 찾고 이를 극대화하는 것이다. 각 MCN에 따라 비즈니스 모델과 전략이 다르지만, 기본적으로 유튜브, 네이버 등을 통한 플랫폼 광고 수익과 콘텐츠에 광고를 녹인 브랜디드 콘텐츠 그리고 여러 부가사업이 있다. 이를 정리해보면 다음과 같다.

유튜브 광고

유튜브와 크리에이터는 광고 수익을 45:55의 비율로 배분한다. 그리고 MCN은 이를 크리에이터와 8:2 혹은 9:1의 비율로 나눈다. 평균 CPM(Cost Per Mille, 1,000회 광고를 노출시키는 데 사용된 비용)을 3달러로 계산하였을 때, 10억 조회 수에 MCN이 가져갈 수 있는 수익은 1.5억에서 3억 달러 사이가 된다. 현재도 MCN의 매출에 큰 부분을 차지하고 있으며, 유튜브 조회 수는 비교적 매월 예측이 가능하기에 안정적인 수익원이 된다.

브랜디드 콘텐츠

MCN에서 브랜디드 콘텐츠는 브랜드를 주제로 크리에이터가 제작한 콘텐츠를 말한다. 브랜디드 콘텐츠의 특징은 첫째, 크리에이터가 직접 기획과 제작 및 유통을 맡고 둘째, 크리에이터의 톤 앤 매너가 짙으며 셋째, 소비자들의 특징에 대한 트래킹이 가능하다는 것을 들 수 있다. 국내 브랜디드 콘텐츠의 가격은 수십만 원에서 수천만 원까지 캠페인의 규모와 크리에이터마다 금액이 다양하다. 쿼츠에서 발표한 '미디어 이용 습관' 조사 결과에 따르면 디지털상에서 광고는 프리롤 광고(8%)보다 브랜디드 콘텐츠(33%)를 더 선호한다고 한다.

이러한 브랜디드 콘텐츠는 MCN의 가장 빠르게 성장하는 수익원이자 수익률이 가장 좋은 수익 모델이다. 브랜디드 콘텐츠 판매는 MCN의 광고 영업 능력에 크게 영향을 받는다. DIA TV는 CJ ENM 내의 미디어솔루션 부문(광고사업 부문)에 속하며 이를 통해 자체적인 광고 영업망을 가지고 있다. 더불어 기존 방송, 영화, 음악의 광고 영업과 연계하여 업셀링과 크로스셀링을 할 수 있다는 장점이 있다. 게임에 강점을 둔 샌드박스와 뷰티 중심의 레페리는 특정 산업의 광고주 집중 전략을 통해 높은 성과를 내고 있다.

플랫폼 유통

　MCN 입장에서는 이미 만들어진 크리에이터들의 영상을 다양한 플랫폼에 유통하며 콘텐츠당 수익성을 높일 수 있다. DIA TV에서는 국내 플랫폼으로 네이버TV, 쥬니어네이버, 옥수수, IPTV, 해외는 데일리모션, 비키, 유쿠 등 크리에이터의 특성에 맞는 전 세계 플랫폼에 유통을 하고 있다. 스튜디오 71은 중국의 토우티야오(뉴스앱)와 마케팅 라이선스 계약을 하였다. 유튜브가 없는 중국에서 스튜디오 71 소속 크리에이터의 콘텐츠를 유통시키기 위함이다.

미디어 커머스

　구매자의 96%가 구매를 망설이고 있을 때 동영상 콘텐츠가 그들의 결정에 도움이 된다는 미국의 동영상 플랫폼 업체 조이어스(Joyus)의 자료처럼, 최근 비디오와 커머스 기능을 결합하는 사례가 늘고 있다. 앞에서 언급된 DIA TV의 모큐드라마 〈더쿠션: 덕후션〉를 통해 출시된 '2D4 톤착쿠션'은 판매 시작 2개월 만에 초도 물량 2만 5,000개가 모두 매진되고, 이후 리필 제품까지 모두 매진되어 미디어 커머스의 가능성을 열었다. 비디오 커머스 그룹 블랭크티비(BLANKTV)는 지난해 자체 헤어 스타일링 브랜드 '블랙몬스터'를 동영상으로 제작해 페이스북에 올렸고, 6개월여 만에 100억 원의 매출을 올렸다. 이렇듯 국

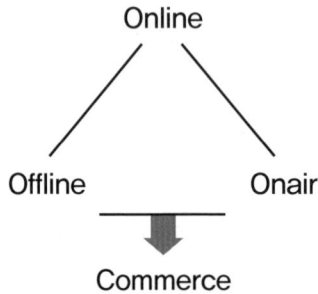

내에서 다양한 성공 사례가 나오며 주목받고 있다.

이러한 미디어 커머스는 해외 진출이 용이하고 유통 비용을 최소화할 수 있다는 강점이 있다. 중국과 동남아 등 해외 시장을 상대로 동시다발적인 마케팅과 판매가 가능하고 유통 비용까지 최소화해 기업들의 해외 판로 개척에 기여할 것으로 기대된다.

광고 업체 에코마케팅의 자회사 '유리카'는 2017년 11월부터 중국 최대 SNS 플랫폼 '위챗'을 통한 제품 판매를 시작하며 해외 시장을 미디어 커머스 전략으로 진행하고 있다. 노마드웍스(Nomadworks)는 사용자 후기를 중시하는 유아용품 소비자의 성향을 반영하여 유아용품 전문 비디오커머스 플랫폼 '엔젤스팡'을 선보였다. 엔젤스팡에서는 엄마 인플루언서인 '엔젤크루'들이 직접 후기 동영상을 제작해 제품을 소개한다. 아직 이 두 업체의 성과는 성공 여부를 말하기 이르나 이러한 시도들이 모여 미디어 커머스 시장에서 의미 있는 성공 사례들이 계속하여 생길 것이다.

라이선싱

크리에이터들이 가진 영향력을 바탕으로 캐릭터와 상품을 개발하여 이를 통한 제품 판매 수익을 기대할 수 있다. 성공 사례로 샌드박스의 '도티'와 '잠뜰'이 있으며, 이들의 캐릭터로 나온 제품이 매진되고, 발매된 제품의 종류가 300가지가 넘으며 국내 MCN 시장에도 라이선싱 사업 붐을 일으켰다. '캐리와 장난감 친구들'로 유명한 캐리소프트(CarrieSoft)에서는 자체 개발한 캐릭터를 바탕으로 아동용 옷, 학용품, 음료 등에 캐릭터 라이선스 사업을 했다. 2016년부터는 뮤지컬을 제작하여 좋은 반응을 얻고 있다.

특히, 장난감 제작업체 '구로완구'를 인수해, 완구 사업부를 신설하고 자체 인형을 제작하고 있다. 제품 판매는 직접 운영 중인 온라인 쇼핑몰 '캐리앤샵'에서 하고 있으며, 이커머스 회사 쿠팡과의 제휴를 통해 '캐리네 가게'를 오픈하기도 했다. 이외에도 허팝, 라임튜브도 2017년부터 본격적으로 캐릭터 사업을 진행 중이며, 2018년에는 키즈 콘텐츠계의 절대 강자 헤이지니도 뮤지컬과 캐릭터 사업을 동시에 진행하여 새로운 성공 사례들이 계속 나올 것으로 보인다.

인플루언서를 활용한 캐릭터 사업에 주목하라!

캐릭터 전성시대

캐릭터 산업은 매년 꾸준히 성장하고 있다. 한국콘텐츠진흥원에 따르면 우리나라의 2015년 캐릭터 산업의 매출액은 2005년 대비 5배 성장했고, 2016년에는 매출액 약

10조 9,000억 원(추정치)으로 높은 성장세를 보인다.
 대표적으로, 카카오의 캐릭터인 라이언, 무지, 피치 등은 전 세대에게 사랑받는 콘텐츠가 되었다. 과거와는 달리 어른들도 좋아하는 캐릭터 하나쯤은 있으며 이를 위해 기꺼이 지갑을 연다. 이처럼 요즘은 만화, 책, 게임과 같은 콘텐츠 속 캐릭터뿐 아니라 모바일 메신저, 소셜네트워크 서비스 등의 새로운 플랫폼을 통해 캐릭터가 유명해지기도 한다. IT기술과 접목된 이 캐릭터들은 다양한 제품, 서비스 군과 협업하며 그 영역을 무한 확장하고 있다.

캐릭터가 퍼져 나갈 수 있는 플랫폼의 발달
최근 캐릭터 시장의 성장 원동력에는 플랫폼의 변화와 발달이 있다. 과거 캐릭터 산업은 콘텐츠로 유명해진 캐릭터를 굿즈로 상품화하는 정도의 단순한 구조였으나 최근에는 플랫폼의 다양성의 확장으로 유통 경로가 다양해지며 캐릭터의 전방위적 OSMU(One Source Multi Use)가 활발해지고 있다. 하나의 콘텐츠가 다양한 플랫폼을 통해 무한히 교차하며 증식되고, 이 과정에 여러 형태의 부가가치를 창출할 수 있게 된 것이다. 또한 디지털 플랫폼을 바탕으로 콘텐츠의 제작과 생산, 유통까지 창작자 본인이 관리 가능한 구조가 마련되면서 캐릭터를 가진 회사가 좀 더 직접 주체적인 형태의 사업 모델을 실현할 수 있게 되었다.

카카오 캐릭터의 성공 요인
카카오 캐릭터 성공의 비결에는 스토리텔링을 통한 소비자의 공감과 일상에서의 노출을 극대화한 것이 꼽힌다. 카카오 캐릭터는 각자의 개성과 특징을 지녔고, 더불어 독특한 성장기와 콤플렉스를 갖고 있다.
 토끼인 줄 알았던 무지가 사실 단무지라는 괴담이 사실로 드러났고, 무지의 애완동물로 생각했던 콘은 무지의 보호자였으며, 초반에는 곰으로 오해받았지만 사실 갈기가 없는 탈모 콤플렉스를 지닌 라이언 등 이처럼 스토리를 중심으로 소비자와 공감대를 형성할 수 있었고, 사람들은 캐릭터에 몰입하고 친근함을 느꼈다. 동시에 카카오톡, 게임, 오프라인 매장 등을 통해 소비자들은 캐릭터를 일상에서 접할 수 있는 기회가 증가했고, 이는 곧 캐릭터 상품의 소비로 이어졌다.

캐릭터 산업에서의 인플루언서

스토리에 기반하여 팬들과 관계를 형성한 온라인 인플루언서도, 캐릭터 시장에서 충분히 기회를 발견할 수 있다. 일상에서 자주 노출되어 친근한 이들은 캐릭터로 의인화, 친구화, 셀럽화될 수 있는 가능성을 가지고 있는 것이다. 한국콘텐츠진흥원의 《2016 캐릭터 산업백서》에 따르면, 선호하는 캐릭터가 있다고 응답한 사람 중 대부분이 캐릭터의 외모를 가장 큰 선호 요인으로 꼽았다. 이어 10대는 캐릭터의 행동이나 성격이 마음에 들어서, 20~30대는 캐릭터가 친근하고 자주 접하다보니 좋다고 응답했다.

모델, 출연

크리에이터를 기존의 모델처럼 제품의 홍보에 사용하거나 TV 프로그램에 출연하는 경우들도 많아지고 있다. 이에 편의점이나 화장품 매대에서 인플루언서를 모델로 사용한 브랜드를 보는 것은 이제 어렵지 않다. 동아제약의 모닝케어는 대도서관을 모델로 사용하였고, 교육용 자석 완구사인 맥킨더는 어린이 종합 키즈 콘텐츠 회사를 꿈꾸는 키즈웍스의 '헤이지니'를 광고 CF로 발탁했다.

또한 크리에이터들이 방송 출연을 통해 추가적인 수익을 얻는 경우도 늘어나고 있다. 헤이지니는 MBC의 〈마이리틀텔레비전〉에 출연 후 큰 호응을 얻었고, 이후 KBS의 어린이 프로그램 〈TV 유치원〉 메인 MC를 맡고 있다.

오리지널 콘텐츠

　MCN에서 자체적으로 콘텐츠를 제작하여 이를 유통하거나 유료 구독 모델을 만들어 추가 수입을 얻을 수 있다. 미국 풀스크린 (FullScreen)은 2016년 초에 월 5.99달러의 유료 구독 기반의 동영상 서비스를 내놓았다. 시청자들은 해당 서비스에서 특정 영상을 보기 위해서는 유료 구독 서비스를 가입해야 한다. 특히 풀스크린은 해당 서비스에서 볼 수 있는 오리지널 콘텐츠 제작하는 데 힘쓰고 있다. 풀스크린 소속 인플루언서들이 대거 출연하는 〈엘렉트라 우먼 앤 다이나 걸〉과 같은 오리지널 콘텐츠를 통해 팬들로 하여금 해당 서비스에 유료 가입할 수밖에 없게 만드는 것이다.

　이러한 오리지널 콘텐츠 제작은 MCN뿐만 아니라 넷플릭스, 아마존, 페이스북, 애플, 스냅챗 등에서도 열을 올리고 있다. 콘텐츠 사업의 밸류 체인의 전형인 콘텐츠(C)-플랫폼(P)-네트워크(N)-디바이스(D)의 경계가 무너지고, 플랫폼 경쟁이 심화되면서 동시에 버티컬 체인을 구축하고, 자사의 플랫폼 양식에 최적화된 콘텐츠를 충분히 확보하기 위해 오리지널 콘텐츠 제작에 대거 투자하고 있다.

기타

　이외에도 페스티벌, 공연, 출판, 강연, 포맷 판매, 글로벌 사업 등 MCN 콘텐츠의 비즈니스 모델의 확장 가능성은 무한하다. 이러한 열려 있는 비즈니스 모델의 확장 가능성이 MCN 사업이 갖고 있는 가장 큰 매력이라 할 수 있다.

　풀스크린은 팬페이지 제작 서비스인 스테이지블록(Stage Bloc)이라는 스타트업을 인수해 리뉴얼해서 '풀스크린 다이렉트(FullScreen

Direct)'로 재출시했다. 헤비메탈 그룹 메탈리카도 사용한다는 이 서비스는 연예인들의 팬클럽을 관리할 수 있을 뿐만 아니라 관련 상품을 판매하고 이들로부터 나오는 데이터를 볼 수 있는 곳인데, 인플루언서도 이용 가능하도록 서비스를 확장했다. 유료 서비스인 풀스크린 다이렉트를 통해 동영상 공지, 이벤트 관리, 팬클럽 운영, 상품 판매를 할 수 있다.

미국의 또 다른 MCN 스케일랩은 자사 인플루언서뿐만 아니라 다른 MCN 소속 인플루언서들의 대시보드 시스템을 만들어주고 운영 대행을 맡으며 데이터 분석도 해준다. 이에 다른 MCN들은 별도의 시스템 개발 없이 '스케일랩'과 같은 회사의 서비스를 유료로 사용하고 있다.

캐리소프트는 자회사 어웨이크플러스를 통해 인천 청라, 경기도 수원, 서울 여의도 IFC몰 등에 캐리앤 키즈카페 매장을 운영하고 있다. 더불어 게임 제작사 엔브로스와 함께 캐리 캐릭터를 활용한 키즈 모바일 게임 '캐리 해피하우스' 론칭을 준비 중이다. 온라인에서 오프라인으로 그리고 게임으로 사업의 범위를 확장하고 있다.

DIA TV는 소속 인플루언서의 해외 진출에 힘쓴다. 일본 MCN 사업자(UUUM)와 한일 크리에이터의 협업을 추진하자는 양해각서를 체결하여 양국 간 인플루언서들의 콜라보레이션을 돕는다. 중국 최대 동영상 공유사이트 '유쿠', 프랑스 동영상 공유사이트 '데일리모션', 북미의 아시아콘텐츠 전문 사이트 '비키' 등과도 제휴를 맺고 파트너 크리에이터들의 영상을 유통시키고 있다. CJ 그룹이 매년 미국 로스앤젤레스, 파리 등 세계 각국에서 여는 한류 페스티벌 케이콘(KCON)에 크리에이터들과 동행하여 전 세계 팬들과의 팬미팅을 진행하기도 한다.

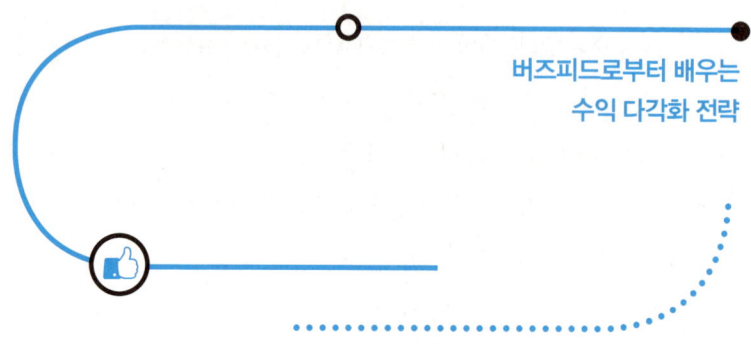

버즈피드로부터 배우는 수익 다각화 전략

2006년 조나 페레티가 설립한 뉴스&엔터테인먼트 사이트 버즈피드(BuzzFeed)는 월평균 방문자가 2억 5,000만 명에 기업 가치는 15억 달러에 이르는 뉴미디어 성공의 상징과도 같은 회사다. 버즈피드를 보면, 뉴미디어 회사가 비즈니스 모델을 만들기 위해 이 정도의 노력을 하고 있다는 걸 알게 된다. 버즈피드의 2017년 매출은 약 3억 5,000만 달러다. 대표인 조나 페레티는 2017년 12월 자사 홈페이지에 본인들의 수익 다각화 전략을 공개했는데, MCN 및 미디어 스타트업에 도움이 될 만한 내용으로 가득하다.

버즈피드는 자신들의 3가지 주요 브랜드인 버즈피드, 버즈피드 미디어 브랜드, 버스피드 뉴스를 광고, 커머스, 제작이라는 3가지 수익 모델에 9개의 항목(Boxes)을 만들어 운영하고 있다. 버즈피드는 사업 초기부터 광고주의 목적과 자신들의 사이트에 맞는 방식으로 콘텐

츠를 만들어 광고하는 이른바 네이티브 광고(Native Ad)를 활용했지만, 결국 구글이나 페이스북 같은 '광고 플랫폼'이 되지 못했기 때문에 기존 미디어들처럼 고전하고 있다. 이러한 상황 속에서 버즈피드는 이 9가지 항목을 통해 새로운 수익 창출이 가능한 잠재고객을 늘리고, 다양한 모델을 실험하고 있다. 페레티의 말에 따르면 버즈피드의 2017년 매출의 약 4분의 1은 외부의 직판 광고 사업(Direct Sold Advertising Business)에서 발생했고, 2018년에는 매출액의 약 3분의 1 그리고 2019년에는 매출액의 약 절반까지 성장할 것으로 예측한다. 이를 통해 버즈피드는 수익성 개선을 할 수 있을 것으로 보인다. 또한 버즈피드는 타깃별 분할(Segment)이 잘 되어 있는 다양한 포트폴리오를 보유하고 있는데, 포트폴리오를 계속 발전시켜나가며 뉴스 및 엔터테인먼트 브랜드 안에서 새로운 비즈니스 모델을 시도하고 있다. 그리고 그는 이러한 브랜드들이 소비자에게 충실해야 할 것을 강조한다. 하

	버즈피드	버즈피드 미디어 브랜드	버즈피드 뉴스
ADVERTISING	BAE Turnkey Ad Products Programmatic Platform Rev Share	Product Placement Programmatic Platform Rev Share	BAE Programmatic Platform Rev Share
COMMERCE	Social Sabotage Show Merchandise Market Team	Tasty Books & Housewares Tasty One Top Integrated Affiliate	Book Club(Coming Soon!) Paid Events Content Licensing
STUDIO	Unfortunatly Ashly Quinta vs. Everything RelationShipped Unsolved	Worth It: Cities Mom vs. Chef Night In, Night Out	AM To DM NBCU/Oxygen UK News Russian Assassination Movie

지만 버즈피드의 미래가 밝지만은 않다. 버즈피드는 콘텐츠 제작 회사로서는 성공하였지만, 시장에서 기대했던 플랫폼이 되지는 못한 채 실패했다. 플랫폼 의존적인 사업이 되면서 최근 페이스북의 알고리즘 개편에 따라 버즈피드와 같은 바이럴 콘텐츠 스튜디오는 더욱 어려워질 것으로 예상된다. 또한 버즈피드가 구사한 빅데이터 분석에 기반한 콘텐츠 전략은 페이스북 같은 SNS 플랫폼에서는 성공 요인이었으나, 중앙 집권을 거부하는 블록체인 생태계에서는 성공을 낙관하기 힘들 것으로 전망된다. 이러한 난관 속에서 버즈피드의 2018년 IPO(Initial Public Offering, 기업 공개)는 쉽지 않아 보인다.

유튜브가 말하는 MCN 계약 체결 시 체크 사항

다중 채널 네트워크('MCN' 또는 '네트워크')는 여러 유튜브 채널과 제휴한 제3의 서비스 제공업체로서 잠재 고객 확보, 콘텐츠 편성, 크리에이터 공동 작업, 디지털 권한 관리, 수익 창출 및 판매 등의 서비스를 제공합니다. MCN 계약은 법적 구속력이 있으므로 충분한 정보를 바탕으로 결정을 내려야 하며, 법률 전문가의 자문을 받는 것이 좋습니다. MCN에 가입하기 전에 계약서를 꼼꼼히 읽고 최소한 다음 사항에 대해 숙지하길 바랍니다.

- 네트워크에서 청구하는 수수료
- 채널에 제공되는 구체적인 서비스 및 지원 수준
- 네트워크 가입에 따른 의무
- 계약 기간
- 계약 해지 방법

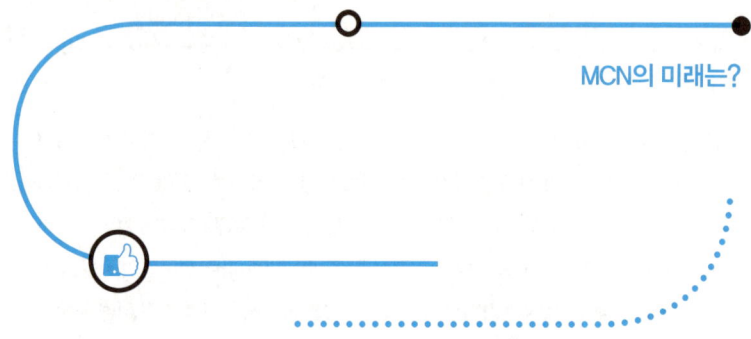

MCN의 미래는?

MCN 산업이 국내에서 처음 시작된 2013년 이후 MCN 비즈니스 환경은 갈수록 좋아지고 있다. 세계적으로 MCN 콘텐츠의 소비층 인구는 점차 늘어나고 있으며, 인플루언서들의 영향력도 커지고 있다. 스마트 디바이스의 보급률은 계속 높아지고 유튜브나 페이스북 같은 글로벌 플랫폼의 성장으로 MCN은 MPN(Multi Platform Network)이라고도 불린다. Z세대는 콘텐츠의 국적을 불문하고 소비하는 중이며, 이들의 인구수는 매년 증가하고 있다.

올해로 6년차를 맞이하는 국내 MCN 산업은 국내로 사업 영역을 한정 짓지 않고, '글로벌 디지털 미디어 회사(Global Digital Media Company)'가 되기 위한 시도를 하고 있다. 전 세계인이 즐기는 디지털 콘텐츠 스튜디오이자 미디어 커머스를 지향하는 DIA TV, 아시아 뷰티·패션 크리에이터들의 1인 창작 영상을 통해서 전 세계에 케이뷰티

(K-Beauty)의 아름다움을 알리는 레페리, 동남아로 뻗어 나가는 트레저헌터까지.

MCN 회사들은 글로벌 시장을 대상으로 기획된 오리지널 콘텐츠의 영상, 자막, 플랫폼에 대한 발상의 전환이 필요하다. 웹툰의 해외 진출 성공 사례에서 볼 수 있듯이, 각 장르별 성공 사례들을 면밀히 분석하고 글로벌에서 강점을 가질 수 있는 콘텐츠의 특징을 선별하는 작업들을 지속적으로 공유해야 한다. 인플루언서 트렌드에 가장 앞서 있고 가장 큰 변화를 창조하고 있는 곳이 바로 중국이다. 중국의 왕홍 경제가 지나간 궤적을 살펴보면 한국의 인플루언서 산업이 어떻게 변화할 것인지에 대한 힌트를 얻을 수 있다.

이를 위해 1인 창작자들이 글로벌 콘텐츠를 제작할 수 있는 환경을 조성해주는 것이 중요하다. 국내에 존재하는 이들 1만 명의 인플루언서 중에 글로벌 확장 가능성이 높은 군을 추리고, 이들의 콘텐츠를 글로벌화 시키기 위한 집중 지원을 할 수 있는 시스템을 만들어야 한다. 혹은 국내에 체류하는 외국인 중 영국남자(구독자 230만)와 같은 가능성이 있는 사람들을 창작자로 교육하는 것도 교두보가 될 수 있다. 한국의 먹방, 음악, 키즈 콘텐츠는 글로벌 10대를 대상으로 성공 가능성이 충분하다. 세계인의 사랑을 받는 창작자들을 지속적으로 발굴하고 육성하는 것에 MCN의 미래가 있다.

인플루언서가 존재하는 한, MCN이 있을 테고, MCN이 있는 한 인플루언서 시장은 더욱 커질 것이다. MCN 업체의 수는 한때 100여 개에 달했으나, 시간이 지나면서 그중 옥석은 점차 가려지고 상위 3개

▶ MCN 성장 단계

MCN 1.0	MCN 2.0	2018년	MCN 3.0	MCN 4.0
• 투자기 • Influencer Aggregator • 상위 인플루언서 중심 • 인플루언서 발굴 및 육성 • 플랫폼 광고 수입 배분 모델 • 단순한 수익 구조 및 인플루언서 의존적 비즈니스 • 설립 및 생존 초점	• 성장기 • Original Contents • 국내 비즈니스 스케일업 • 인플루언서 및 콘텐츠 광고 상품 재원화 • 브랜디드 콘텐츠 중심 수익원 • 글로벌 플랫폼 진출 시작 • VC투자 집중 • 수익 모델 개발 초점		• 성숙기 • Media Commerce • Global Business • 방송 및 디지털 플랫폼과 연계하여 커머스 본격화 • 글로벌 네트워크 구축 (중국, 인도 및 동남아) • 글로벌 컨벤션 사업 본격화 • MCN M&A • 수익률 초점	• 제2의 도약기 • AI MCN • 인공지능 및 가상현실 인플루언서 • 블록체인 플랫폼 중심의 수익 모델 • 번역 기술 향상으로 글로벌 장벽 상실 • 자체 생태계만으로 운영 가능한 플랫폼 구축 • 소수의 MCN이 독점 • 넥스트 미디어를 주도

회사 정도만 규모를 갖추게 될 것이다. 최상위 인플루언서는 어디에 속하지 않고 MCN을 설립하여 인플루언서이자 대표가 되는 경우도 많아질 것이다. MCN은 스스로가 플랫폼이 되기 위해 노력할 것이며, 플랫폼은 인플루언서와의 직접 커뮤니케이션을 계속 늘릴 것이다.

〈강남스타일〉로부터 배우는 콘텐츠 글로벌 확산 전략

〈강남스타일〉 뮤직비디오는 공개 후 5개월 만에 유튜브 최초로 10억 뷰를 달성할 정도로 전 세계적인 열풍을 일으켰다. 이에 대해 통신장비 업체 에릭슨의 한 연구원은 트위터와 구글 트렌드를 이용해 〈강남스타일〉 뮤직비디오의 전파 패턴을 분석하여 미국의 기술 분석 잡지 《MIT 테크놀로지 리뷰》에 실었다. 그에 따르면 뮤직비디오는 특정 시간 및 장소에서 발생한 후 물결 형태로 퍼져나갔는데, 이는 14세기 유럽의 흑사병 전파 패턴과 비슷한 것으로 분석되었다.

연구 결과, 당시 거의 알려져 있지 않던 싸이의 〈강남스타일〉이 먼저 유행한 해외 국가는 놀랍게도 필리핀이었다. 이는 필리핀이 한국의 정서와 상대적으로 가까우며, 영어를 공용어로 사용하고, 세계 각국에 필리핀 출신 노동자들이 많아 이들을 중심으로 전파되며 〈강남스타일〉이 히트한 것으로 분석되었다.

한국과 필리핀의 물리적 거리보다는 '사회적 현상의 전파가 가능한 유효 거리'와 같은 연결의 힘, 정서의 친근함의 정도가 바이럴에 영향을 미치는 것으로 분석되었다. 이러한 분석 내용은 콘텐츠의 글로벌 사업을 위해서는 해당 사업 혹은 국가에 대한 사회적 유대감이 형성된 곳을 우선적으로 공략하는 것이 전파에 유리하다는 점을 알려준다. 예를 들면, 미신(도깨비, 귀신 등) 문화가 있는 중국이나 일본에서 드라마 〈도깨비〉를 보다 쉽게 받아들이는 것과 같다. 또한 해당 지역이 영어가 공용어이고 국제적으로 문호가 개방된 국가라면, 해당 콘텐츠의 바이럴이 좀 더 쉬울 것이다.

인플루언서의 놀이터, 플랫폼을 이해하라

#2

콘텐츠 산업을 이끌어가는 플랫폼들

플랫폼은 외부 생산자와 소비자가 상호 작용을 하면서 가치를 창출할 수 있게 해주는 데 기반을 둔 비즈니스다. 플랫폼은 이러한 상호 작용이 일어날 수 있도록 참여를 독려하는 개방적인 인프라를 제공하고, 그에 맞는 서비스를 제공한다. 플랫폼의 가치는 대부분 사용자 커뮤니티에 의해 생성된다.

플랫폼이 지배하는 세계에서는 커뮤니케이션의 특성이 바뀐다. 코카콜라의 최고정보 책임자인 롭 케인은 메시지 전달 시스템의 핵심 용어가 브로드캐스트(broadcast)에서 세그멘테이션(segmentation)으로 변한 다음, 바이럴리티(virality)와 소셜 인플루언스(social influence)로 바뀌었다고 말한다. 이는 한때 기업이 주도하여 바이럴을 하던 마케팅 메시지가 이제는 개인들에 의해 확산되고 있음을 보여준다.

플랫폼은 우리가 하는 일에 변화와 기회, 때로는 완전히 새로운 도전을 가져다줄 가능성이 매우 높다. 선생님, 직장인, 요리사 등 직종과 업을 불문하고 말이다.

이러한 플랫폼들의 개방은 개인이 인플루언서로 데뷔할 수 있는 무대이자 마음껏 뛰어놀 수 있는 놀이터를 제공하고 있다. 이러한 플랫폼들에 대해 간단히 알아보자.

유튜브

2005년 이전까지만 해도 사람들이 인터넷에서 동영을 시청하거나 게시하여 공유할 수 있는 플랫폼은 많지 않았다. 하지만 스티브 첸 등에 의해 유튜브(YouTube)라는 플랫폼이 등장했고, 인터넷 유저들의 욕구를 충족시키며 급성장하였다.

이후 구글에서 유튜브를 2조 원에 인수하며 날개를 달게 된 유튜브는 현재 1분에 약 500시간 분량의 동영상이 업로드되는 거대한 동영상 플랫폼이 되었다. 이처럼 유튜브는 스마트폰을 통해 누구나 쉽게 접근 가능한 콘텐츠 플랫폼이자, 1인 창작 UCC(User Created Contents)의 대표적인 동영상 플랫폼으로 누구나 쉽게 동영상을 올리고 시청할 수 있다.

유튜브는 전 세계에서 가장 큰 동영상 플랫폼이자 세계 2위의 검색 엔진이다. 전 세계에서 10억 명이 넘는 사용자가 이용 중으로 이는 전체 인터넷 사용자 중 3분의 1을 차지한다.

한국에서 방문자가 가장 많은 영상 플랫폼도 역시 유튜브다. 2세부터 15세가 사용하는 웹사이트로 세계 1위를 차지했으며, 국내에서도

24세 이하가 가장 많이 접하는 동영상 매체는 지상파가 아니라 유튜브로 조사된 바 있다. 다른 사용자가 올려둔 동영상을 시청할 수 있는 것은 물론, 개인이 동영상을 업로드하여 공유 및 수익화할 수 있는 세계에서 몇 안 되는 플랫폼 중 하나다.

현재는 유튜브 외에도 선택할 수 있는 다양한 동영상 플랫폼들이 있다. 하지만 유튜브는 스마트폰만으로도 손쉽게 동영상을 시청하거나 촬영하여 업로드가 가능한 편의성 때문에 세계인들이 즐겨 찾는다.

또한 88개 국가 및 76개 언어가 지원되며, 이는 인터넷 인구의 95%에 해당한다. 이러한 특징으로 다른 플랫폼들에 비해 글로벌 진출이 용이하며, 사람들은 유튜브를 통해 각국의 영상을 교차시켜 보고 있다.

'와이즈앱'의 표본조사 결과에 따르면 2017년 11월 기준으로 10대의 유튜브 사용 시간은 총 1억 2,900만 시간으로, 2위인 카카오톡(4,300만 시간)을 3배 이상 압도했다.

한국에서 인터넷 검색을 상징하는 색깔은 원래 초록색(네이버)이었다. 하지만 최근 이른바 'Z세대'로 불리는 10~20대를 중심으로 서서히 빨간색이 되어가고 있다.

한 예로 '요기요' 광고 마지막에는 네이버가 아닌 유튜브의 빨간색 검색창이 뜨며 검색을 해보라는 메시지가 나온다. "유튜브에서 검색하라"는 광고 메시지로 변하고 있다. 이는 10대들이 네이버보다 유튜브에서 검색을 더 많이 한다는 것을 반증한다.

이처럼 유튜브는 추천 영상이 중심이던 동영상 사이트를 넘어서 본격적으로 검색 영역에 침투하고 있다. Z세대들은 유튜브에서 일상의 모든 것을 검색하고 확인하고, 요즘은 미취학 아동들도 유튜브를 통해 각종 정보를 습득하고 많은 것을 배우고 있다. '초록색 검색창'을 '빨간색 검색창'이 밀어내며 점유율을 높여가고 있는 것이다.

유튜브에 올라가는 대부분의 동영상 콘텐츠는 일반인들이 만든 UGC(User Generated Contents, 사용자 개발 콘텐츠)라는 점에서 플랫폼 확장력 또한 매우 높다. 구글 코리아에 따르면 유튜브는 매년 동영상 업로드 데이터 양이 증가하고 있으며, 이러한 속도는 점차 빨라지고 있다.

일반인들도 적극적으로 콘텐츠를 올리는 생태계가 만들어짐에 따라 기존 미디어가 채우지 못했던 다양한 형태의 콘텐츠가 공유되고, 이를 다시 다양한 형태로 시청자가 소비하는 유튜브라는 거대한 콘텐츠 생태계가 만들어진 것이다.

이들은 "모든 사람이 마땅히 자신의 목소리를 낼 수 있어야 한다"고 생각한다. 서로의 이야기에 귀를 기울이며 의견을 나누고 커뮤니티를 형성할 때 세상이 더 나아진다고 믿고, 이를 위해 노력하고 있다.

유튜브는 자신들을 규정하는 본질적인 가치로 다음의 4가지 자유를 이야기한다.

표현의 자유

누구나 자유롭게 목소리를 내면서 의견을 나누고 열린 대화를 추구해야 합니다. 창작의 자유는 새로운 목소리와 형식의 가능성을 열어 가는 열쇠입니다.

정보의 자유

누구든지 정보에 손쉽게 접근할 수 있어야 합니다. 동영상은 정보를 전달하고 이해를 돕고, 크고 작은 전 세계의 사건을 기록하는 강력한 수단입니다.

기회의 자유

누구나 자신을 알리고 나름의 방식으로 일할 수 있고, 성공할 기회가 주어져야 하며, 특정한 감시자가 아닌 모든 사람이 여론을 결정해야 합니다.

소속의 자유

사람 사이의 장벽을 허물고 경계를 넘어 공통의 관심사와 열정으로 하나가 되는 커뮤니티를 찾을 수 있어야 합니다.

유튜브는 이를 실천하기 위해 크리에이터의 창작 또한 지원하고 있다. 크리에이터 생태계를 지속적으로 성공시키기 위해 '유튜브 스페이스'와 같은 물리적인 제작 환경의 지원뿐만 아니라, 정기적인 교육과 프로그램으로 공동체 의식, 동기 부여, 새로운 아이디어 개발과 같은 눈에 보이지 않는 부분도 신경 쓰고 있다. 또한 크리에이터들의 수익 증대에도 관심을 가지고, 여러 시도를 하고 있다.

영국 런던에서는 탑 크리에이터들의 각종 브랜드 물품을 모아서 판매하는 '유튜브 크리에이터 스토어'를 처음으로 진행했다. 탑 크리에

이터에게 광고·협찬 수입 다음으로 많은 비중을 차지하는 머천다이징 (상품화 계획)·라이선싱 관련 수입을 더 늘릴 수 있도록 돕는 초기 단계의 시도다. 앞으로도 여러 시도들이 있을 것이다.

하지만 최근에 불거진 '엘사게이트(디즈니의 〈겨울왕국〉 콘텐츠를 이용해 미성년자들에게 부적절한 영상을 유튜브를 통해 유통한 일)'와 같이 혐오, 테러, 폭력적인 콘텐츠에 대한 관리의 문제는 계속 불거지고 있다.

한때 비슷한 사례로 인해 보이콧 운동이 일어나 버라이즌, AT&T, 월마트, 스타벅스 등 미국 기업들이 유튜브 광고를 중단하기도 했다. 이에 유튜브는 관련 운영 인력을 확충하고 인공지능을 도입하여 문제를 해결해 나가고 있다.

유튜브의 전망은 여전히 밝다. Z세대의 이용량이 급증하며 교육과 음악 등 문화 산업의 판도까지 바꿔놓을 것으로 예측되며, 시청자들이 좋아하는 양질의 콘텐츠 또한 축적되고 있다. 향후 5G 서비스 상용화 이후 급속히 많아질 가상현실(VR), 증강현실(AR) 콘텐츠까지도 흡수할 것으로 보인다.

페이스북

2004년, 마크 주커버그에 의해 설립된 페이스북은 2017년 8월을 기점으로 매월 20억 명이 접속하는 소셜네트워크로 성장했다. 이는 10만 명 수용이 가능한 국내 최대 잠실 주경기장을 2만 번 채울 수 있는 숫자다.

당신이 이 문단을 읽는 1분 동안 약 90만 명이 페이스북에 로그인을 한 셈이다. 스티브 잡스는 생전에 "페이스북이 소셜네트워크 산업을 지배하고 있는 것에 존경심을 표한다"라고 밝힌 바 있다.

페이스북은 어떤 플랫폼 기업보다도 사용자들을 잘 연결한다. 개인의 일상, 관심사, 사회적 관계 등 개인의 삶에서 발생하는 거의 모든 요소가 페이스북에 업로드되며, 페이스북은 이를 데이터화하여 활용하고 있다. 이에 사람들은 자신이 업로드한 콘텐츠를 통해 다른 사용자와 친구 관계를 맺고, 뉴스피드와 타임라인을 통해 활동 내역을 공유한다.

페이스북의 상징인 '좋아요' 버튼은 사람들이 단순히 버튼을 클릭하는 것을 넘어 그들 사이를 연결시키고 모든 내역은 페이스북 데이터로 관리된다. 이렇듯 페이스북은 인간의 일생과 관련된 모든 것을 기록하고, 사용자들이 식상함과 지루함을 느끼지 않도록 계속 다른 사람들의 콘텐츠를 연결해준다.

마크 주커버그는 "페이스북은 사람들이 연결되고, 우리가 중요하게 여기는 사람들과 더 가까이 지낼 수 있도록 돕기 위해 만들어졌다"고 밝혔다. 소셜네트워크를 통해 세상의 모든 사람을 연결하고, 기술로써 개개인에게 맞춤형 성장의 기회를 제공하여 평등을 실현하고 인간의 잠재력을 최대로 올리고자 하는 것이다.

페이스북은 최근 뉴스피드 알고리즘 개편을 예고했다. 지금까지는 사람들에게 뉴스 혹은 광고 같은 관련 콘텐츠를 보여주었다면, 이제부터는 '사람들이 살아가는 데 좀 더 의미 있는 관계를 만들 수 있도록' 노출의 중요도가 바뀐다는 것이다. 사람들이 소셜 미디어를 통해 소중한 사람들과 관계를 더 돈독히 할수록 그만큼 삶의 질이 높아진다는 점 때문이다. 사람들은 자신의 주변과 연결된 콘텐츠를 볼 때 덜 외로워했으며, 이러한 경험들은 장기적 관점의 행복과 정신적·육체적 건강으로 이어진다는 것이다.

페이스북을 사용하는 사람들은 친구나 가족, 그리고 자신이 속한 그룹의 소식을 더 많이 보게 될 것으로 예상된다. 기업이나 브랜드 혹은 미디어로부터 발행되었던 퍼블릭 콘텐츠는 지금보다는 훨씬 줄어들 것으로 보인다. 이에 따라 뉴스나 광고 회사들의 페이스북 운영 전략은 변경되어야 할 것이고, 동영상과 라이브 콘텐츠의 노출에도 변화가 생길 수 있다.

페이스북은 이러한 알고리즘의 변화가 페이스북의 수익에 악영향을 미칠 수 있지만, 장기적으로는 페이스북과 커뮤니티의 발전에 도움이 될 것이라고 본다. 사람들이 페이스북에서 보내는 시간은 기존보다 더 가치 있게 변할 것이기 때문이다.

알고리즘의 변화에도 불구하고 페이스북의 미래는 밝지만은 않다. 2017년에 24세 이하 미국 이용자층에서 280만 명이 페이스북을 떠났고, 2017년 4분기 기준 하루에 이용하는 시간이 전년도 같은 기간에 비해 5% 줄어드는 등 젊은층의 이탈이 크기 때문이다.

페이스북은 젊은 이용자를 붙잡기 위해 Z세대에게 인기 있는 사진 기반 소셜 미디어 인스타그램(약 1조 845억 원), 모바일 메신저 왓츠앱(20조 원) 등을 인수하거나 경쟁사의 서비스를 모방하는 방식을 취했다. 하지만 젊은층은 디지털 생활이 기록으로 남아 있는 것을 좋아하지 않아 최근 페이스북 대신 스냅챗, 뮤지컬리 등으로의 이탈이 가속화되고 있다.

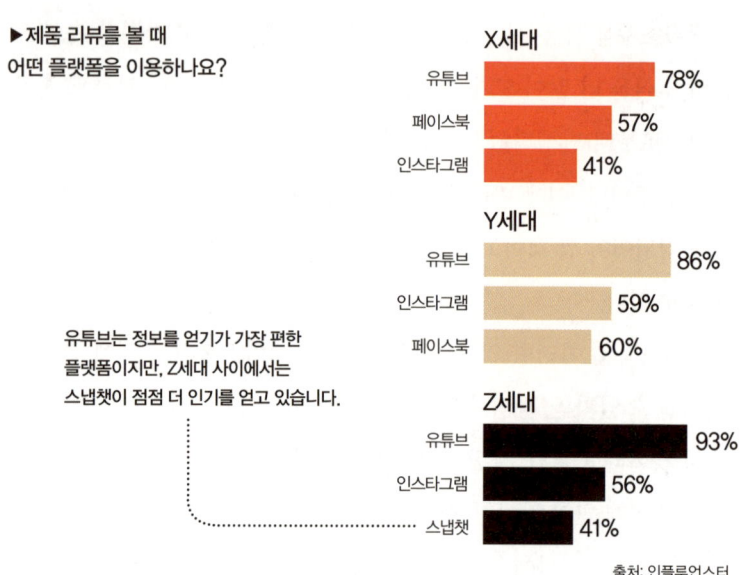

출처: 인플루언스터

스냅챗

스냅챗은 사진 및 동영상 공유에 특화된 모바일 인스턴트 메신저다. 스냅챗의 가장 큰 특징은 보내는 사람이 받는 이의 확인 시간을 설정해서 일정 시간 후 메시지를 자동 삭제할 수 있다는 것이다. 스냅챗은 일일 유저가 2억 명에 달하고 1분에 약 200만 개의 스냅이 형성되고 있으며, 한때 페이스북이나 구글이 30억 달러에 인수하려고 한다는 이야기가 나와 주목받았다.

유저의 스냅챗 하루 사용량은 18~24세가 65%, 25~34세가 20%를 차지하고 있고, 30대 중반 이상 비율은 낮은 편이다. 다른 플랫폼에 비해 유저 연령대가 현저히 낮은데, 이는 Z세대의 성장에 따라 플랫폼이 지닌 매력이 매우 높다는 의미다. '인플루언스터'의 조사에 따르면 스냅챗은 Z세대가 3번째로 많이 쓰는 소셜 플랫폼으로 나타났다.

또한 Z세대를 대상으로 한 인플루언서 마케팅 플랫폼으로서도 각광받고 있다. 스냅챗 CSO(최고 책임자, Chief Strategy Officer)가 밝힌 바에 따르면, 화장품 회사 로레알이 스냅챗을 활용한 인플루언서 마케팅으로 '퓨어 클레이 마스크(Pure Clay Mask)'의 매출을 51% 증가시켰다고 한다.

약 200여 명의 인플루언서들이 '클레이 더 데이 어웨이(Clay the day away)'라는 캐치프레이즈에 기반하여 약 500개 이상의 포토, 리뷰, 비디오 스냅을 생성했고, 이에 로레알의 매출이 증가하고 관련 2차 콘텐츠들이 생성되는 등 브랜드의 성과 달성에 기여한 것이다.

스냅챗은 2017년 IPO(기업 공개)를 하였는데, 이후 주가의 등록 폭이 큰 편이다. 안정적인 수익 구조를 만든다면 페이스북이나 유튜브 못지않은 글로벌 플랫폼으로 성장 가능성이 높다.

하지만 스노우, 콰이, 틱톡과 같은 유사 기능을 가진 서비스들이 아시아 지역을 장악함에 따라 북미를 넘어 세계적인 플랫폼으로 자리 잡을 수 있을지는 지켜보아야 한다.

콰이(Kwai)

콰이는 중국 스타트업이 2011년 3월 출시한 서비스로, 일종의 더빙 앱이다. 영화나 드라마 속 배우의 목소리에 맞춰 더빙을 하면 이를 10여 초의 짧은 동영상으로 만들어준다. 목소리, 표정, 배경 음악 등 다양한 효과를 적용해 재미있는 영상 콘텐츠를 만들 수 있기에 이미 많은 유저들이 사용하면서 큰 유행이 되었다.

콰이의 현재 가입자 수는 4억여 명으로 하루 사용자가 5,000만 명 이상이며, 기업가치는 2018년 2월 기준, 30억 달러(3조 3,580억 원) 정도로 평가된다.

국내에서는 아이유, 수지, 트와이스와 같은 유명 연예인들이 인스타그램 및 페이스북에 콰이를 이용한 동영상을 올리며 유명세를 탔다. 이들의 영상이 순식간에 바이럴되어 일반 이용자들의 콰이 사용량이 증가하여, 인스타그램에서 '#콰이'를 치면 수십만 개의 영상이 검색된다.

중국산 앱이 국내에서 이처럼 큰 인기를 얻은 건 콰이가 처음이라고 할 수 있다. 사용자들은 "처음 이용할 때는 생소했지만, 다른 소셜네트워크와는 색다른 재미를 느껴서 이용한다"고 말했다.

모바일 시장분석 서비스 앱에이프(AppApe)가 조사한 콰이 유저의 사용 패턴 결과는 놀랍다. '콰이'의 1일 평균 실행 횟수는 14.5회이다. 이는 한국인이 가장 많은 시간을 이용한다는 유튜브의 하루 평균 실행 횟수가 8.2회인 것을 감안하면 높은 수치다. 그만큼 '콰이'가 한국의 사용자들에게도 재미있고 매력적인 콘텐츠를 제공한다고 볼 수 있다.

최근 콰이의 사용자 영상을 활용한 광고 사용과 관련하여 부정적인 이슈가 터지기도 했다. 유저가 촬영한 동영상을 콰이 측에서 동의를 구하지 않고 광고로 사용했기 때문이다. 사람들이 이용 약관을 자세하게 읽지 않는 점을 이용한 것이다.

논란에도 불구하고, 콰이는 한국은 물론 동남아 시장에 적극 진출하며 제2의 스냅챗, 스노우가 되려 하고 있다.

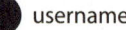

새롭게 주목해야
할 기술은
무엇일까

#3

♥ 1536 likes
username #photo #followme #bestchoice

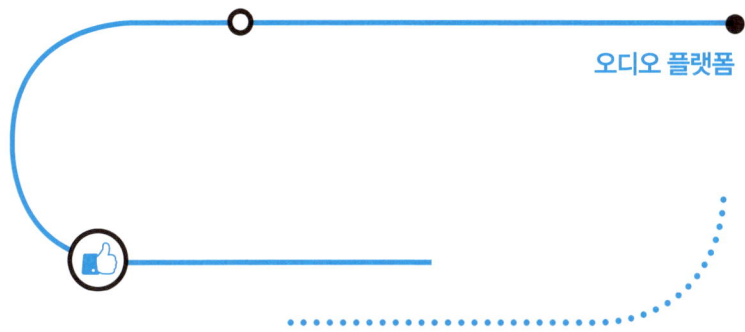

인공지능(AI) 스피커의 대중화로 팟캐스트, 네이버 오디오클립 등 오디오 콘텐츠 시장이 빠르게 성장하고 있다. 미국인터넷광고협회(IAB)에 따르면 2017년 팟캐스트 시장 규모는 2억 2,000만 달러(약 2,350억 원)로 전년 대비 85% 성장했다. 더불어 관련 콘텐츠인 오디오북 시장 또한 그 규모가 커지는데, 《로이터》는 오디오북 시장이 3년 연속으로 매년 약 20% 성장했고 2016년에는 21억 달러(약 2조 2,480억 원) 시장으로 커졌다고 보도했다. 또한 2017년 기준 미국인의 약 16%가 스마트 스피커를 보유하고 있으며 오디오북 이용자 중 30%가 스마트 스피커를 통해 콘텐츠를 시청한다고 한다. 이처럼 인공지능 스피커의 등장 이후 오디오 플랫폼 시장이 빠르게 커지고 있으며, 이와 관련한 콘텐츠의 수요도 커지고 있다.

　이와 관련하여 국내에서 가장 빠르게 시장의 폭을 넓혀가는 곳은 네이버의 오디오클럽이다. 2017년 1월 24일, 베타 오픈한 네이버의 오디오클럽은 지식, 교양, 문화, 예술 등 다양한 분야의 오디오 콘텐츠 전용 플랫폼이다. 출퇴근길 지하철에서, 카페에서 친구를 기다리며, 집에서 잠들기 전에 스마트폰으로 접속만 하면 언제 어디서나 원하는 콘텐츠를 찾아서, 읽고 보고 들을 수 있다. 음성을 콘텐츠화하여 사람들에게 나만의 이야기를 들려줄 수 있다는 점 또한 인플루언서의 플랫폼 진출을 돕는 요소가 된다.

특히 최근 사물인터넷, 커넥티드 카(Connected car), 인공지능 스피커 등이 등장하면서, '듣는 콘텐츠'를 즐길 수 있는 공간은 더욱 확장되고 있다. 네이버 오디오클럽은 새로운 '듣기 경험'을 제공하는 플랫폼으로, 단지 듣기만 하는 데 그치지 않고 그림이나 사진 등의 이미지 자료와 텍스트를 오디오와 함께 감상할 수 있도록 한다. 또한 여러 '음성 기술'과 함께 만들어진다. 네이버는 그동안 음성 합성 기술인 'nVoice', 음성 인식, 음성 댓글, 오디오 검색, 그리고 음원 자동 보정 등 오디오 기술을 계속 연구해왔다.

카카오는 이전부터 '카카오내비'에 헤이지니, 럭키강이와 같은 인플루언서들의 목소리를 안내 음성으로 탑재하는 등 이들의 음성 활용에 적극적이었다. 특히 음성 엔진, 시각 엔진, 대화 엔진, 추천 엔진, 번역 엔진 등 AI 핵심 기술이 결합된 인공지능(AI) 플랫폼 'Kakao I'가 탑재된 인공지능 스피커 '카카오 미니'가 출시되면서, 인공지능 스피커 시장에서 인플루언서를 통한 서비스 차별화 마케팅이 전략적으로 진행될 것으로 예상된다. 더불어 음성 합성 기술을 통해 인플루언서의 목소리를 데이터화하여 폰트처럼 자유자재로 여러 콘텐츠에 사용할 수 있는 시대가 올 수도 있다.

스타트업 회사 '마이쿤'은 소셜 오디오 플랫폼 '스푼'을 열었고, 음성을 주제로 페이스북이나 유튜브와 같은 곳이 되기 위해 서비스를 만들어가고 있다. 아프리카TV와 유사한 방식의 저작권 모형을 BM(bench mark, 벤치마크)으로 삼고, 현재는 창작자와 사용자를 모으는 단계로 성장성에 초점을 두어 창작자에게 좀 더 높은 수익 배분을 하고 있다. 향후 플랫폼 성장 여부에 따라 유튜브와 같은 광고 BM을 추가 도입할 것으로 보인다. 과거 오디오는 성우들의 무대였으나 앞으로 오디오 플랫폼 서비스의 다변화가 이루어지면서 인플루언서들이 주목받을 것으로 보인다. 팟캐스트가 이러한 가능성을 열었고, 현재 미국과 유럽 시장에서는 오디오 플랫폼이 재조명을 받으며 빠르게 성장하고 있다. 또 자율주행 자동차 같은 새로운 기술이 각광받으며 미래의 플랫폼으로 주목받고 있다.

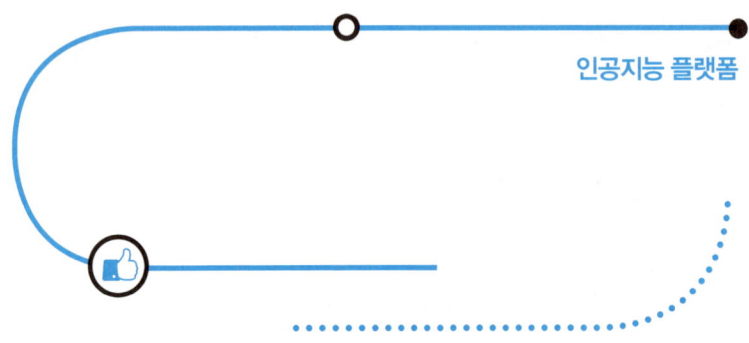

인공지능 플랫폼

미국 드라마 〈블랙미러〉 시즌4의 한 에피소드에는, 내가 누굴 만나야 할지, 무엇을 먹어야 할지 인공지능이 결정해주는 사회가 등장한다. 요즘같이 수많은 콘텐츠의 홍수 속에서 선뜻 결정을 내리지 못하는 선택 장애로 힘들어하는 사람들에게 인공지능은 새로운 대안이 될 수 있다. 네이버는 2018년 초 검색과 인공지능(AI) 플랫폼 클로바 조직을 통합했다. 이는 AI 시대에 다양한 디바이스가 연결되고 창작물들이 인공지능을 통해 시청자에게 네이버 플랫폼에 더 최적화된 콘텐츠를 제공하기 위해서다. 이를 통해 네이버의 콘텐츠들 또한 개인별 맞춤형 검색으로 사용자들에게 보일 것이다. 예를 들어, 검색에 따라 방탄소년단 팬들이 검색 시에는 방탄소년단 동영상을 최상위로 보여주지만, 방탄소년단을 처음 검색하는 이용자는 위키백과의 방탄소년단 소개 페이지가 맨 위에 뜨는 방식이다. 그리고 인공지능 자체가 하나의 플랫폼이 되고 음성 서비스 등과 결합하여 새로운 콘텐츠 제작 형식이 나타날 수 있다. 네이버는 인공지능 대화형 플랫폼 '네이버I'가 베타 오픈했고, '디스코(DISCO)'와 같은 취향 맞춤형 인공지능 소셜네트워크를 내놓기도 했다.

구글은 2017년 말 '오디오셋 온톨로지(AudioSet Ontology, 여러 생각을 오디오 형태로 표현한 모델)'라는 프로젝트를 발표했다. 오디오셋은 유튜브에서 가져온 수백만 개의 동영상에서 10초의 구간을 정한 뒤 이 구간을 설명하는 메타 데이터(다른 데이터를 설명해주는 데이터)를 붙이고, 이를 530여 개 항목으로 분류하여 제공한다. 이 서비스를 활용하면 200만 개의 비디오에서 자동차가 나오는 10초 구간의 장면만 바로 찾아볼 수 있는 서비스가 가능해지는 것이다. 그리고 더 중요한 것은 이 사운드 클립들을 구조적으로 표현할 수 있는 632개의 오디오 이벤트 클래스의 확장 온톨로지를 구축했다는 점이다. 온톨로지를 활용하면 단순히 자동차가 지나가는 장면이 아니라 자동차가 경적을 빵빵거리고 울리고 주행하는 특정 장면만을 찾아보는 것도 가능해진다. 따라서 구글은 이 프로젝트를 통해, 사운드 데이터를 활용해서 영상 검색을 할 수 있는 기술을 개발하고 있다는 사실을 공표한 것이다. 구글은 온톨로지와 오디오 데이터 세트를 활용해서 AI 개발을 위한 기계학습 단계로 진입할 것이다. 궁극적으로는 기계가 스스로 동영상의 신(scene)을 온톨로지로 배정하고 메타 데이터 레이블링을 할 수 있는 단계까지 발전시키겠다는 것으로 파악된다.

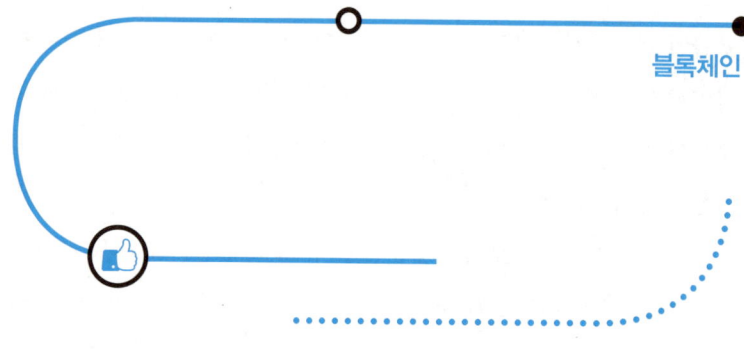

최근 마크 저커버그는 암호화폐를 공부하겠다고 선언했다. 그는 인터넷이 과도하게 중앙 집중화되어 있어 페이스북 등 몇몇 기업에 의해 통제되는 것에 우려를 표한 바 있다. 중앙 집중화 때문에 사람들은 인터넷에 대한 신뢰를 잃었고, 심지어 시민을 감시하는 데 쓰이기도 한다는 점을 짚어낸 것이다. 이에 반발하여 등장한 것이 블록체인의 기술인 암호화와 암호화폐이며, 이 기술의 긍정적·부정적 측면을 연구하여 페이스북에 적용할 방법을 찾겠다는 말도 전했다.

블록체인은 한마디로 말하면 분산원장기술(거래 정보를 개별적 데이터 블록으로 만들어 체인처럼 연결하는 기술)을 이용해 중개인을 없애는 거래 방식이라고 할 수 있다. 기존 은행에서는 중앙 집중형 서버에 거래 기록을 보관하지만, 블록체인은 거래에 참여하는 모든 사용자에게 거래 내역을 전달해서 거래 때마다 이를 대조해 데이터 위조를 막는다.

이와 같은 방식을 통해 은행을 거치지 않아도 전 세계 누구나 돈을 직접 전달할 수 있으니, 사용자 입장에서는 환전과 송금에 드는 수수료를 아낄 수 있게 된다. 또한 거래 내역이 모든 사용자에게 전달되어 세계로 분산되기 때문에 보안상으로도 기존의 중앙 집중형 관리보다 안전하다. 그리고 인터넷 주소 시스템에 관리자가 필요하지 않아, 이를 두고 싸울 일도 없어지게 된다. 이러한 블록체인은 대표적인 온라인 가상화폐인 비트코인에 적용되어 있다.

이미 미국 및 유럽을 포함한 국가에서는 블록체인 기술을 통한 금융 거래 서비스, 유통 서비스, 신규 기술 개발 등이 활발하게 진행되고 있다. 이와 발맞추어 블록체인과 미디어를 접목하려는 시도가 계속되고 있으며, 블록체인 혹은 산물(토큰, 증서, 코인 등)로 새로운 플랫폼 생태계를 만들려 하고 있다.

블록체인 기술은 초기에 암호화폐(cryptocurrency)로 주목을 받았으나, 중장기적으로 세계 엔터테인먼트 산업의 지형도를 바꿀 것으로 기대된다. 영상, 음악 등 콘텐츠 산업과 게임, 예술 작품, 상품 등에 이르기까지 다양한 분야에 적용될 예정이기 때문이다. 미디어는 블록체인을 통해 광고의 형태를 바꾸거나 광고 종속 모델에서 벗어나 새로운 비즈니스 모델을 만들 수 있게 되었고, 구글 및 페이스북에 도전하는 새로운 플랫폼들이 계속하여 등장하고 있다. 블록체인이 가진 투명성, 거래의 편리성 그리고 무엇보다도 국경의 한계 탈피가 가능하기 때문이다.

현재 인터넷 사용자들은 영상과 음악을 소비하기 위해 유튜브, 넷플릭스, 엠넷, 스포티파이 등의 플랫폼을 이용한다. 이 과정에서 창작물을 만든 제작자와 플랫폼 사이에 로열티(저작권 사용료)를 놓고 분쟁이 종종 발생한다. 블록체인을 활용하면 이러한 문제를 원천적으로 해결할 수 있다. 블록체인에서는 시스템을 통제하는 중앙기관이나 거래를 보증하는 제3자가 필요 없어서, 플랫폼이 중간에 수익을 조작하거나 과도한 이익을 챙기는 것을 막을 수 있기 때문이다. 제작자들은 작품 저작권의 암호화된 기록을 본인이 소유할 수 있게 된다. 음악 제작자와 음악 청취자가 직접적으로 서로 거래할 수 있게 되며, 음악을 청취하면 자동이체가 되기 때문에 사기를 치는 것도 불가능하다. 그래미상을 받은 가수 겸 작곡가 이모젠 히프는 이더리움 블록체인에 본인의 음악을 올리고 자신의 지적재산권을 보호받고 있다.

이에 따라 스포티파이는 미디어체인랩스(Mediachain Labs)라는 블록체인 솔루션 회사를 인수했고, 페이스북이 블록체인에 관심을 가지고 있다. 블록체인을 통해 제작자 또는 그 권리를 넘겨받은 새로운 권리자가 정확히 표현되기 때문에 관리의 효율성 측면에서도 개선된다. 그리고 플랫폼은 확실하게 사용료를 지불할 수 있게 되며, 세계 각 국의 창작자들은 국경에 상관없이 자신의 콘텐츠를 세계로 유통할 수 있게 되는 것이다.

또한 누구나 암호화폐를 발행할 수 있기에, 이를 바탕으로 셀럽 및 인플루언서들 스스로 암호화폐를 만드는 경우가 나올 수 있다. 아이돌 그룹 티아라의 멤버 큐리와 은정은 자체 암호화폐를 만든다고 발표한 바 있다. 일본에서는 유명해질 가능성이 있는 사람들이 개인 코인을 만들어 투자할 수 있는 Valu(http://valu.is)라는 사이트가 출시되었다. 이처럼 유명한 개인과 기업이 직접 코인을 만들어 이를 통해 수익을 내는 시대가 열릴 것으로 기대된다. 코인을 발행하여 초기 자본을 확보하면, 추후 코인을 보유하고 있는 투자자들에게 더 큰 수익을 나누어줄 수 있게 된다. 이렇게 될 경우, 잠재력을 가진 초기 인플루언서들이 쉽게 자본을 확보하고 빠르게 성장할 수 있는 길이 열릴 것으로 기대된다.

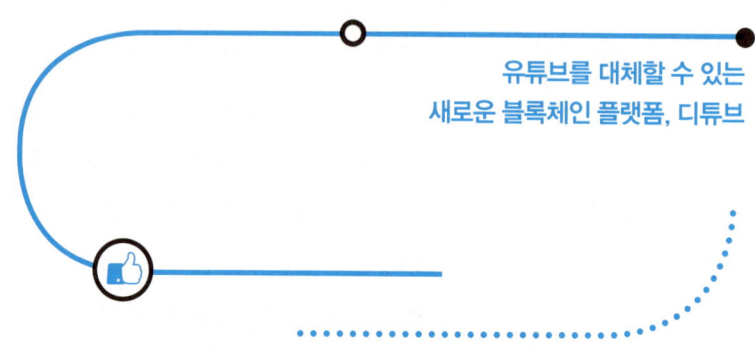

유튜브를 대체할 수 있는
새로운 블록체인 플랫폼, 디튜브

2017년, 미국에는 블록체인 기술을 사용한 유튜브와 유사한 영상 플랫폼인 '디튜브(DTube)'가 등장했다. 디튜브가 주목받은 이유는 영상 제작자들이 광고 수익이 아닌 영상 시청자들의 반응만으로 스팀(steem)이라는 가상화폐를 얻을 수 있기 때문이다. 디튜브에서는 플랫폼에 올려진 영상 콘텐츠가 '좋아요'에 해당하는 업보트(upvote)를 받으면 비트코인과 같은 가상화폐 스팀을 지급받는다. 디튜브에서는 업보트가 높을수록 좋은 콘텐츠로 간주되어 더 많은 가상화폐를 보상받는다. 반면 그렇지 않은 콘텐츠는 다운보트(down-vote)로 평가되어 수익이 낮아진다. 시청자들은 공유(Resteem), 댓글 등의 활동으로 플랫폼에 기여할 수 있다. 이처럼 영상 업로드뿐만 아니라 댓글을 작성함으로써 사용자는 암호화폐를 획득할 수 있다.

즉, 디튜브는 블록체인 데이터베이스를 사용하여 안전하고, 탈 중

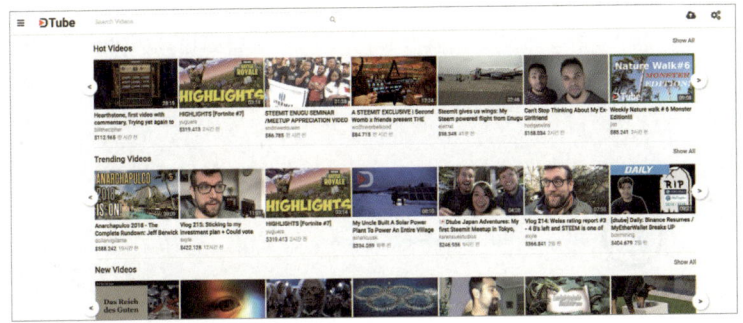

앙화되어 있으며 업로드된 비디오는 기존 스팀잇의 다수 유저들을 통해 검증받고 보상도 받을 수 있다. 사용자에게는 광고 없는 플랫폼 경험을 제공하고, 디튜브 내에서는 강제적인 검열 시스템이 없어 알고리즘 조작 논란 등에서 자유로울 수 있는 것이다. 디튜브는 스팀(Steem) 블록체인에 기반한 디앱(dApp)으로, 개인 간 분산 파일 시스템인 IPFS P2P 네트워크로 구동된다. 즉 스팀잇(Steemit)이라는 블록체인 기반 SNS와도 콘텐츠가 연동되는 것인데, 원치 않을 경우에는 연결을 끊을 수 있다.

 아직은 사용자가 많지 않아서 유튜브와 같은 기존 광고 동영상 플랫폼과 같은 파급력은 없으나, 코인 인센티브를 통한 확실한 보상 시스템, 검열 시스템의 부재와 공정성, 광고를 제거한 새로운 미디어 사용자 경험 제공 등을 내세워 유튜브의 아성에 계속 도전 중이다. 특히 국내 동영상 플랫폼 사업자들이 글로벌 플랫폼으로 도약하고자 할 때 한계에 부딪힌다면, 디튜브와 같은 블록체인 기반 플랫폼에서 실마리를 찾을 수 있을 것이다.

**블록체인 기반의 새로운
수익형 블로그 플랫폼, 스팀잇**

　스팀잇은 스팀이라는 블록체인 기반의 블로그 플랫폼이다. 블로깅을 하면 사용자들이 추천을 하고, 작성자와 추천자 모두 돈을 버는 시스템이다. 스팀에서는 매주 200만 개의 스팀 코인이 발행되도록 설계되어 있는데, 일주일 간 추천을 많이 받은 순서대로 코인을 나누어 가지게 된다. 이를 통해 스팀잇에는 블로깅 수입만으로 세계 여행을 다니고 여행기를 작성하여 다시 수익을 내는 사람들이 등장하고 있다.

　페이스북에 포스팅하는 글들은 페이스북이 소유하여 이를 통한 광고 수익은 결국 플랫폼에 가지만, 스팀잇(steemit)은 글을 올린 사람이 직접 소유하고 통제하며 이로 인한 네트워크의 가치 증대에 따른 수익 역시 본인 수익으로 직접 연결된다. 이처럼 블록체인 기반의 스팀잇에서는 구글, 페이스북 같은 중앙화된 플랫폼이 설 자리가 없어진다.

　콘텐츠가 페이스북의 '좋아요'에 해당되는 '업보트'를 받으면 암호

화폐 '스팀'을 지급받는다. 스팀은 비트코인과 같은 암호화폐의 한 종류로, 코인마켓캡에 따르면 현재 1스팀의 가격은 약 6달러로 거래되고 있다(2018년 2월 기준). 스팀잇에 작성된 콘텐츠에 업보트가 쌓이면 그만큼 암호화폐가 지급되며, 한 번 작성된 글은 일주일 후에는 삭제가 불가능하기 때문에 신중히 올려야 한다. 스팀잇은 커뮤니티가 활성화될 수 있도록 작성자뿐만 아니라 이를 추천한 회원에게도 수익을 일부 지급한다. 글을 통해 얻은 수익의 75%는 작성자, 25%는 참여자에게 배분된다.

스팀잇에는 일반인들이 작성한 IT, 문화, 가상화폐 글부터 사진작가, 만화가 등 다양한 직종의 사용자들이 작성한 게시물이 올라오고 있다. 이들 중 고소득을 올리는 사람들이 등장하며, 글만 잘 쓰면 작가나 기자가 아니더라도 수익을 낼 수 있는 가능성을 보여준다. 《티타임즈》에 따르면 미국 인디애나 주에 사는 여행 블로거 하이디 차코스는 여행기 한 편으로 약 1,000만 원에 해당하는 스팀을 받기도 하였으며, 이것으로 새로운 여행을 떠나 다시 글을 올려 다음 여행 경비를 벌고 있다. 국내에서도 월간 수백만 원 이상의 소득을 얻는 스팀잇 유저들이 나오고 있어 수익성 측면에서도 블록체인 기술이 인플루언서들에게 새로운 비즈니스 모델이 될 수 있을 거라 본다.

웹사이트 트래픽 분석 기업 '알렉사'의 통계 자료에 따르면 한국은 미국에 이어 스팀잇 방문자가 많은 국가로 알려져 있다. 한국인 사용자가 늘며 한국을 뜻하는 태그(kr)도 증가하고 있으며, 전체 트래픽의 11.2%가 한국이다. 중국에서도 이러한 스팀을 따라 하여 프레스원(Press 1)이라는 서비스를 준비 중이다.

전자화폐를 제공하는 시스템, 블록체인은 많은 콘텐츠 창작자들에게 새로운 세상을 보여주고 있다. 광고에 본인의 콘텐츠가 도배되는 동시에 창작자가 만든 콘텐츠의 가치만큼 공정한 보상을 받게 되는 것이다. 블록체인 시스템에서도 인플루언서들이 계속 탄생할 것이고, 이들의 영향력은 화폐와 자산이 될 것이다. 네트워크는 커뮤니티가 되어 그 안에서 시로가 영향력을 발휘할 수 있는 선순환 구조가 이루어지며, 진정한 의미의 커뮤니티형 인플루언서들이 탄생할 수 있을 것이다.

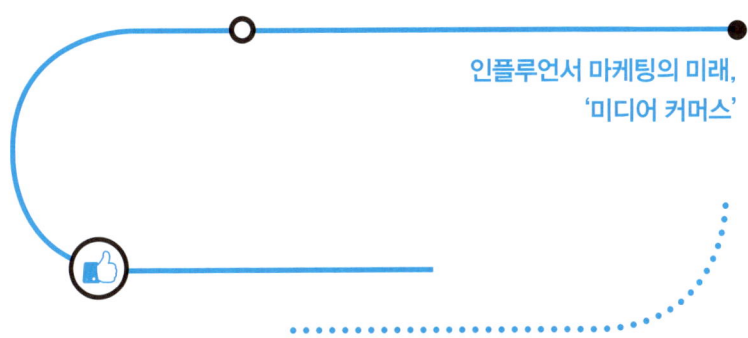

인플루언서 마케팅의 미래, '미디어 커머스'

2018년, 미디어·콘텐츠 산업에 지각 변동이 일고 있다. 바로 CJ 그룹이 CJ 오쇼핑과 CJ ENM을 합병해 '미디어 커머스'를 키우기로 한 것이다. CJ는 두 회사의 합병을 통해 콘텐츠와 커머스를 융합해 신성장 동력으로 키우겠다는 전략을 가지고 있다. 이를 통해 CJ는 방송과 유통의 결합을 통해 국내 최초 융복합 미디어 커머스 기업으로 거듭나게 될 것이다.

세계 최대 전자상거래 회사인 아마존도 트위치, 인플루언서 라이브 등 스트리밍 서비스를 확대하고 있다. 더불어 중국 최대의 전자상거래 그룹 알리바바도 미국 스필버그 영화 제작사에 투자를 하는 등 유통 채널과 미디어의 결합은 세계적인 추세다. 유튜브, 페이스북, 네이버 등과 같은 플랫폼들도 자사 서비스와 커머스를 곧바로 연결시키는 소비자 경험을 만들기 위해 고심하고 있다.

이러한 추세가 계속된다면, 미디어의 미래는 물론이고 인플루언서 마케팅의 향후 가장 커다란 화두는 바로 '미디어 커머스'와의 연계가 될 것이다. 기존 상품 기획 역량을 가지고 있던 전자 상거래 및 유통 회사들은 여기에 콘텐츠를 활용해 상품을 판매할 뿐만 아니라 브랜드의 호감도와 인지도를 높일 방법을 고민 중이다. 이에 '72초TV', 오쇼핑의 '슈퍼마켓' 등 다양한 시도들이 계속되고 있다. '슈퍼마켓'의 경우, 유명 아이돌 슈퍼쥬니어가 직접 메인 쇼 호스트로 출연해 방송 50분 만에 롱패딩 2만여 개가 판매되었고, 총 21억 원의 매출을 달성했다. 오쇼핑 채널뿐만 아니라 모바일 앱 등을 통해 다양한 시청자 유입이 발생했고, 쇼핑과 콘텐츠가 만났을 때 가질 수 있는 폭발력을 보여 준 것이다.

롯데 홈쇼핑은 유튜브 스타 박막례 할머니가 출연하는 상품 시연 영상인 '막례쑈' 시즌1을 2017년에 론칭했다. 박막례 할머니 특유의 솔직한 평가와 거침없는 화법으로 관련 영상 조회 수만 총 200만 뷰를 돌파했고, 관련 상품들의 20~30대 구매율도 20%가량 증가했다. 이처럼 기존 유통업체들은 소비자들에게 직접 판매하는 방식을 고민 중이고, 미디어 사업자들은 인플루언시의 영향력을 활용한 새로운 수익 창출에 목마르다.

이러한 추세는 미디어가 다양화되며 더욱 증폭될 것이다. 모든 미디어는 시청자를 끌어들이기 위해 콘텐츠를 필요로 한다. TV라는 미디어는 방송 프로그램이라는 콘텐츠가 필요하듯 스마트폰, 태블릿, 노트북 등 디지털 미디어 역시 콘텐츠가 필수다. 1인 미디어는 계속하여 시장을 장악해갈 것이고, 이는 기존 방송에서 한계를 느끼고 디지털 미디어를 통해 새로운 돌파구를 만들려는 커머스 업체와의 결합이 답이라는 결론에 이르게 된다. 아마존, 알리바바에 이어 CJ 오쇼핑 및 국내 커머스 회사들의 1인 미디어를 향한 콘텐츠 러시는 계속될 것이며, 인플루언서들의 영향력과 커머스가 만나는 지점에서 미디어 커머스의 새로운 혁신들이 이어질 것이다.

에필로그

혁명을 목격한 자는 혁명을 주도한 자다

미디어는 커뮤니케이션을 가능하게 하는 모든 도구와 환경을 의미한다. 이러한 미디어가 인터넷, SNS, 모바일을 만나며 급격히 변화하고 있다. 아니, 변화를 넘어 미디어 환경(Media Environment) 자체가 새로이 탄생하고 있다. 그 새로운 생태계의 중심에는 개인이 영향력을 가지는 1인 미디어 즉, 디지털 인플루언서가 있다.

지금 이 짧은 순간에도 유튜브에는 이들이 만든 500시간 분량의 UGC 콘텐츠가 올라오고 있고, 페이스북에는 90만 명이 접속하여 서로 연결되어 있다. 가히 말해 미디어 대폭발(Media Explosion)의 시기라고 할 수 있다.

이러한 속도가 더욱 가속화될 것이라는 데 이견이 있는 사람은 없을 것이다. 이 가속화되는 속도를 따라갈 수 있는 건, 무겁고 느린 기업이나 거대 조직이 아닌 우리 개개인들이 될 것이다. 호주머니에 들고 다닐 수 있는 작은 기기 하나 덕분에 우리는 걸어다니는 미디어이자 방송국이 되었다. 디지털 권능화(Digital Empowerment) 시대가 시작된 것이다. 그리고 우리는 이러한 현상이 온라인을 넘어 오프라인에도 영향을 끼친다는 것을 이미 탄핵 정국, 미투 운동 등을 통해 확인했다.

기술의 발전은 새로운 미디어 형식을 가능하게 하고, 그것을 통해 매개되는 문화가 변하고, 새로운 예술 형식이 등장한다. 미래에는 무한대로 만들어지는 인터넷 클립과 AI가 결합하여 하루에도 1조 개의 채널들이 생성될 것이다. 인공지능이 시청자의 최근 취향을 파악해 영상을 제작하고, 말 그대로 1인용 맞춤 방송이 생길지도 모른다. 블록체인은 광고가 아닌 창작자와 시청자 중심의 새로운 수익 모델을 가져다 줄 것이다.

이를 통해 어느 조직에 속하지 않고 1인 창작자로 전업하는 사람들은 더욱 가속화될 것이다. 오디오와 VR(가상현실) 플랫폼의 발달은 콘텐츠 형태의 한계를 계속 확장해나갈 것이다. 이러한 변화 속에 새로운 시도, 새로운 혁명을 꿈꾸는 인플루언서들은 꾸준히 등장하리라 본다.

개인으로의 권력 이동이 궁극적으로 더 나은 세상을 만들까? 아직 기다려보는 수밖에 없다. 우리는 이제 막 이 새로운 환경을 접하기 시작했을 뿐이다. 모두가 영향력을 가지는 21세기에 우리에게 필요한 철학은 무엇일까? 그것은 바로 영향력의 근원이자, 사회 모든 구성원들이 가질 수 있는 '연결성(connectivity)'이 아닐까. 이 책에 등장한 평범한 사람들이 만들어갈 비범한 변신은 이제 막 시작에 불과하다. 더 많은 미디어의 혁명가들이 등장하길 바란다.

안정기